单数社会

波波夫 著

企业管理出版社
ENTERPRISE MANAGEMENT PUBLISHING HOUSE

图书在版编目（CIP）数据

单数社会 / 波波夫著 . -- 北京：企业管理出版社，
2022.5
ISBN 978-7-5164-2164-2

Ⅰ.①单… Ⅱ.①波… Ⅲ.①单身—社会学—研究—中国 Ⅳ.① C913.13

中国版本图书馆 CIP 数据核字（2021）第 273844 号

书　　名：单数社会	
书　　号：ISBN 978-7-5164-2164-2	
作　　者：波波夫	
策　　划：华朴丨择壹	
责任编辑：江丹丹　叶　银	
出版发行：企业管理出版社	
经　　销：新华书店	
地　　址：北京市海淀区紫竹院南路 17 号	邮　　编：100048
网　　址：http://www.emph.cn	电子信箱：huaputg01@163.com
电　　话：编辑部 13366007327	发行部（010）68701816
印　　刷：北京汇瑞嘉合文化发展有限公司	
版　　次：2022 年 5 月第 1 版	
印　　次：2022 年 5 月第 1 次印刷	
开　　本：880mm×1230mm　1/32 开本	
印　　张：9.625 印张	
字　　数：224 千字	
定　　价：65.00 元	

版权所有　翻印必究 · 印装有误　负责调换

推荐序一　迈向个体化社会的鲜活图景

邱泽奇　长江学者特聘教授、北京大学博雅特聘教授、北京大学中国社会与发展研究中心主任、北京大学数字治理研究中心主任

作者高产，2021 年送我一本《倦怠：为何我们不想工作》（以下简称《倦怠》），2022 年又送来一本《单数社会》。

阅读《倦怠》时我便惊叹于作者对社会现象的敏锐洞察，想着写点东西与作者唱和。隔了很久，另一个机缘巧合写了《人尽其力，当向尊严》[1]，算是对《倦怠》的一种回应。在《倦怠》中，作者从社会现象里观察到人们对待劳动的态度在发生历史性的转变。如果说勤劳是中国人的传统美德，那一个令人焦虑的现实就是，这样的美德可能不再。对此，我的回应是，将美德的丧失归咎于一部分人是不公平的，从更宽阔和深远的视野来看，这可能是时代变革里的一个探索阶段，倦怠是现象，现象背后的本质是一系列革命性的变化。变化中不变的是，制度安排应该指向对劳动尊严的敬畏甚至是崇拜。

又读《单数社会》，更让我佩服作者对社会现象的洞察力了。按照作者的说法，这本书在写作《倦怠》时便已在酝酿了。我则以为，他洞察到人己之异在社会现象上的差异，在一个人群高度聚集和互联的社会，可以将人的行动归纳为工作与生活两个板块。对待工作，

---

[1] 这篇首发于光明网的网文后来被人民网、澎湃新闻等转载，之后又应《探索与争鸣》之邀进行充实论证，先是以《劳动与尊严：数字时代"不躺平"的逻辑前提》在《探索与争鸣》刊出，后又以《"我是想站着，还把钱赚了"：数字时代"不躺平"的前提是劳动尊严》在网上刊出。

态度是关键，作为一个归纳性的概念，"倦怠"呼之欲出；对待自己，行动是关键，"单人"跃然纸上。这样的归纳能力，不用于学术，有点可惜了。

不过，在我看来，态度和行动是一个社会现象的两面。无论从态度出发，还是从行动入手，我更愿意认为，前者讲个体如何对待工作，有态度，更有行动；后者讲个体如何对待自己，有行动，更有态度。社会学常识告诉我们，社会是个体的镜子，个体可以从社会里看见自己的模样。费孝通先生有过一篇非常有趣的文章《我看人看我》[①]，说的正是这种关系。可是，当镜子里不只是个体，而是一群个体且有着相似模样时，群体也变成了社会的一面镜子。由此观之，我倒认为，两本书都是对急速变化时代的社会热点现象的探讨。

当然，《单数社会》并非第一部关注"独自生活"的著作。早在2012年，纽约大学社会学家艾里克·克里南伯格的著作《单身社会》(*Going Solo: The Extraordinary Rise and Surprising Appeal of Living Alone*) 便探讨了美国社会人们"独居"的发展趋势。1950年，美国成年人单身独居的占比只有22%。仅仅半个世纪后，美国成年人单身独居的占比就超过了50%，大约1/7（3100万人）的美国成年人独自居住与生活，独居家庭占美国家庭总数的28%，与其他形态的家庭（包括核心家庭）相比，独居家庭成了美国社会更为普遍的家庭形态。在美国，独居已经成了一种新的生活方式。

不过，与作者的《单数社会》比较，《单身社会》显得更单调和学究气。七章的篇幅，除了开篇对事实的刻画，接续讨论了分居、自我保护、独居、独自老去，以及独居生活的设计等话题，更像是

---

① 费孝通：《我看人看我》，《读书》1983年第3期。

一本独居指引。

《单数社会》则直击社会现象本身，从年轻人不结婚的现象入手，进一步探讨了家庭与婚姻关系的变革；支持独自生活的条件——数字化；独自生活进程中的心态变化——自恋；独自生活形态的侧面——饮食与旅行，以及独自生活面对的挑战——爱情与老去等。

作为一本观察社会现象的书，我们不能苛求观察的系统性。因为社会原本就是非系统的，生活原本就是零碎的。我以为《单数社会》的价值在于，将人们容易忽略的零碎生活片段有节制地汇集拼合，让读者看到一幅令人震惊的革命性生活变革：从家庭主义迈向个体主义[1]。

用个体主义归纳独自生活可能是不准确的，更准确的表述或许是"个体化"。要说清楚个体主义和个体化的区别，不能回避的另一个概念是个人主义。在学术研究中，有人试图区分个人主义和个体主义。[2]事实上，在大多数文献中，个体主义和个人主义是混用的，两个概念对应同一个英文单词 Individualism，在非中文文献中没有区别。与个体（人）主义对应的是整体主义、集体主义。当然，在这里，没有必要深入探讨个体主义与整体主义或集体主义。区分个体主义与个体化倒是有意义，可方便读者更好地理解《单数社会》。

个体主义是一种社会观，关注个人内在的道德立场。持个体主义社会观的人重视自立和自力更生，提倡实现个体的目标和愿

---

[1] 在《单数社会》里也将其归结为个人主义。对此，我们不可苛求。理由是，敏锐地感知到现象的重要性是其价值，而不在于其理论归纳的准确性。

[2] 我以为，在中文中区分个体主义与个人主义可能来自曾经经历的社会运动的影响。

望……反对外部对个体的干预……[①]简言之，个体主义是一种个体面对社会的价值观。

个体化（Individualization）则是一种社会现象，关注社会主体人群态度和行动中呈现的社会观特征。当一个社会以个体利益为第一利益，以自我生活的自在性、自由性、自为性为第一选择，个体主义便深入到了社会生活中。当持个体主义立场的人独自生活的占比超过人群总数的一半，便可以将这个社会称之为个体化社会。克里南伯格刻画的就是一个典型的个体化社会。

个体化是社会理论家在理论层面探讨社会发展趋势获得的结论。曾经做过英国首相托尼·布莱尔幕僚的社会学家吉登斯在20世纪90年代初期提出了反身性现代性（Reflexive Modernity）的议题，无独有偶，一年之后的德国社会学家贝克尔提出了第二现代性（Second Modernity）的概念。两位学者针对的一个共同的社会现象是，曾经深深植根于家庭、社区、工作场所的个体可以脱离其植根的社会环境而迈向自我独立。个体可以不再依赖家庭的养育，而是运用社会资源实现社会养育；个体可以不再依赖社区的保护，而是运用社会资源实现社会保护；个体可以不再依靠工作的工薪，而是运用社会资源实现社会生存。个体化指的是，在这样的环境中，个体为自己而活，个体依靠自己而立，个体更多顺从社会的潮流和趋势而存在于社会和终老。在社会理论家们看来，促成这一变化的，不是个体自身，而是国家和社会制度的安排。对生养后代、教育、工作、养老等社会定义的变化以及随之而来的系统性制度的安排，促成了这

[①] Ellen Meiksins Wood. *Mind and Politics: An Approach to the Meaning of Liberal and Socialist Individualism*. University of California Press. 1972.

F. A. Hayek. *The Road to Serfdom*. Chicago: The University of Chicago Press. 2014.

一切。

《单数社会》的意义在于，把理论家们推演的远景，一步拉到读者的面前，成就一幅读者身在其中的近景和环境。的确，仅在十多年前，中国社会还是另一幅样态。

2010年我主持"中国家庭追踪调查"的第一期调查。这是一项针对中国城乡全人群的抽样调查，共调查了16000户的每一个家庭人口，这些样本具有中国社会的代表性。其中有一项内容（N5、M5）涉及个体对生活的基本态度。调查获得的结论可以简化为，90%的人主张奋斗，只有3%的人持中间立场，7%的人持不同观点。那么，为谁而奋斗呢？在个体、家庭、家族三个层次和类型的选项中，中国人不是为自己而奋斗，综合16~89岁受访者的回答，96%的受访者把为家庭美满和睦而奋斗放在第一位，把为子女有出息而奋斗放在第二位。[①] 换句话说，十多年前，中国人的社会观还是典型的家庭主义的，可在《单数社会》里，我们看到了另一幅图景：社会的个体化现象。

至于拼成这幅图景的因素，我相信是复杂的。中国社会保障制度的完善、生育制度的变化、生活方式的转变、工作环境的变化、数字化潮流的助推等，都是不可或缺的因素。图景里蕴含的因素结构或许不是一篇短文可以容纳的，读者也或有各自的解读，但《单数社会》激发的思考却价值连城，我们每一个人或许都可以甚至应该想想，我们为谁而活？为什么而活？

---

① 邱泽奇：《中国人为谁而奋斗？》，《社会学名家讲坛》第三辑，2014年。

推荐序二　单数社会的喜和忧

陈晓萍　华盛顿大学福斯特商学院 Philip M. Condit 讲席教授

在打开本书之前，我对"单身现象"不曾给予过特别的关注。可能是因为在美国生活多年，习惯了不询问别人的私事。在美国这个以个体主义倾向占主导的社会中，大家通常关注的是个体的特质和行为，而对社会因素对个体的影响不那么强调。人们普遍的共识是，单身是个人的选择，大家尊重个人选择，不对此做价值判断。像"剩男""剩女"这样的词汇在美国的语言体系里是不存在的。

看完这本书后，我想了想我的美国同事中有多少过了婚龄（姑且定在 35 岁）还是单身的。这个信息属于个人隐私，保存在学院的 HR 部门，我只有零碎的资料，而且大多是在和同事业余闲聊的时候得到的。我盘点了一下，发现在教授这个群体里，单身的可能不足 5%；但是在工作人员（Staff）中，单身的比例也许超过了 30%，而且大部分是从未结婚的，男女比例差不多。这些独身者，几乎每一位在工作中的表现都非常出色，在学院每年一度的评选中大都得过大奖。偶尔我也会冒出这样的念头，是不是因为他们单身，所以就有更多时间和精力投入工作中了？还是因为他们"娶"或"嫁"给了工作，才变成了单身？

我接着又想了想自己在美的华人朋友中的单身汉、单身女，突然意识到也有相当的数量。这些朋友我很熟识，所以了解他们不婚的原因。可以说，没有一位是在年轻时就"计划"独身的，大多是因为在谈情说爱的年龄没有找到合适的灵魂伴侣，之后慢慢习惯了独身生活，不愿意放弃个人的自由而导致的。有趣的是，在这些朋友中，女性单身者大多领养了小孩，有一位甚至通过精子库的服务自己生养了两个孩子。问其原因，说是结婚太麻烦，需要从头去了解和适应另一个人，现在科技的发展让你一个人也可以生孩子，多么简单高效。我突然觉得圣母玛利亚不通过性行为生出耶稣的传说已经成了现实。

然后我上网搜索了一下美国人口中"单身独户"的数字，发现2020年有3620万户，占总家庭户数的28%，而这个数字早在1970年就已达到了29%，五十年来几乎没有变化。难怪我认识的单身朋友和同事中各个年龄阶段的都有，从35岁到80岁不等。这几个数字也说明，在个体主义价值观盛行的美国，由于找不到合适的伴侣而选择单身是长期以来一个稳定的社会现象，已经被大家接受。

但是在特别重视家庭（传宗接代）、强调集体主义价值观的中国，在2020年"单身独户"（又称一人户）已有1.25亿户，占总户数的15%时，在北京、上海等大城市甚至占到20%～25%时，这的确可以称为一个奇观。这可能也是本书以"单数社会"命名的原因。作者波波夫先生以翔实的二手数据，描绘出中国大地上正愈演愈烈的单身现象，使我看到一种崭新生活形态和社会现象的出现。这种现象让我喜忧参半。

欣喜，首先是因为多元化的生活方式在中国的出现，打破了传统的"人生只有一种活法"的假设，让大家看到多种可能，从而摆脱"男大当婚女大当嫁"的窠臼，让自己的人生放射更多的光彩。其次，单身中有许多是女性，过了35岁而不婚，需要经受很多人的考问，但她们不屈就，不卑不亢，独立自信，成为"大女主"，成为驾驭自己命运的主人。再次，中国经济的飞速发展和人民生活水平的提高，使拥有自己的居住空间（买房或租房）成为可能，使愿意独居的人更能实现愿望。最后，科技的发展，尤其是互联网的应用和智能手机的普及，使得个体在独居状态下的各种需求也可以被满足，包括衣食住行，甚至谈情说爱也从"面对面"发展成了"键对键"。而这些因素的堆积产生的化学反应，使中国社会的价值观从只强调传统的集体主义向同时也强调独立、有个性发展，让整个社会更多元、更丰富、更有韧性和弹性。

而我的担忧是，在单身独户中，有一部分并非主动选择，而是被迫独居。中国过去二十多年来出生的人口，男女比例严重失调（1.14∶1），男多女少的客观现实，造成一夫一妻制下有部分男性只能独居，而这个问题只有在新增人口男女比例调整过来之后才能解决。此外，虽然单身（Alone）不等于孤独（Loneliness），但无论是被迫独居还是选择独居，都可能造成一些情绪和心理上的负面结果，如社交恐惧症、孤独症。在美国，遇到心理情绪问题找职业心理医生是家常便饭，属于医疗保险中的一部分。很多人定期去，使问题得到及时指导和缓解。而心理医生也都训练有素，大部分有博士学位，且每年要更新知识，通过美国心理学会（APA）的考试才能续延执照。但是在中国，这样的职业服务还非常缺乏，即使存在，多数人也不愿意或者不习惯使用。如果一个人没有朋友，或者朋友太忙无暇聆听其倾诉，那么逐渐走向抑郁的可能性就很大。不快乐不幸福就可能变成一种社会现象。

当然，如果沿用科技解决问题的思路，元宇宙的建立也许可以帮助很多有社交恐惧症的人在虚拟社会中找到"朋友"，也可以通过提供各种虚拟的娱乐场景暂时摆脱孤独的感觉。但是，缺乏与真实人类的深刻交往和情感联结，可能导致人作为感情动物无法体验完整的人生，这也将会非常令人遗憾。

中国的单数社会，悄然而至。亲爱的读者，你准备好了吗？

2022 年 1 月于美国西雅图

推荐序三 一个算法暂未解决的问题

龚圆媛　有缘网前首席营销官

正如波波夫书中所言，单数社会已经到来。它可能意味着社会的宽容，文明的进步，也可能意味着，有些无人关注的隐性问题，正在被暴露出来，等待着人们去解决。

因为从事婚恋交友行业多年，朋友们常常会问，"能帮忙介绍个对象吗？"但当问及"想要找什么样子的？"他们通常又会使用笼统的词汇来回答，"差不多的吧"，顿一会儿，大部分男性会加一句，"好看的"，而女性给出的补充更大概率是"靠谱的"和"聊得来的"。这些答案面目模糊又出奇的统一，融合着刻在基因里的繁衍潜意识和深浸于文化环境里的理想幻影。

刨除诸如纯数学计算的适婚年龄性别不平衡即男多女少、纯社会领域里因为"女找上，男找下"而剩下的"A女"[①]和"D男"，那万千阶层近似、年龄合适、有需求有渴望的人们，他们为什么在单数？这才是活在我们身边的社会现实。

单数并不可怕，里面的问题在于，有多少是积极主动的选择，有多少是被逼无奈的结果。社会研究者看到问题，实践者解决问题。

[①] 源自一篇流传甚广的网络文章《A女D男说》提出的概念，文章按财富和地位把人由高到低分为A、B、C、D四等，各方面都最优的女性，被称为"A女"。按照这篇文章的说法，由于男人都爱面子，所以希望女方不如自己，所以"A男"选了"B女"，"B男"选了"C女"，"C男"选了"D女"，所以就剩下了"A女"和"D男"。

人类身为高级动物，出于繁衍的本能，找对象的需求本身是不会变的。随着世界文明的演化，社会单元结构从等级森严的家族体系到自给自足的小家庭再到多元化的个体结构，找对象的路径从包办婚姻到自由恋爱，从媒人婚介到百花齐放的婚恋交友方式，变化的是环境和方法。

作为婚恋社交行业的从业者，我更倾向于研究"被逼无奈"而落单的用户，去理解他们的困境和为他们寻找解决方案。

和我一样的人有很多。从产业来看，婚恋交友行业是在不断增长的，已经发展出了丰富多彩的服务模式，在重视地域的线下婚介、覆盖面广泛的线上婚介之外，还和兴趣交友、娱乐等产业进行了相当的融合，出现了直播相亲交友、社群相亲交友、活动相亲交友等多种小粒度、多元化的婚恋交友新模式，而且都欣欣向荣、蓬勃发展。

那那些被迫单数的人的问题解决了吗？我认为，人们缺少的不仅仅是机会和路径，人们似乎还不太去自我追问，向内审视。

曾经和波波夫在播客里聊到过这个问题。波波夫提问，算法推荐靠谱还是熟人介绍靠谱？我说在谈论算法推荐靠谱还是熟人介绍靠谱之前，有些前置问题容易被大家忽略，而这些问题的答案在每个人自己心里，并不存在标准答案。这些问题是：

1.你如何评估自己？是倾向于相信自己有足够的筛选、沟通和决策能力，还是倾向于信任背书、把某些事情交给他人？

2.你找对象究竟是因为什么？是想要自由恋爱，还是想要找过日子的人？

第一个问题可以帮助你确认陌生人社交模式和熟人介绍哪一种方式更适合你。大家默认，算法介绍和熟人介绍的区别是，算法依赖于大数据、资源多；熟人依赖于深关系，信任度高，降低了鉴别真假的成本。对介绍对象来说，资源多靠谱还是信任度高靠谱，本质上取决于自己的具体情况和需求。对自己更有自信的，可能会倾向于算法推荐，他们对线上提供的更多资源有自己的筛选规则和逻辑；而对效率要求更高的，会更倾向于熟人介绍。

而第二个问题，指向你更适合使用什么类型的产品作为找对象的解决方案。交友产品和相亲产品，分别指向了喜不喜欢到合不合适，和从合不合适到喜不喜欢的不同用户的需求。让看脸的去先看脸吧，让相亲的先谈房车。行业多元化的发展不就是为了让更多细分的需求得到合理的响应吗？

而社会在推动大家内观的过程中做得并不够。似乎并没有多少信息推动人们停下来想一想，我想要的究竟是什么。环境有时是极端的，大家接触的要么是娱乐至上的王子公主玛丽苏，要么是频频上新闻的家暴、婆媳冲突、骗局、天价彩礼，再加上家庭的催婚和社会的催育，人们甚至在还没有想之前，就开始恐慌了，更遑论花时间去学习如何去想。

如果大家清楚了这些，那算法就能解决全部问题吗？客观来说，并非如此。涉及人性、产业和服务，都是有技术边界的。算法的前提是数据化。有些信息能够数据化，如年龄、地区、身高、兴趣爱好甚至是脸和声音；还有很多信息很难数据化甚至不能被数据化，比如，用户提供的数据本身，可能被有意作假，或者是无意识地美化——人人都可能美化过自己的社交资料；另外一些没办法被数据化的东西是感觉，比如一个常见的相亲需求叫"性格好"，什么是性格好？体现在什么地方，问什么问题，观察什么行为，能看出对方是不是性格好？是不是自己说自己性格好，就是性格好了？所以行业对数据的采集和识别面临很多挑战。

另外，在找对象这件事上，人的决策更偏感性。比如女孩看到一个人的数据，月薪只有3000元，是什么感觉？但是如果这里的解读，是这个男孩子工作稳定，旱涝保收，还有编制，那又是什么感受？这意味着，对数据的解读处理也需进步。

这么一想，单数社会是有可能成为一个更乐观积极的单数社会的，那就是愿单者能单，不愿单者不单，是为大同。

推荐序四　欢迎来到单数社会

唐鹏　数旗智酷创始人

从 2000 年《非诚勿扰》开播到 2021 年《再见爱人》上线，时隔 21 年，作为中国社会家庭伦理风向标的情感综艺节目的主题已不再是"在一起"，而是"分手"或"离婚"。人们讨论的话题也从"要不要相信男人"转移到"要不要相信爱情"，而藏在背后的"独身主义"话题一直没有被严肃讨论过。

如果说人跟动物的最大差异在于对工具的使用以及合作，那么充满了智能设备以及 Wi-Fi 信号的世界显然是一个对单身群体极其友善的世界。单身并不意味着对人类进化历史的反叛，相反，这是一次重新掌握工具与合作能力的进化。否则的话，我觉得海底捞为只身一人吃火锅的顾客设置在对面沙发上的那只布娃娃一定是一种嘲笑，而不是慰藉。

阅读这本书时，从头到尾我都在思考，为什么必须是"单数社会"而不是"单身社会"？2013 年，纽约大学社会学教授艾里克·克里南伯格将"单身社会"定义为"单身人口在大城市里越来越多并逐渐赶超核心家庭数量"的社会。而作者波波夫通过纷繁的数据与像素级的案例告诉我们，单数社会不是一个寡淡的数据，而是一个跟经济、情感、技术、市场、伦理等密切关联的社会运作形态，它将可能是波及整个社会形态与行为模式转换的一场飓风。"一人食"餐厅、"一人居"公寓、"一人游"套餐出现的背后，是整个社会与单数社会相匹配的公共服务、商业设施、消费场景等的兴起。

单数社会是一个公共问题。单数社会不是蒲公英一样无家可归的个体在孤独星球上"内卷"与"躺平",而是需要一个重新审视社会个体生存模式的生态来承接每一个被传统观念下的"家庭"剥离或排异的人,以为他们造就一个新的襁褓。单数社会不是通过贩卖焦虑或用简单的经济算术来渲染每个人的恐惧感,更不是鼓励女青年留在农村给大龄男青年"暖床"就可以应对其复杂性的。

以我的认知与见闻,单身现今在中国依然存在"性别政治"与"城乡鸿沟"。我们对男性的单身状态充满了宽容与理解,并且越是富有的男性越被认为单身的有道理。在某种意义上,单身对男性而言意味着私生活的自由度。而对于单身女性而言,无论贫富,世俗的认知往往都是她们只是还未找到"合适的另一半",几无他因。

城市的单身被视为一种个人生活的选择,而农村的单身则很简洁地被称为"光棍"或"老姑娘"。城市生活的原子化与陌生化,远离亲属邻里的规训与家族观念的影响,那些不利于单身的八卦最多只存在于你可以选择性屏蔽的三五个朋友或某个固定的格子间,但在农村你的单身状态就可能成为全村的关注话题,然后无可逃避地被反复议论。数字化技术与社交媒体为个人的自我发现提供了能力与情绪的培养皿。保持单身由一种被动选择,转变成了一种"做自己的英雄"的行为。

"数字化的解构和重构"是波波夫在书中浓墨重彩的一个篇章。我甚至认为"单数社会"的存在、发展以及成为一种新的、合理的以及充满善意的社会生态的可能,最最重要的原因就是数字化的解构与重构。社交媒体、直播间、视频等不仅让单身的个体与屏幕前的老铁可以获得在场感的社交体验,而且弹幕、在线KTV、VR游戏等也可以在某个时间点构建一个新空间以及击溃萦绕在周遭的孤独感，而互联网推动的社会资本、关系、利益的重组，也更能让每一个单身的个体都可以更为自然、顺利地找到同类。"人只有找到另一半才完整"并不意味着要找到另一个人一起过日子才完整。

波波夫在书中通过完整而细密的数据与场景描摹，给我们展示了一个浮世绘式的单数社会发生现场，同时带领我们从婚恋观、女性主义、数字化等视角审视了单身趋势的社会深层原因。当然，作者也回答了"单数社会的未来会怎样"。无论是"大龄装嫩"还是"分手在夕阳"，我能理解的是，随着老龄化加剧、寿命提升、城市化加速以及赛博空间的渗透，单数社会正在成为一个结构性问题，"学习单身"则可能是一种新型社会技能。

当然，在经济学家轮番献计"催生"与向"共同富裕"昂首迈进的语境下，单数社会的存在无论作为一种趋势还是作为一种意义，似乎都处于一个应该"被遏制"的位置。而我只希望"单身狗"这种侮辱性的名词能不再出现，这是"单身成为一种正义"（而非缺憾或罪过）的群众基础。

读完这本书的时候，看到媒体披露了一则最新的统计数据，2020 年，中国共有家庭户 49416 万户，其中"一人户"家庭超过 1.25 亿户，占比超过 25%。那么，我最后的一个疑问是，单数社会在未来将如何定义"家庭"？在 home 与 family 之间，会不会有一个"hamily"（一人家庭）出现？我相信仔细阅读这本书的读者可以给我答案。

推荐序五 "我们都有光明的未来"

闫佳　资深翻译工作者

"单数社会"其实是社会进一步工业化和城市化的产物。在原始社会或者农耕时代，你很难做到靠一个人生活下去，道理很简单，你就是没办法一个人把生活所需的一切都搞定，你必须和他人面对面地通力协作，应对外部世界带给你的一切挑战。

可在一个工业化甚至后工业化的城市社会，外部世界为生活制造的种种琐碎，不是可以交给机器代办，就是可以借助手机和各种服务平台，外包给他人解决。你不需要认识那些帮你解决麻烦的人，你不需要跟他们合作，你甚至不必对他们客气地道声"谢谢"。更好的是，你跟他们基本上还不会产生冲突和矛盾。是的，你坐享了他们的劳动成果，对你来说，生活的难度降低了，你产生了一种"我可以靠自己搞定一切"的虚幻感，同时，你还感到分外孤独。

这里有一件十分"吊诡"的事情。毫无疑问，"单数"的人生，自然有男也有女，按照过去二十几年里中国新生儿的性别比，大概率将是男性多于女性。但不知道为什么，我一看到书名及其内容，就理所当然地假设这本书的读者，绝大多数会是女性。而且，这无关作者是怎么样力求用中立客观的书写方式来呈现它的。

这自然也是中国当今社会的"吊诡"之处：在过去的二三十年，它在经济和社会发展方面，高速奔跑着冲进了工业甚至后工业的信息社会，可社会的整体思想观念跑不了这么快，它还有很大一部分停滞在了农业或者前工业社会。与此同时，当代女性在接受教育的同时，更容易跳出这种"前工业社会"的规训，形成独立的意识。相比之下，男性更容易接受既定的刻板社会塑造，反映在对应的社会现实里，不管是"钻石王老五"还是"村口那不成器的老光棍儿"，都不怎么会为自己身为社会里的"单数"感到焦虑。

如果读者们愿意接受我的上述假设，那我想在这里引述美国（比我们早几十年就进入了工业化的城市社会）的一项社会实验：1958年，在加利福尼亚州私立大学米尔斯学院，142名21岁的女大学生参与了一项关于"女性创造潜力"的研究，这项研究持续跟踪了她们近50年的人生变迁。这群参加研究的受试者，分别在27岁、42岁、52岁、61岁和72岁时，接受了回访，谈及自己在这些人生节点的生活状况，以及她们对此前经历的理解。

研究最开始从"创造力"入手，但随着时间的推移，研究逐渐指向了一个更为本质的问题：你的人生关注点是什么？你现阶段的发展怎么样？你未来想走向何方？

这项研究对"单数"人生的启发在哪里呢？在于它观察到了一个十分重要的结果：健康的人生，是丰富多彩的。

选择家庭主妇生活的女性，有过得很幸福的；选择走职业道路的女性，有过得很幸福的。有人儿孙满堂，过得很幸福；有人离婚了，过得很幸福。有人先结婚生子再追求事业，也有人先追求事业再结婚生子，都过得很幸福。有人40岁才结婚，过得很好；有人40岁开始了职业生涯，过得同样很好。

42岁时，77%的受访女性发现，自己并未遵循传统的社会发展路线——有人没有结婚，有人没有要孩子，有人很晚才结婚生子，有人离婚了，有人过了许多年又回到学校上学……从这里可以看出，她们主动选择了"单数"的人生。

在这项研究开展的年代，社会期待所有女性做一模一样的事情，结婚，生子，过上"正常而且正确"的生活，这跟当今中国差不多。可长达 50 年的受访者的真实人生经历显示，3/4 以上的女性，过着"不同常规"的生活。可见，人生并非只有唯一一条正确的道路。

如果你觉得这个研究"太美国"，那我这里还有一个小样本的观察。2021 年，我最喜欢的一本书是取材于东北的非虚构作品《张医生与王医生》，主人公"张医生"与"王医生"是这个社会的栋梁男性，过着"常规"意义上的"主流"人生。但他们的妻子、妹妹和女儿，却通过自己的"奋斗"，主动选择了"单数"的人生（你可能会好奇，"已为人妻"还怎么选择过"单数"的人生，这里卖个关子，希望读者可以自己找原书读读看）。"单数"的人生不一定好过她们本来既定的生活路线，但一定是更符合她们心意的人生。这一脉络，跟前面介绍的那项美国研究，是彼此印证和吻合的。

当然，这里也有前提：受访者的人生整体上是健康的，社会也对"单数"没有制度上的限制与约束。换句话说，如果你是个整体上健康的人，那不管是单数还是复数，你都可以过上健康幸福的人生。

推荐序六　何以至此，何以未来？

周大昕　《二十一世纪资本论》译者

当今中国人口和社会形态的最根本的转变莫过于老龄化与少子化，其转变之剧烈为古今中外人类发展史所罕见。社会学家、经济学家和人口学家以及决策层都在认真检视和剖析导致今日局面之原因，并提出或长期或短期的应对方案。

单数社会的迅速形成既体现了普遍性社会和人口发展规律，同时也因我国独特的经济、社会和政策原因而凸显社会变化的剧烈。上下两代人之间的差距往往不仅体现在经济和物质生活层面，而且更在观念与精神方面形成了巨大鸿沟。波波夫的《单数社会》精确瞄准这一现象，从社会心理、情绪和文化的角度解剖了人人身处其间的变迁。与其上本著作《倦怠》相似，波波夫再次透过对社会现象的细腻刻画来探寻其背后的规律和脉络。

当代年轻人为何不愿结婚，为何不想生娃，为何越来越多人选择独处？依经典马克思主义理论答之：这是经济和社会发展的必然结果。我国自改革开放以来的经济增长奇迹，迅速将传统农耕社会迭代成工业化和城市化社会，大量个体不再依赖传统宗族或乡土获取资源与慰藉，而是从四世同堂的乡村宅邸步入都市舒适但局促的现代居室。这一规律在欧美和日韩均有所体现，换言之，单数社会是资本主义式现代化和城市化的普遍结果。

单数社会以迅雷不及掩耳之势降临我国，令人猝不及防，由此造成了普遍性的惶惑。从生育角度看，城乡墙壁上，限制生育的标语尚且残红未褪，舆论场上就已经充斥着如何鼓励生育的讨论；从乡土角度看，多少曾经人声鼎沸的乡村故里，已人去楼空，甚至踪迹难寻；从私人角度看，传统由血缘宗族构筑的关系日渐淡漠，在都市中形单影只的现代人终日与手机为伴。

何以至此？或者说单身无后这一"非主流"选项为何会成为越来越多人的默认选择？这一重大问题关乎国家和民族前景。波波夫在《单数社会》中触及了造成这类现象的经济和技术原因。令人稍感无奈的是，这些经济或技术的原因多属"结构性"问题，难以骤然改变。例如互联网的发展可以使人将现实生活移至虚拟世界，人类的基本社交需求乃至巫山云雨的欢愉皆不难在未来元宇宙中获得满足，既然风月宝鉴唾手可得，那又何必在现实世界中去当贾瑞而求凤姐不得？单数社会之态势或许会愈演愈烈。

那我们将如何应对单数社会？任何社会要想获得持续发展，不婚不育绝不能成为主流。韩国生育率全球垫底，人口学家已发出警告，照此趋势，七百年后世上再无韩国人。任何国家和社会都不能对生育率长期低迷听之任之，鼓励组建家庭和重视生育已是必然趋势。我国的政策转向才刚刚开始，对于单数社会的认知和应对之道尚在初期。

波波夫的《单数社会》描绘了"何为单数社会"以及"单数社会何以存在"，其实也暗暗指向了解决之道。追根溯源，此现代社会问题或可归因于资本之泛滥。土地的资本化令现代都市一室难求，养育成本之高令大部分人望而却步。试问有多少读者能自信在北上广深购置四五居室以养育三胎？医疗资本化和教育资本化更令育儿者叫苦不迭。资本占主导生产方式下的劳动报酬的不足，加之个人主义的兴盛与物质消费崇拜的泛滥，单数社会也就自然形成了。

要想遏制单数社会的迅速泛滥，就要从源头上重构社会与家庭的关系。这绝不仅仅限于浅尝辄止地增加生育津贴或征收"单身税"，而是社会资源的重新分配和发展方式的重新考量。其重整之难，是不言而喻的。例如现代城市空间的布局和设置是服务于资本的，鼓励劳动者与消费者作为单数的原子化存在等。

不难想见，单数社会将作为现象长期在我国存在下去，并制造新的经济和社会发展命题。波波夫的这本书可以看作对此社会现象进行观测和初步探讨的序章，而本文则是其序章之序。

自序　谁制造了"单数社会"

一

我在写作《倦怠：为何我们不想工作》时，第一稿提纲中有一个章节是关于情感倦怠的解析，但层层深究下去，发现这个问题不是一个章节的篇幅可以穷尽的，于是，我平行开启了另一个主题的写作，就有了这样一本书。

这本书的起点，乃是注意到这样一种"三不"的社会现象：很多人除了不想工作，也不想恋爱，更不想结婚。"三不"并不等同于"躺平"，真正的"躺平者"往往衣食无忧，而大部分人仍需为稻粱奔波，"躺平"更多的是精神上的自我慰藉。类似"三和大神"[①]这样纯粹的"三不"人群可能并不多，但是你可以问问自己，脑海中可曾闪现过类似的想法。

作为一个观察者和写作者，我本无意给观念超市货架增加新品，但过往的概念，无论是单身族、还是不婚族，都无法概括当下"三不"人群的状态，也无法精准地描述附着于他们身上的社会情绪。看着这些处于原子化生活状态的个人，我想到了英文中描述个体所

---

① "三和大神"是指栖身在中国广东省深圳市龙华区景乐新村海新信人力资源市场附近的一群打工者，"三和"一词源自该区域最大的人力资源公司的名称。他们居无定所，多以日结薪资的临时工为生，号称"做一天可以玩三天"。

用到的单数形式,进而想到了"单数社会"这个词,希望你第一眼看到它不会觉得突兀。

二

"单数社会"首先着眼的是这样一类群体,他们独自生活,没有稳定的恋爱婚姻关系,你无法用年龄去界定他们,他们可能正值青春妙龄,也可能步入垂垂暮年;你也无法用行业的刻板印象去猜测他们,他们不仅仅是被脸谱化的 IT "食草男",他们其实更广泛地存在于各行各业;你也无法用地域去筛查他们,她们是踩着高跟鞋、穿梭在北上广深写字楼里的大龄优质"A女",他们也是生活在许多自嘲是十八线小县城的普通青年;他们未必是天生的独身主义者,但现实中大部分时候是一个人在度过,他们一个人挤地铁去上班、一个人边刷手机边吃饭、晚上一个人在家、一个人去健身房、一个人去医院。

结婚好还是单身好,不是本书想要探讨的重点,一如少有放之四海而皆准的判断。所有的问题,从单个人的尺度看,都很难有普适的解决方案,而个人的现状很可能正是其潜意识理性选择的结果,单身并不总是跟孤单无助画等号,而婚姻恋爱也不尽然都是甜蜜幸福。关注当下社会中独立生活的个人,关注的还是这一群体及其所代表的社会情绪,尤其是在数字化时代,单身潮流是如何风起于青萍之末,对岸的蝴蝶扇动翅膀如何引发了此岸的海啸。因此,如同《倦怠》,本书依然大量引用国内外有声望的媒体与学术机构所做的调查、试验和访谈,确保我所描述现象的严谨性和代表性。当然,这样一种写作方法可能会带来阅读上的些许不便，特别是试图找到诸如"如何脱单"的定制化解决方案的读者，在这里我要说声抱歉。

单数社会所处的一个大背景是，我们今天生活在一个数字化的时代。作为世纪大变量，数字技术对于一代人的观念、行为的影响之深远也超乎想象。今天，大部分人与手机相处的时间甚至要超过与人相处，各类约会App也令"月上柳梢头，人约黄昏后"成了老皇历，结交陌生人比以往更容易，但结果却是更少人选择结婚，网络许诺的让人们连接并不总能带来两情相悦。爱自己似乎还是更容易、也更现实些，从抖音、快手、小红书到照片墙（Instagram）、TikTok，彰显自我正成为这一代移动互联网的最典型特征之一，也令智能手机蜕变为当代那喀索斯之镜，见证了自恋文化的蔓延。主流社交软件已经在淡化点赞功能，当人们发现并非所有的亲密关系都应该被量化考量时，便不再迷信数字技术的无所不能。

当"我"放大之后，"我们"又该安放在何处？单数社会的另一面，对照的其实是热衷广场舞等集体行动、信奉"男大当婚女大当嫁"的"我们"一代。两波人观念大相径庭，难免有冲突。作为单数的另一面，婚姻正是"我们"的复数表现方式之一，也成为另类冲突的来源，从"我"到"我们"，从"一人食"到组建家庭，悲观的"单数社会"人群看到了婚姻中的"权利减半、义务倍增"，而无视婚姻所带来的经济性和陪伴性。随着女性经济独立，婚姻祛魅的大幕也在拉开，甚至在一些影视剧、文艺作品中，"大女主"题材开始流行，婚姻作为一种伴侣结合方式被"黑化"，这进一步瓦解了传统婚恋观，年轻一代不再照葫芦画瓢地像上一代人那样结婚生子，甚至不那么热衷于寻求建立亲密关系。

三

给一代人贴标签是容易的，但撕掉标签、还原背后的真相总是难的。不想工作，也不想恋爱，更不想结婚的"三不"社会现象，是整个社会处于转型巨变期的缩影。你很难判定主要是女性经济独立、数字技术消费替代、高房价、高等教育普及推迟婚育中的某一个因素推动了"单数社会"的到来，而很可能是社会富裕、个人意识觉醒、快节奏工作和社会结构原子化等诸多因素共同作用的结果。一个巨变的时代，往往意味着你曾经熟悉的常识和惯例正在瓦解：从一辈子只做一份工到在一家公司待三年就已算"长性"，从一生只爱一个人到连线下约会都嫌麻烦，从"男主外女主内"到"大女主"形象泛滥荧幕，从群嘲直男到呼吁男子气概回归，这些日常变化的涓涓细流，最终汇聚成一组组宏观数据所蕴藏的社会趋势的大浪潮。

进入二十一世纪的第二个十年后，中国结婚率持续走低，而离婚率节节攀升，虽然这两项指标都没有达到日本、韩国、美国那样夸张的程度，但一些风向已经形成，当下独自生活的人群会非常可观，特别是第七次人口普查数据公布之后，老龄化、少子化、单身化的趋势明显。在瑞典，有约一半人在独居[①]，如果说北欧预演了人类的未来，那么当下应对少子化、老龄化的重点，不仅在于提升结婚率和生育率，而且更重要的是要直面那些阻碍年轻人组建家庭的高墙：高房价、高教育成本、高工作压力。

商业世界最早感知到了这一变化。餐厅里越来越多的小卡座代替了大圆桌，小份菜半份菜开始流行；互联网可以解决朋友圈太小

[①] 周洁：《海外"孤独经济" 独居更多消费》，《新民周刊》2019年9月18日。

的问题，但对于促成以结婚为目的的约会，依然束手无策，于是线上获客、线下相亲成为在线婚恋平台的标配；稳定的亲密关系可望而不可即，但陪伴的刚需依然存在，"猫狗双全"成为年轻一代的人生理想，萌宠经济甚嚣尘上；跨物种的羁绊也露出了苗头，与人工智能谈情说爱并非遥不可及，微软小冰变得越来越"皮"，仿佛你的异地恋人，而苹果则选择让 Siri 变得"冷血"，更像一台客服机器，踏上了另一条机器伦理之路。

几乎所有的经济体在从贫穷走向富裕的过程中，都会经历结婚率、生育率的回落，这似乎已经成为某种怪圈。我们正在经历智能手机对功能手机的替代，我们开始习惯用二维码而非现金支付，那么我们同样得做好传统婚恋观被另一种全新亲密模式取代的思想准备。应对这一趋势最好的办法，不是回到男耕女织的时代，不是"牛不喝水强按头"式的"拉郎配"，而是应该摘掉对单身群体的有色眼镜，顺应"单数社会"的大趋势，及时做好调整的准备。

四

最后再稍微介绍下这本书的内容逻辑，这样方便您根据自己的需求，直接跳到感兴趣的部分阅读。

本书主要分为三个部分，第一部分是描述"单数社会"这一现象，主要集中在第 1 章"非主流：转入'不婚'社会"，聚焦全球范围内正在迎来的一股单身潮流，从中国、日本到欧盟、美国，结婚率在下降，离婚率在上升，单身人群规模越来越大。这一章花费了相当多的笔墨来描绘中国作为"单身大国"的现实，包括过去半个世纪中国人婚恋观的变迁,由来已久的男女比例失衡现象,不同区域、行业、年龄段群体的不恋爱、不结婚、不生育的现状等。

第二部分主要是分析原因,即我们是如何一步步走向"单数社会"的,具体原因有三点,第一是女性经济日益独立以及两性平等权利意识的觉醒,这部分内容主要在第 2 章"选择:婚姻退热、家庭降温",这章主要回顾了女权主义运动在全球范围的发展情况,以及女性地位的提升在日常生活中的投射,其中最典型的就是文学、影视作品中"大女主"形象的流行;第二是互联网的潘多拉魔盒效应,这部分主要集中在第 3 章"触网:数字化的解构和重构",这章主要分析了数字化技术对传统观念的消解和重构,特别是短视频、社交网络、游戏等为当代人提供了前所未有的陪伴功能,这些使低成本、貌似欢愉地打发时间变成可能;第三是自我的膨胀、同理心的衰减和越来越多的隔阂与对立,这部分内容主要在第 4 章"'唯我':现代人的自恋密码"中,在这一章中您能重温互联网的流行如何见证了集体主义的退潮和个人主义的流行,见证"自拍"到"自恋"如何折射了个体与群体的心理变迁。

第三部分是展望"单数社会"所带来的一些机会以及未来走向,这部分内容主要集中在第 5 章和第 6 章。第 5 章"掘金单身:从一人食到一人游",从衣食住行等方面分析了单身群体影响下现代商业的全方位改变,如半份菜、小公寓、萌系家电等。第 6 章"未来的个体、爱情与生活",展望了单身成为一种亚主流的现象,以及叠加了长寿化、老龄化等因素之后,单身群体将面临的新困惑,比如"童年"和"青春期"的延长,特别是随着数字技术的进一步发展,人们更多地沉浸在虚拟空间,未来人机关系可能更多样、多变,届时,我们对单身可能也会有截然不同的定义。

目　录

第 1 章　非主流：转入"不婚"社会

惊人的数字，"不婚"人群是如何炼成的 　　　　　　003

无力婚恋者，不只"北漂" 　　　　　　　　　　　　009

重男轻女、男多女少的必然结局 　　　　　　　　　　013

从自由到迷失，婚恋观巨变背后 　　　　　　　　　　020

你也是青年"独居一代"吗 　　　　　　　　　　　　027

低质量社交不如高质量独处 　　　　　　　　　　　　031

"一人户"新常态：当老龄化叠加单身浪潮 　　　　　036

走向单身社会，或是另类历史回归 　　　　　　　　　041

第 2 章　选择：婚姻退热、家庭降温

女权起落：反抗不平等，也反抗了家庭 　　　　　　　051

新女性："揣着钱包去约会、带着房子去结婚" 　　　056

"大女主"，从现实到荧幕的投射 　　　　　　　　　062

婚姻的本质，是财产制度还是浪漫关系 　　066

换个方式"在一起"，国外的新型伴侣方式试验 　　071

第 3 章　触网：数字化的解构和重构

各怀手机，一起独处 　　079

社交网络与亲密关系的彼此重塑 　　086

在线荷尔蒙，赛博亦有伊甸园 　　095

社交恐惧，未必是矫情和"戏多" 　　101

过劳时代，不忍责备"恐恋" 　　109

一天 24 小时，走不出 App 丛林 　　117

宁看屏幕，可舍爱人 　　125

平台的"救赎"，时间的黑洞 　　131

"离线"乌托邦，回不去的"不插电"生活 　　136

第 4 章　"唯我"：现代人的自恋密码

从模糊的"我们"到大写的"我" 　　149

自恋大流行，是浮夸的开始 　　154

如何辨别自恋狂 　　158

当代人的那喀索斯之镜 　　164

互联网并没有制造更多的自恋狂 　　173

塑料爱情泛滥，谁之过 　　179

第5章　掘金单身：从一人食到一人游

单身不经济，商家笑开颜　　　　　　　　　　185

屏幕之外的孤独美食家　　　　　　　　　　　191

独自旅行，寻找在路上的意义　　　　　　　　201

一人买房，单身族的幸福锚点　　　　　　　　208

萌系革命，可爱成为设计刚需　　　　　　　　216

陪伴经济，"猫狗双全"的新人生　　　　　　221

第6章　未来的个体、爱情与生活

长寿时代，人生需要全新设计　　　　　　　　231

童年漫漫，彼得·潘综合征流行背后　　　　　236

四十仍有惑，中年无意义吗　　　　　　　　　243

高龄管理者，阅历不可轻视　　　　　　　　　248

分手在夕阳，银发族不再迁就　　　　　　　　256

赛博、亚当和夏娃：爱情的未知未来　　　　　262

跋　不要为单身的青年人焦虑　　　　　　　　　　268

致谢　　　　　　　　　　　　　　　　　　　　　272

第 1 章 非主流：转入"不婚"社会

在美国的文学著作中，任何关于彻头彻尾地从人群中被孤立而独自生活的故事，无论是生理上的还是心理上的，实际上都被认为是一个恐怖的故事，即便《鲁滨孙漂流记》也是一样——直到鲁滨孙在沙滩上发现了其他人类的足迹。

——大卫·波特·钱德勒[①]

---

① 大卫·波特·钱德勒（David Porter Chandler），美国历史学家，被认为是研究柬埔寨现代史最重要的西方学者之一。

惊人的数字，"不婚"人群是如何炼成的

回忆一下，你最近一次参加婚礼是什么时候？反正我上一次参加朋友的婚礼已经是七八年前了，一个突出的感受是，身边单身或独居的人在变多。

2019年，也许是中国婚姻史上值得关注的一年，这一年全国结婚人数首次跌破1000万对。

在2020年1月19日上午举办的例行新闻发布会上，民政部公布了一组数据：2019年全国婚姻登记机关共办理结婚登记947.1万对，比2018年减少了66.8万对，是进入21世纪以来第一次少于1000万对。[①]

数据虽然枯燥，但也最能说明问题，本书之后还会援引各类有价值的数据，在此还请允许我再罗列一些宏观数据，给读者诸君勾勒下"不婚王国"在过去十多年里是如何飞速开疆拓土的。

民政部发布的《2018年民政事业发展统计公报》显示，2018年全年依法办理结婚登记1013.9万对，比上年下降4.6%，创下2008年以来结婚率新低；从2014年到2018年，全国结婚率从9.6‰稳步下滑至7.3‰。通过梳理民政部2008—2018年的相关统计数据，我发现在这11年中，以2013年为分水岭，结婚对数成倒"U"形发展：

---

① 林小昭：《中国结婚率持续走低，结婚对数近年首次跌破1000万对》，《第一财经日报》2020年1月19日。

从 2008 年的 1098.3 万对逐年上升,到 2013 年达到 1346.9 万对的顶点;自 2013 年起结婚对数开始逐年下降,降至 2018 年的 1013.9 万对。到了 2020 年,民政部数据显示,中国结婚登记数据进一步降为 813.1 万对。这是继 2019 年跌破 1000 万对大关后,再次跌破 900 万对大关。这也是自 2003 年以来的新低,仅为最高峰 2013 年的 60%。[①]

经济越发达的大城市,单身率也越高,这种地区刻板印象是成立的。从区域看,东部发达地区的低结婚率尤为突出,2018 年上海、浙江结婚率是全国倒数前两名,分别只有 4.4‰、5.9‰,换言之,这两个地区,每 1000 人一年仅有不到 6 对男女登记结婚,这一比例甚至低于美国。美国疾控中心公布的数据显示,2018 年,每 1000 名美国成年人仅有 6.5 对夫妇成婚。[②]广东、北京、天津等地结婚率也偏低,而结婚率最高的是西藏、青海、安徽、贵州等相对欠发达地区。

不只结婚的人少了,结婚晚了,在生孩子这件老一辈看来同样天大的事情上,当下的已婚育龄女性也显得不慌不忙。

2017 年全国生育状况抽样调查数据显示,中国育龄妇女平均初婚和初育年龄呈明显上升趋势。全国初婚年龄由 2006 年的 23.6 岁上升至 2016 年的 26.3 岁,其中,城镇从 24.6 岁升至 26.9 岁,农村从 22.8 岁升至 25.6 岁。在中国人均收入最高的城市香港,晚婚晚育尤为突出。根据《香港人口推算 2017—2066》和《日本人口预测(2017):2016—2065》,中国香港女性的平均初婚年龄由 1996

[①] 郭晨琦:《31 省份婚姻大数据:广东结婚最多,河南离婚人数最多》,《第一财经日报》2021 年 3 月 19 日。

[②] 南博、徐蕴宸:《美国结婚率降至 120 年来最低,专家:解封后离婚率恐创新高》,澎湃新闻网,2020 年 4 月 30 日。

年的 26.9 岁上升至 2016 年的 29.4 岁，40～44 岁的女性人口中未婚女性占比由 1996 年的 8% 上升至 2016 年的 17%；日本女性的平均初婚年龄由 1964 年的 26.3 岁上升至 2000 年的 28.6 岁后维持相对稳定，超过 50 岁的独身女性占比由 1964 年的 12% 上升至 2000 年的 18.8%，然后维持相对稳定。

鉴于中国的城市化进程尚未结束，而城市女性的初婚初育年龄一般较晚，因此，民生证券的一份报告认为，中国女性平均初婚年龄将由 2016 年的 26.3 岁继续上升至 2036 年的 28.8 岁，之后维持相对稳定。中国 40～44 岁的女性人口中，未婚女性占比将由 2010 年的 0.75% 匀速升至 2026 年的 18%，之后维持相对稳定。[1]

三十而婚变得越来越常见，晚婚晚育颇为普遍。据民政部发布的《2017 年社会服务发展统计公报》，2012 年以前，办理结婚登记占结婚总人口比重最大的年龄群体是 20 岁至 24 岁，占 36.9%。如今，25 岁至 29 岁的群体成为办理结婚登记新的主力军。

中国最大的城市上海是观察全国晚婚现象的一个窗口。据上海市妇联和上海社科院社会学研究所共同发布的《改革开放 40 年女性发展调研报告》，上海女性晚婚晚育已成趋势，未婚女青年的比例不断攀升。与全国相比，上海男女的初婚年龄提高速度高于全国水平，且女性初婚年龄的提高幅度高于男性。截至 2015 年，上海男女的平均初婚年龄分别为 30.3 岁和 28.4 岁，比 2005 年分别提高了 5 岁和 5.4 岁。另外，2015 年，上海女性的初育年龄为 29 岁，已高于一些西方发达国家。

---

[1] 解运亮、毛健：《中国人口变化带来的挑战与投资机会——人口系列深度报告》，民生证券，2019 年 6 月。

对于这一调查结果,调查的组织方并不认为上海晚婚在全国范围内是最典型的,据《解放日报》报道,上海社科院社会学研究所所长杨雄说,过去10年中,青年女性的婚姻状况发生显著变化,但是上海青年的不婚比例在国内并不算高,低于北京、天津、重庆等市,人口总体的婚姻状况更显传统。[①]

那么,顺着杨雄的指引,让我们看看北京的情况。第三方调查机构QuestMobile[②]在2018年的一次"'单身汪'人群洞察"网络抽样调查中发现,北京的单身女性规模为上海的2倍以上。在QuestMobile的抽样调查中,单身男女分布最多的城市均为北京。就全世界范围来看,众多经济发达城市均存在"超单身社会"现象,而较低的结婚率则是其中一个重要的表象,这一现象不仅会加快老龄化社会的到来,而且亦有可能降低社会繁荣度。

针对当前中国结婚率持续走低的现象,官方是如何分析个中原因的呢?民政部社会事务司副巡视员杨宗涛在一次新闻发布会上表示,自2014年起,我国结婚率逐年下降,主要有以下几方面的原因:一是适婚人口总数下降,我国自二十世纪七八十年代开始实行计划生育政策,出生人口数量减少,这是当前结婚率下降的最主要原因;二是随着经济社会的发展,人们的婚姻观念发生了变化;三是随着高等教育的普及,年轻人受教育的年限增加,这也使结婚年龄不断推迟,相当一部分适婚人口没有结婚。[③]

[①] 彭薇:《上海女性初婚年龄:28.4岁 大数据勾勒40年来变化,晚婚晚育已成趋势但不婚比例低于京津渝》,《解放日报》2018年11月28日。

[②] QuestMobile是中国专业的移动互联网商业智能服务商,通过数据分析、研究与服务,反映市场发展趋势和行业竞争格局。——编者注

[③] 刘万里:《中国结婚率为何逐年下降?民政部回应了》,中新经纬,2020年1月19日。

我们的东亚邻居们，比如韩国、日本，其结婚率低的现象更明显。韩国结婚人数曾在 1996 年达到峰值 43.49 万对，此后 19 年中每年结婚人数均超过 30 万对，但自 2016 年起，每年结婚人数均低于 30 万对。粗结婚率①从 2012 年起持续下降，在 2015 年跌破 6‰，2018 年为 5‰，而 2019 年仅为 4.7‰，创下 1970 年有记录以来的新低。②到了 2020 年，韩国结婚人数比上年又减少了 2.6 万对。据分析，是 30 岁年龄段人口减少、婚姻价值观出现变化以及居住费、教育费等多种原因导致了结婚人数减少，尤其很多人还因新冠肺炎疫情而推迟结婚。③

结婚率节节下滑的同时，离婚率却节节攀升。民政部发布的《2018 年民政事业发展统计公报》显示，从 2014 年到 2018 年，全国离婚率从 2.7‰ 上升到 3.2‰。1987 年，全国的离婚数量还只有 58.1 万对，到了 2019 年增加到了 404 万对，增长了近七倍。与 2010 年相比，2019 年全国离婚登记数量上涨了 106.14%，30 个省（区、市）离婚登记数量均呈上涨态势。

不过，离婚率与地域经济发展程度之间的关系似乎并不大。从地域上看，北京、广东等 21 个省（区、市）的离婚登记数量的涨幅超过了全国平均值，西藏、甘肃、贵州、河南、天津涨幅最大；仅有新疆离婚登记数量出现下滑，下滑幅度约为 11.92%。从绝对数量上看，2019 年，全国离婚登记数达到 404 万对，数量最多的 5 个省份分别为河南、四川、江苏、山东和广东。其中，河南离婚登记对

---

① 粗结婚率指的是某个年份结婚数量除以总人数，也就是每 1000 人中登记结婚的对数。
② 曾萧：《韩国 2019 年结婚率跌破 5‰ 创近 50 年新低》，中国新闻网，2020 年 3 月 19 日。
③ 王祎：《疫情影响、价值观变化，2020 年韩国结婚人数创新低》，中国新闻网，2021 年 3 月 19 日。

数达到 31 万对，是冰岛人口的两倍。离婚登记数量最少的 5 个省份分别为西藏、青海、海南、宁夏和甘肃，这与当地人口较少有关，这些省份的名次与 10 年前相比也没有变化。据澎湃新闻推算，2019 年共有 14 个省（区、市）离婚率超过全国平均值或与之持平，天津、黑龙江、吉林、重庆离婚率超过 4‰。有 17 个省（区、市）离婚率低于全国，其中西藏、甘肃、广东、山西、海南离婚率最低。[①]

从离结比[②]的角度，我们更能看出离婚情况在国内之普遍程度。2019 年，全国离结比达到 43.66%，也就是说每 100 对新人结婚，同时就有 43.66 对夫妻离婚。有 15 个省（区、市）离结比高于全国，其中天津一骑绝尘，离结比高达 72.52%；东北三省紧随其后，离结比均超过 60%；北京、重庆、上海、内蒙古和河北离结比也超过了 50%。其余 16 个省（区、市）离结比低于全国平均值，其中西藏、甘肃、青海、海南、山西离结比不超过 30%，成为 2019 年全国离结比最低的 5 个省份。

不过，从全球范围来看，中国的离婚率处于中等水平，以 2017 年为例，俄罗斯离婚率约为 4.5‰，美国约为 3.6‰，均高于中国的离婚率 3.2‰，但德国约为 2.19‰，英国约为 2.05‰，比中国离婚率要低。

---

① 《2019 全国婚姻图鉴：河南结婚人数最多，天津、重庆离婚率超北京》，澎湃新闻，2020 年 5 月 22 日。
② 离结比是一定时期内离婚对数与结婚对数之比，通常以百分数表示。比如，2017 年结婚对数是 1063.10 万对，离婚对数是 437.40 万对，离结比是 437.40/1063.10 × 100%。

无力婚恋者，不只"北漂"

不知你会不会有这样的感受，仅仅是每天长达数小时的通勤，就要耗尽全身的力气，哪里还有心思去谈恋爱。工作堪称现代恋爱婚姻的"杀手"，尤其是加班对亲密关系的替代，更是一种比脱发和"过劳肥"更隐秘的现代"工伤"。

BOSS直聘发布的《2018中国职场青年感情状态调查》直呼这届年轻人已经嫁给（娶了）工作了。这次调查发现，长期加班、频繁出差、社交圈子小，已经成为年轻人单身的"三座大山"。而且，在目前的社会环境和行业发展状况下，似乎也没有太好的解决办法。调查显示，1980年后出生的年轻人中，超过六成的男性和超过八成的女性渴望爱人更多的陪伴和沟通，他们对于对方因工作繁忙导致的忽视或者不在场有不满情绪。而且女性更加渴望陪伴，特别是在重要的日子或需要帮助的时刻。多数人承认自己难以平衡工作与感情，这或多或少都会造成与另一半的感情疏离。

2020年情人节期间，智联招聘联合珍爱网进行职场人爱情五观调研活动，根据此次调研形成的《职场人爱情五观调研报告》显示，参与答卷的4859位职场人中57.4%处于单身状态，其中仅7.7%是刚步入单身0～3个月的"新晋单身人群"，而49.8%的职场人单身超过3年，平均单身时长达24.55个月。调查中，57.1%的职场人认为工作压力与强度会影响婚恋进程，42.9% 的职场人认为工作与生活婚恋不冲突。所以企业（雇主）设计并落实员工"工作生活平衡计划"，或许将成为助推结婚率上升的一个重要因素。

人们常常觉得北上广深一线城市的单身比例比其他城市要高得多，但事实并非如此，单身在许多城市也变得稀松平常，在鹤岗、曹县，单身也不再是新闻。

2017 年，智联招聘发起中国职场人情感现状大调查，对一线城市及 15 个新一线城市职场白领进行的问卷调查显示，城市之间的单身率差距并不太大。由此可见，城市融合、价值观趋同等因素深刻影响着大众的婚恋态度，单身人群在地域上的分布区别细微，而在行业与职业属性方面则体现出较大区别。

具体来看，该调查显示，全国职场单身率为 53.56%，其中东莞、深圳、广州单身率分列全国前三名，东莞以 76.92% 的单身比例位居中国城市榜首，长沙、苏州、杭州、北京、上海、成都、南京则分列第四到十位。不难看出，位于广东省的东莞、深圳、广州作为全国的"打工圣地"，工厂密集、机会多、门槛低，每年都会吸引为数众多的低学历单身男女青年前往。这三个城市同样是高端人才的聚集地，尤其是深圳作为很多互联网公司的总部，更吸引了众多投身于 IT、互联网行业的单身人士。

技术人员多单身并非媒体的偏见。智联招聘的调查发现，单身男性从事 IT/ 通信 / 电子 / 互联网、汽车 / 生产 / 加工 / 制造以及房地产 / 建筑业的占比在所有行业中名列前茅，其中从事 IT/ 通信 / 电子 / 互联网的单身男性占比更是排名榜首，高达 25%；而单身女性从事 IT/ 通信 / 电子 / 互联网和从事服务业的也有很高的比例，其中从事 IT/ 通信 / 电子 / 互联网的最为突出，达到了 16%。从具体的职业分布来看，从事技术职业的单身男性占比达30%，远高于其他职业；而单身女性从事的则更多的是财务工作，占比达15%。

从这两组数据中不难看出，无论男性还是女性，IT/通信/电子/互联网都是全行业中单身人士分布最高的，这是由互联网行业本身的特殊属性、工作强度和工作内容直接决定的，日常繁重的加班、无规律的休息时间、闭塞的交友渠道都是导致单身率居高不下的原因。如此看来，从事哪个行业或许对于摆脱单身起着不可忽视的作用，如果你选择在大厂里"卷"，那么与在事业单位端着铁饭碗的朋友相比，你可能更容易单身。

与许多人预期比较一致的是，工作年限与结婚率呈正相关：对于已经结婚的群体来说，有5年以上工龄者高达73.1%；在工龄3年以下的人群中，结婚率不到10%；工作1年的结婚率仅有1%左右。

从职场白领认识异性的渠道来看，在工作场合认识异性的比例高达39.84%，通过亲友介绍认识异性的比例为33.75%，通过社交软件认识异性的比例为20.32%，靠搭讪认识异性的比例为6.09%。职场白领每天把大部分时间和精力分配在工作上，在工作场合认识异性的概率自然高于其他途径；而亲友介绍依然是交友的主要渠道之一，父母（朋友）对于子女（朋友）的终身大事的关心，为职场白领结识异性提供了更多机会；随着移动互联网的发展，网络交友也是职场白领认识异性发展恋情的一个重要渠道。不过，虽然该问卷调研的对象中，90后、95后比例过半，但贸然的搭讪还是被视为下下策。

智联招聘的调研还发现了一个有意思的现象：工资水平对不同婚姻状况的职场人群的影响并不相同，简单说就是并非收入越高，恋爱和婚姻中的感情状况就越好，回顾下近来此起彼伏的明星"塌房"事件，便可见一斑。①

由中央广播电视总台发布的《中国经济生活大调查（2019—2020）》发现，年收入在 12 万~20 万元时，幸福感最高，每 10 人就有 6 人感到生活很美好，而年收入超过 100 万元的人幸福感反而没有想象中高，而且在感到不幸福的人群中，他们占的比例最高。所以，并不是收入越高幸福感越高。

针对收入与感情的调查也得出了类似的结论。从不同性别来看，随着收入的增加，人们对感情现状的满意度全部有所提升。月收入在 20000 元以上的男女白领的感情满意度最高，而月收入在 3000 元以下的男女白领的感情满意度最低。其中，月薪在 3000 元以下及 3000~5000 元的男性白领，对感情的满意度均不足三成，女性的满意度则略高于男性。除薪资外，职业发展、买房、户口等诸多现实因素也会对情感满意度产生重要影响。

前述的《职场人爱情五观调研报告》认为，高达 72.6% 的单身职场人认为自己单身的主要原因是没有遇到合适的，这说明他们对爱情的选择重质量而非数量。爱情选择宁缺毋滥、质量至上成了职场人的择偶准则。除合适要素之外，"个人经济条件不够好""性格内向，不善社交"分别排在第二名和第三名，但在认同度上仅占 25.2% 与 23.4%。分性别来说，男性单身原因与总量顺序一致；而女性中有 77.3% 选择"没遇到合适的"这项，比男性高出很多；"喜欢自由"为第二顺位，占比 19.3%，同样高于男性，这充分说明职场女性在爱情选择方面对质量和自主性的追求超过男性。

---

① 李莉莉：《中国单身成年人口超 2 亿，10 大单身城市排名出炉》，《青岛日报》2017 年 8 月 29 日。

重男轻女、男多女少的必然结局

我们都是"观念"的造物,今日婚恋难的问题是早在我们的传统观念中埋下的隐患。在中国,虽然"多子多福"的观念正在消解,但"重男轻女"的传统思想仍在延续,这直接导致男性人口比女性人口多出数千万人,男女性别比严重失衡,进而催生出所谓"剩男""剩女"等带有歧视色彩的新称谓,也推动了不婚社会的形成。

中国的历次人口普查,都把性别变化作为一项重点工作进行统计。第七次全国人口普查数据显示,中国男性人口为 72334 万人,占总人口的 51.24%;女性人口为 68844 万人,占 48.76%。总人口性别比(以女性为 100,男性对女性的比例)为 105.07,与 2010 年基本持平,略有降低,但男性总人口仍比女性多出 3400 多万人。

在适婚年龄段,男女比例失衡的情况则更加严重。2021 年 5 月 17 日,国家统计局新闻发言人付凌晖在通报 4 月国民经济运行情况时透露了一组数字:在全国 20~40 岁的适婚人口中,男性人口比女性人口多了 1752 万人,性别比是 108.9。

男女性别比失衡的情况目前尚未见到缓解的趋势,这说明传统的生育观念在 21 世纪仍未有大的改变,甚至还有相当比例的家庭生育第三胎的主要动力是前两胎是女儿,想生一个儿子。

国家统计局公布的 2017 年各年龄段男女性别比数据显示,在 1994 年以后出生的人群中,我国男女性别比已经突破 110。其中,

20～24岁年龄段的人性别比为110.98；15～19岁年龄段的人性别比为117.7；10～14岁年龄段的人性别比为118.46；5～9岁年龄段的人性别比为118.55；0～4岁年龄段的人性别比为114.52。

90后特别是00后男性找对象的难度，可能比其父母辈更大。根据国家统计局公布的数据，在90后年龄段，性别比已突破110，这意味着，100位女性对应着111位男性。而到了00后则更加夸张，性别比最高达到了118.55。00后总人口为1.46亿人左右，这意味着在这个年龄段的男性比女性多将近1300万人。可见，00后男性找对象的压力尤为突出。

2010年第六次全国人口普查时，我国15岁以上未婚者中男女性别比是134。到2015年，根据当年全国1%人口抽样调查数据推算，性别比达到143。有学者根据第七次全国人口普查的数据推测，从5岁到22岁，男女性别比都高于115。在如此高的性别比影响下，1990年后出生的人，可能将成为中华人民共和国成立以来未婚率最高的一群人，"男多女少"的形势越来越明显。①《新京报》通过梳理人口资料发现，如果你是男性，并且是海南、浙江、山西、青海、福建这些性别比较高的省份的，那请做好准备，你得打败更多的对手才能脱单。②

与日常印象不同，并非"男大不愁娶"，男性年纪越大其实越难脱单，2010年第六次全国人口普查的数据显示，未婚人口性别比随着年龄段的增加而加大，20～24岁年龄段的人性别比是120.77，到了30～34岁，性别比就达到了239，并且50～64岁年龄段的独身

---

① 陈沁：《"七普"公报告诉你和没告诉你的》，澎湃新闻，2021年5月29日。
② 陈璐、汤子帅：《大数据告诉你"脱单"路上有多少艰难险阻？》，《新京报》2017年8月26日。

者中，男性人数是女性人数的十多倍。到了2020年第七次全国人口普查的数据公布时，全国男性人口比女性人口多出3490万人，北京大学人口研究所教授穆光宗结合2010年第六次全国人口普查的数据推算，20世纪80后男性多出138.36万人，90后男性多出1012.14万人，21世纪00后男性多出1301.62万人，10后男性多出1191.2万人（截至第七次全国人口普查的时点），合计3643.32万人。穆光宗认为，出生性别比失衡所积累的力量到2050年会释放出3500万人左右的光棍群体。届时，男性人口婚配压力达到顶峰，同时第一批光棍群体开始接近老龄化。[1]

中国的单身地图，还呈现不均衡分布的特点。国家卫生和计划生育委员会发布的《中国家庭发展报告2015》指出，未婚男性多集中在农村地区，且分布在各个年龄层；而未婚女性更多集中在城市地区。城市未婚女性比例远高于农村女性的主要原因是：城市女性受教育程度和经济独立性较高，她们更多地追求自我价值的实现和职业的发展。这样的研究结论并不令人意外，因为在许多发达国家的大都市也出现了许多单身女性。

按上述逻辑来说，城市"剩男"的问题被不断输入的外地女性所缓解，却使农村留下过多"剩男"；但城市"剩女"却因男强女弱的梯度匹配结构而产生。对于城市的优秀单身女性来说，她们大都自主性高，在物质和精神上逐渐独立，对爱情有着更纯粹、更理想化的期待。因此，有一种说法是，大多数大龄单身女性的择偶标准都太高了，她们是主动选择剩下的，而非被剩下的。

然而，"不婚"在守旧文化中，会成为羞耻感的来源。不过，不

---

[1] 穆光宗：《"七普"数据与"3000万光棍人口"》，澎湃新闻，2021年8月18日。

婚女性虽然无法从婚姻、家庭、子女中获得生命体验，但她们的生活依然具备充盈的意义感。这种意义感首先来自肯定自我的价值，包括对成长经验的肯定以及高度的自我认同，这一点对于在北上广深等大城市打拼的事业成功的女性来说，尤为突出。其次，她们还拥有创造生活的价值，不婚女性不仅乐于开创工作价值，而且也勇于学习与挑战。此外，她们还有回馈社会、服务他人的价值。

高收入、高学历本不应成为婚姻的障碍，特别是随着高等教育的普及、男尊女卑文化的淡化，未来的优秀单身女性可能会减少。

在韩国，夫妻间的学历差正在消失，"低娶"大减，"下嫁"激增。据韩国保健社会研究院报告，2015年，夫妻学历男女相当的韩国家庭占家庭总数的78.5%，学历男高女低的比例为11%，女高男低的比例为10.5%。而在20世纪70年代，韩国夫妻中男女学历相当、男高女低、女高男低的比例分别是58.1%、41%、0.9%。那时候，韩国夫妻中之所以男高女低的比例（41%）远大于女高男低的比例（0.9%），是因为男性的受教育水平普遍高于女性。但最近三四十年来，韩国女性的受教育水平大大提高，学历女高男低的比例由20世纪70年代的0.9%增至2015年的10.5%，增长了10倍以上。学历男高女低的比例则由41%减至11%，减至原来的近1/4，学历男女相当的比例也由58.1%增长到78.5%。①

美国《时代》周刊2014年刊登的一篇报道指出，越来越多的美国女性"学历下嫁"。2012年，40%拥有大学本科及以上学历的美国已婚女性在学历上属于"下嫁"，她们的学历均高于其配偶。这与1960—1990年相比，是个大逆转。当时男人们通常"下娶"，他

---

① 张艾京：《韩国夫妻学历趋同，"低娶"大减"下嫁"激增》，中国新闻网，2018年4月15日。

们大多娶了比自己文化水平低的太太。不过，美国民调机构皮尤研究中心[1]的研究员分析指出，差异可能没有达到40%那么大。美国社区调查和10年一次的人口普查数据显示，2012年结婚的夫妇中，21%的妻子比丈夫在学历上"更上一层楼"；同时，20%的丈夫比妻子接受过更高程度的教育。事情似乎朝着不平均的趋势前进了：在新婚夫妇（指在调查前的12个月内结婚的夫妇）中，超过1/4的女性选择了学历低的另一半，而只有15%的男性做出了"下娶"的选择。[2]

美国威斯康星大学的社会学家克里斯丁·施沃茨发现，如果妻子的学历高于丈夫，那么婚姻就不会像几十年前那样容易受到破坏，甚至有可能降低离婚率。另外，若夫妻受教育程度相当，那婚姻也可能更加持久。施沃茨按照女性结婚的年代将研究对象分成3组，分别为20世纪50年代、70年代以及90年代，并对其受教育年份和大学毕业的可能性进行比较。研究发现，在50年代和70年代，如果妻子的学历高于丈夫，那么夫妻离婚率会增长34%。不过该局面在21世纪已经发生改变，如果夫妻受教育程度相当，那么离婚率会下降34%；如果妻子学历更高，那么离婚率更是减少40%。

"老夫少妻"的情况可能会更加多见。"我国出生性别比从1985年开始升高，到了2000年左右达到一个高峰。所以，这种性别比的偏差会在90后还有00后身上具体表现出来，"中国人民大学社会与人口学院教授翟振武表示，"出生性别比持续偏高的状态下，男性可

---

[1] 皮尤研究中心（Pew Research Center），成立于2004年，是美国的一家民调机构和智库机构，致力于向公众传达关于影响美国乃至世界的问题、态度及潮流趋势。
[2] 贝琳达·卢斯科姆比：《越来越多美国女性"学历下嫁"》，温莎译，《青年参考》2014年2月26日。

能会下探到更低的年龄段去寻找配偶,这又会对下个年龄段的男性形成挤压。"[1]

现实中的男多女少困局也映射到了数字空间,男女网民比例失调也同样存在。中国互联网络信息中心发布的第 48 次《中国互联网络发展状况统计报告》显示,截至 2021 年 6 月,我国网民男女比例为 51.2∶48.8,与整体人口中的男女比例基本一致。这一比例较之第 47 次的统计结果(截至 2020 年 12 月,中国网民男女比例为 51∶49)略有缩小。

QuestMobile 在 2018 年发布的关于单身人群洞察的报告显示,网民中男女性别比最高的 5 个省级行政区分别是上海、四川、新疆、湖北、广东,均达 130 以上,其中上海的男女网民性别比达到了 173,也就是说,每 173 个男性网民对应 100 个女性网民;而性别比最低的 5 个省级行政区则分别为吉林、青海、内蒙古、黑龙江、甘肃,均不足 90。报告称,单身青年中仍然男多女少,且单身女性比单身男性更年轻,其中单身女性在 18～24 岁年龄段的占比达 60% 以上,同年龄段的单身男性则略少。

严重的性别比失衡也引发了相关部门的注意。国务院在 2011 年发布的《国家人口发展"十二五"规划》中,首次把控制人口出生性别比纳入了国家规划。

此前,中国实施长达数十年的"一孩"政策[2]以及重男轻女的陈

---

[1] 张怀水:《3100 万剩男"注孤生"? 80 后 90 后请往后稍稍,00 后才是最慌的》,《每日经济新闻》2019 年 1 月 23 日。
[2] "一孩"政策是中国从 1979 年开始推行的计划生育政策,规定中国大陆的城市人口只可以生一个儿女,生第二个就需要审核批准,如果违反规定生第二个,需要交罚款("社会抚养费")。不过,农业人口、少数民族或者夫妇都是独生子女的可以生育第二个子女。

旧观念，被学界视为导致当下男女比例失调的重要原因之一。由南京农业大学副教授刘华主持的一项国家自然科学基金国际合作重点项目研究发现，如果存在性别偏好且生育选择技术可及，那计划生育政策确实会影响生育行为，造成出生性别比偏高的问题；具有性别倾向的"一孩半"生育政策[①]反而加剧了第二胎出生性别比的失衡问题；政策实施的严格程度显著影响出生性别比；生育性别选择的成功概率越高，出生性别比失衡的问题就越严重。[②]

不过，有研究表明，中国的新生儿男女比例在1960年之前失调，1960—1985年正常，1985年以后再度失调。在高度失调的这两个时间段里，男孩承担的责任以下四个标准来衡量十分有必要：下地劳动、财产继承、祭祖和养老。[③]

[①] "一孩半"生育政策，指的是从1984年采取的在大多数农村第一孩为男孩的不得再生，而第一孩为女孩的农户在间隔4年到5年后允许生育第二孩的弹性计划生育政策。
[②] 刘华、钟甫宁、朱晶、王琳：《计划生育政策影响了出生性别比吗？——基于微观行为主体的考察》，《人口学刊》2016，38（04）。
[③] 《外媒：不要把中国男女比例失调归咎计划生育政策》，《参考消息》2015年8月30日。

从自由到迷失,婚恋观巨变背后

观念是变动不居的,大约 20 年前,如果你公然宣布自己这辈子都不打算结婚,那这样的言论在当时可能堪称惊世骇俗。

"看到父母以前终日为子女忙碌,失去了自己的生活目标,我不愿走他们的路,也不觉得自己会那么伟大,更不愿为孩子牺牲自己的生活。曾有人劝过我可以只结婚不生孩子,但我认为两个人的生活和一个人的生活还是不一样。例如,只有自己一个人生活,就不需要向任何人解释自己到哪里去了;既可以纵容自己的坏习惯,又不需要容忍别人的坏习惯;有更多的私人权利;有更多的自由培养个人兴趣;有更多机会了解自己的需要;当你疲倦或情绪不稳时,没有人会骚扰你;有较多的宁静,而且可以随意花时间做自己喜欢的事情,没有小孩在你身上撒尿。"

北京市民张先生的这段言论,在 2000 年夏天被中新网记者写进报道,这篇报道从导语开始就透露着对于"不婚族"的新鲜感,并将之视为中国的一种新的社会现象:"在北京中关村电子公司工作的张姓主管,今年快 30 岁了,有体面的工作与不菲的收入,但他就是不想结婚。"[1]

没有一成不变的观念,特别是中国在近半个世纪经历了巨大的

---

[1] 《北京出现"不婚族"》,中新网,2000 年 7 月 11 日。

经济、社会变迁之后，婚恋观的变化也是相当可以理解的。婚恋观是人们对恋爱的本质、择偶的标准、择偶方式以及相关的道德问题等的看法和态度，每个时代人群的婚恋观又会影响整个社会环境，反映出一个时代的文化症候。

东北师范大学副教授温彩云等几位学者，在人民日报图文数据全文检索系统中，分别以"婚姻""爱情""恋爱"为关键词，检索到1978年以来《人民日报》的相关报道依次为323篇、138篇、37篇，共计498篇。他们通过对这498篇涉及婚恋题材的报道的研究，发现近半个世纪以来，中国社会主流婚恋观的变化经历了思想启蒙整体建构、市场经济影响和网络媒体时代三个发展阶段。[①]

20世纪80年代，《人民日报》关于恋爱婚姻的报道与讨论的文章数量最多，呈峰值状态。这个时期，正值改革开放之初新的思想观念冲击旧思想，以《人民日报》为代表的权威媒体对新的婚恋观进行重新建构、呼吁、倡导与启蒙。此间，人们虽然受到西方文化思潮的影响，主张恋爱自由，但是在观念引导上更侧重于反驳"恋爱至上"，给恋爱自由加入一定的条件，强调双方人格与精神的交流，强调个人生活与国家建设工作相结合，强调对爱情的忠贞和专一，同时也和中国传统文化中的家庭观念相结合，侧重于个人在家庭生活中承担起相应的责任与义务。《人民日报》在1980年1月4日刊发的《"我不能丢下他"》一文中，报道了李金菊为了爱情和一位农民结婚并与原生家庭断绝关系的事迹。女主人公李金菊在支援安徽工业建设时遇到丈夫，丈夫则是响应党调整国民经济的号召回

[①] 温彩云、闫伟、王小琳：《改革开放四十年〈人民日报〉婚恋观的变迁研究》，《文化与传播》2018年12月。

到农村，夫妻二人的爱情佳话是和国家的经济建设大方针紧密联系在一起的。这一阶段的恋爱观着重强调基于自主人格的自由恋爱和婚姻自由。

20 世纪 90 年代则是中国市场经济刚刚开始的时期，人们的生活方式和社会生产方式都产生了巨大的变化，经济因素对恋爱与婚姻的影响渐重，是婚恋观的经济因素作用期。

1992 年中国开始了经济制度的改革，商品和爱情开始结合在一起，很多商家看准并开发了"情侣市场"。这一时期，个性解放，自我意识增强，自由恋爱普及，爱情获得了社会的广泛承认，但也产生了一些负面现象，例如金钱至上观念给恋爱婚姻带来的冲击，家庭责任感的退化导致的遗弃老人现象等，都给家庭伦理建设提出了新的课题。对此，《人民日报》在 1994 年 4 月 6 日刊发《市场经济与中国婚姻家庭》一文，提醒人们不要用金钱换爱情，也不要为了爱情违法。在物质消费日渐盛行的情况下，真挚爱情显得弥足珍贵，导演吴天明的文章《谁不渴望爱情？》就表达了这样的精神追求，文中揭露了生活中拜金主义盛行、影视作品中宣扬物质主义、人与人的信任丧失等诸多现象。他还因此拍摄了《非常爱情》，表达了对坚贞不渝的爱情和强烈的责任感的歌颂之情。

21 世纪初也是人们婚恋观发生变化的一个小高潮，这一时期，中国第一代独生子女即 80 后长大成人并面临婚恋问题，此时恋爱观多元和矛盾冲突的一面开始显现。由于 80 后是在改革开放之后成长起来的，与前辈相比，其面临的时代环境与社会观念都发生了较大变化，因此他们的婚恋问题也表现出与之前不同的特征，相应的探讨也有所增加。

紧接着到来的是网络媒体时代，这个时期随着城市化的推进，消费社会的到来，城市中大龄男女青年数量增加，江苏卫视《非诚勿扰》等各种婚恋类综艺节目与真人秀节目层出不穷，引人争论的奇葩观点成为节目赢得收视率的利器，也呈现了社会草根阶层不同婚恋观的碰撞，婚恋观呈现多元化的特点。其中，爱情与婚姻相分离的趋势开始萌发。在许多现代白领眼中，恋爱与婚姻似乎并不是绑定在一起的，而是可以分别独立存在的。另外在城市，"剩男剩女"成为青年男女面临的巨大困境。这种现象部分是由现代人对物质的要求提高，以及工作压力大、房价高等因素造成的。

"男大当婚女大当嫁"似乎已经是老皇历了。共青团中央网络影视中心、"青年之声"婚恋服务委员会2018年发布了《当代青年群体婚恋观调查报告》，试图从青年择偶观、恋爱观、婚姻观、生育观、婚恋伦理观以及对团组织开展的青年婚恋服务活动的看法等六个方面对青年婚恋观进行调查分析。这次调查覆盖了3082人，80%以上拥有大专及以上学历，年龄在19~35岁，男性占比42.96%，女性占比57.04%。

在3000多名被调查者中，51.52%的青年为"单身"，26.51%的青年"已婚"，21.97%的青年"处于恋爱中"。这次调查发现，当代青年择偶更注重"内在的匹配度"，"人品"和"性格"是青年择偶时最为看重的两个方面，"健康"和"能力"也是重要因素。相比传统观念中的"门当户对"，当代青年择偶呈现出更加多元化的特点。具体来看，这份报告发现了网络一代婚恋观的以下几个特点。

其一，结婚不将就，男生更主动。调查问卷中，就"如果一直没有找到理想的结婚对象，您会怎样"这一问题，69.53%的青年选择"继续等待，找到理想的人才结婚"；15.61%的青年选择"保持单身"；有9.34%的青年愿意"降低择偶标准"；仅5.52%的青年选择"将就结婚"。在回答"你遇到喜欢的人，会主动追求吗"这个问题时，73.64%的男性青年选择"会主动追求"，而做此选择的女性青年为36.52%。可见，女性青年在追求爱情的过程中相比男性较为被动和谨慎。

其二，传统意义上的"男大当婚女大当嫁"思想也在青年人中悄然生变。调查显示，67.98%的男性青年认为"结了婚人生才圆满"，而女性青年选择该项的比例为49.37%。其中，35.61%的女性青年认为"单身也很幸福"，持有该观点女性青年的比例是男性青年的2倍。可见，男性青年对婚姻的认同度比女性青年高，而女性青年"不婚"的可能性比男性青年大。在深度访谈中，一名1986年出生的女性青年表示："虽然单身，但是日子过得很快乐，有朋友有工作，非常充实。如果有了男友，不考虑要孩子的话，两个人这样生活也不错。"

其三，男性更看重家庭。调查显示，有81.47%的青年认为"事业和家庭都重要"；有14.57%的青年选择"家庭重要"，仅3.96%的青年选择"事业重要"。其中，选择了"家庭重要"的男性青年人数比女性青年多。当代青年对工作和家庭都很看重，男性青年对家庭的重视度比女性青年略高。由于调查对象的年龄集中在19～35岁，正是即将组建家庭和刚刚组建家庭的主要人群，所以他们对成立家庭的渴望度较高。

其四，网恋热度降温。在本次调查中，60.22%的青年认为"与陌生人网恋不靠谱"，25.41%的青年认为"抱着试一试的态度可以尝试网恋"，14.37%的青年认为"可以接受网恋"。

这份报告指出，随着社会的发展和多元价值观的形成，一些青年一方面承受着来自家庭"逼婚"的压力，另一方面，有部分娱乐账号和营销号为了吸引流量，刻意制造和传播明星婚姻八卦等负面信息，容易误导青年的婚恋观。本次调查还发现，一些女性青年对婚姻的稳定性和安全感存在担忧，可能存在恐婚心理。因此，该报告在最后建议，及时帮助青年疏导单身情感压力，化解婚恋中的困扰，树立积极健康的婚恋观，应成为青年婚恋服务的重要部分。

在消费社会，一些影视和商业单身名人对婚姻生活的独立意见，也给予了年轻人超越传统的勇气。演员俞飞鸿曾参加凤凰卫视谈话节目《锵锵三人行》，当被主持人窦文涛和嘉宾冯唐问及"你为什么这么长时间了一直单身到现在呢？""你觉得老一个人待着，精神正常吗？""你一个人待着会觉得烦吗？你会觉得需要吃点东西跟人聊聊天吗？"等一系列问题时，时年47岁的她坦然回答，"我不觉得这对我来说是一个特别困难的选择题，我觉得哪个更舒适就处在哪个阶段"。

俞飞鸿自认为不是独身主义者，也不是不婚主义者，只是并不着急到什么年龄就一定要结婚。如果精神世界足够富足，那一个人待着的时候不需要跟别人聊天。她身边就有男性朋友没有结婚，但精神世界十分丰富。在节目中，俞飞鸿反问两位男士："为什么从你们男人的角度，都觉得结婚对女人是一种施舍呢？"

其实，发问的窦文涛和冯唐也是单身，他们问俞飞鸿的问题，某种程度上也是一种自嘲。面对俞飞鸿的反问，冯唐回答："你的感觉是对的，但是呢，不能说是施舍，关于结婚这件事，当感情里的两个人，一个特别想结婚，一个不那么想结婚，当然没有特别指男性还是女性，但是据我观察，一般是女性想结婚的比较多。结合我自己的实际经验，或者是身边的朋友，一般来说，我对婚姻没有渴望，怕亏欠女孩子才选择结婚。"

搜狗的创始人王小川参加腾讯新闻谈话节目《十三邀》,当被主持人许知远问到"什么样的女人会吸引你,除了汤唯这样的"时,王小川特别提到,"我对女生的成绩特别看重,成绩不好是不入我眼的"。王小川在节目中谈及,他对婚姻精神重要的一点理解是平等:"你在很长时间里,都把自己的爱和付出给公司了,你没有足够多的精神力量付给另外一个人,一个真实的人。那这样的婚姻在我心中是有缺陷的。我不愿意说,婚姻只是一个大后方,能够支持你,然后你就无视它。我见过很多这种企业家,大家聊天的时候,好像没觉得他家里有一个跟他同等的人,(婚姻)只是他的一个支持力量,这不是我特别想要的一种关系。"[1]

---

[1] 《单身富豪王小川的婚恋观,领先了中国男性一个时代》,中国日报网,2018 年 3 月 28 日。

你也是青年"独居一代"吗

人类是群居动物,而现在我们中的相当一部分人选择了独居。历史学者大卫·波特·钱德勒曾经写道:"在美国的文学著作中,任何关于彻头彻尾地从人群中被孤立而独自生活的故事,无论是生理上的还是心理上的,实际上都被认为是一个恐怖的故事,即便《鲁滨孙漂流记》也是一样——直到鲁滨孙在沙滩上发现了其他人类的足迹。"

但"独居一代"的故事是一个现代恐怖故事吗?"刚到北京的第一年,程玲像只挣脱了铁笼的小鸟,租了一个北五环的一居室,开始了电视剧里令人向往的白领独居生活。一个月2500元的房租占了她工资的三分之二,但想到自由独立的人生,她还是狠心租下了。'理想很丰满,但现实很骨感。'程玲说。35平方米的开间让厨房、客厅、卧室都挤在了一个空间内,沙发变成了堆放衣服的地方,活动范围最多的地方就是床。偶像剧里的白领生活并不像看上去那么美好,独居的兴奋不到一个月便消耗殆尽,精心布置的新家也开始变得凌乱。程玲每天回家第一件事就是打开电视,弄出一些声音,给家里增加点人气,在电视综艺节目的欢乐声中,孤独感却开始在她心里蔓延。她无聊时就会习惯性地看看淘宝,平均每月在网上买东西的订单超过30单,衣服、食物、生活用品甚至家用电器,都是通过网购解决的,快递员天天见。虽然家中厨具俱全,但外卖依然是她的主要食物来源。"①

如果跳出程玲个案，从更大的视野来考察单身青年独居群体，你会发现，很难用"孤独"这样的词来概括一个人独自居住的全部感受。

《中国青年报》记者在2017年采访了一些独居青年，发放了2000份调查问卷后发现，大多数"独居青年"的人际交往圈子很窄，加之交通和时间成本都很高，使其没有多余精力与人交往，"宅"成了生活的主旋律。人际交往的缺乏，是导致该群体缺乏感情寄托的重要因素。问卷分析结果显示，64.3%的受访者身边有很多"空巢青年"，缺乏感情寄托（57.9%）和居住条件差（57.8%）是他们面临的两大困境；55.1%的受访者认为"空巢青年"既是一种居住状态，也是一种心态。

媒体热衷于给独居青年戴上"空巢青年"的帽子。此前，好奇心日报曾经刻画了一个典型的"空巢青年"的肖像：二三十岁，在一线城市有份体面工作，住在月租三四千元的一居室或群租房隔间，唯一熟悉的室友是自己养的猫狗，厨房有全套餐具但饮食主要靠便利店和外卖，长时间在手机和电脑之间无缝切换，每个夜晚刷朋友圈刷到头昏眼花，叫醒他们的往往不是闹钟，而是快递员……②

顺着好奇心日报的调查，我们发现"空巢青年"的衣食住行也颇有特点：先看衣着，"空巢青年"的穿衣法则是，舒适、宽松、解放性别（回到家就掏出胸衣）、回归自然（不穿），一切不以好看而以能随时随地葛优躺为准。从这个意义上讲，"空巢青年"可能是最

---

① 谢宛霏：《走进"空巢青年"的孤独世界》，《中国青年报》2017年3月2日。
② 潘姜汐熹：《你也是城市空巢青年吗？》，好奇心日报，2016年8月17日。

具 Normcore[①] 精神的群体。

再看饮食，好奇心日报针对 5000 多人的调查发现，最能引起"空巢青年"共鸣的选项就是"外卖红包多到不好意思群发，发给文件传输助手自己领一下"，有 16.2% 的人认为这是"空巢青年"生活的真实写照，还有不少人表示学到了新技能。

居住方面，"空巢青年"毫无疑问是一个人住，并且住得并不宽敞。我们在调查问卷中按"30 平方米的出租屋"来描述，而实际情况是，有不少参与者表示，"连 30 平方米都没有"，身在一线城市的他"只有 16 平方米"，很可能做套有氧操都空不出地方来。这样狭小的空间很难让人有"家"的认同感，以至于回家这件事总有那么一点不情愿——喜欢在公司待到很晚，理由是回去也没什么事；下班以后热切盼望有人能组个局，不然就生拉硬拽找个人陪自己吃饭；甚至可能会觉得，深夜晚归时灯火辉煌的便利店"才是我家"。

最后，"空巢青年"的出行习惯是，不出行。但他们的不出门和"御宅"人群的不出门有微妙的区别，"空巢青年"不出门不是因为醉心"ACG"[②] 或抗拒社交，他们别提有多渴望社交了，渴望到什么地步呢？"觉得上班还不错，至少有人说话"，"也不怕鬼，要是有希望他能逗我玩"，不然就是"一天都说不上一句话，如果便利店店员问我有没有会员卡而我没有回应的话"。懒得约人，没有约定，即使制订了计划也没有动力去执行，实在耐不住强行出门，也只是去一些"热闹是他们的"场合体会一下"我什么都没有"的惆怅。

[①] Normcore 为英文单词"normal"（平凡的、普通的）和"hardcore"（核心人物）的合并词，这种风格可以称为"极致的普通"，以"故意穿得很单调，无特色"为主旨，在降低品牌辨识度的同时，让自己表现出一种自在而不失格调的状态。——编者注
[②] ACG 即 Animation（动画）、Comics（漫画）与 Games（游戏）的首字母缩写。

"一个人上班，一个人吃饭，一个人出去逛，一个人躺在床"，互联网公司数据勾勒出的"空巢青年"精神状态是：孤独但不失梦想。

"空巢青年"的具体表征，也是男女有别的。网易联合探探、Blued 在 2017 年发布的《"空巢青年"人群画像》称，不同性别之间的每日孤独高峰期也存在差异：对于"空巢"男青年来说，晚上 10 点最孤独；而"空巢"女青年的孤独高峰期则是晚上 9 点。网易数据显示，超 30% 的"空巢青年"月薪不足 5000 元，1.5 万元以上月薪的仅仅占比 10%。没房、单身、迷茫成为压在他们头上的三座大山，更有 82% 的人表示他们对未来有过忧虑。即使"逃离北上广"的口号甚嚣尘上，大部分"空巢青年"也不打算离开一线城市。只有 17% 的人对于来到一线城市表示后悔，其他大部分人则是享受着充实的生活，并为梦想不懈奋斗。

但独居并不完全意味着孤独，许多"空巢青年"依然有着充实的社交生活。网易的上述调查表明，55% 的"空巢青年"每周与朋友聚会至少一次，北京的西单、三里屯太古里、朝阳大悦城，广州太古汇、花城汇，上海静安嘉里中心成为北上广"空巢青年"的根据地，西单更是名列榜首成为"空巢青年"的周末"潮圣地"。虽然没有固定伴侣，但他们仍有着对美好爱情的憧憬。

低质量社交不如高质量独处

提到独处,我们常常会想到孤独或者寂寞。生活在一千多年前的唐代诗人李白,就曾在《将进酒》一诗中发出"古来圣贤皆寂寞"的感慨。

人们常常看到的是独居的问题,却忽略了其中的积极意义。对于喜欢自由自在的人来说,独居其实有不少优点,其中最大的优点莫过于自由。从历史上看,出类拔萃之辈中往往不乏单身者。从柏拉图到斯宾诺莎、伏尔泰、康德、尼采、维特根斯坦,西方哲学思想史可以说是独身者沉思创造的历史。"文艺复兴后三杰"米开朗基罗、达·芬奇和拉斐尔,以及许多长于描绘感情的作家如司汤达、福楼拜、莫泊桑、巴尔扎克等,都不约而同是独身者。

独居者可以在自己愿意的时刻,做自己想做的事,活得充实、有趣。所谓"大隐隐于市",大概可以用来形容生活在大都市的年轻人。当代大城市为人们提供了健身房、咖啡馆、酒吧、住宅区等各种服务与聚集的场所。多种亚文化包括单身亚文化的形成,丰富了城市生活的密集多样性。城市生活使独居人士既可以便捷汇集、共享多样化文化,又能保持独居时的自我独立空间,他们在这两者之间找到了自己的平衡节奏。

哲学家叔本华在其《人生的智慧》中写道:"只有当一个人独处的时候,他才可以完全成为自己。谁要是不热爱独处,那他也就是不热爱自由，因为只有当一个人独处的时候，他才是自由的。"社会学上的独处（Solitude）是指个体与外界无互动，或意识上与他人分离，并能够自由选择个人身心活动的状态。与孤独感只能体验到消极情绪不同，独处是一种能够容纳不同情绪体验的开放性的客观状态，对个体有积极的建设性意义。但是，很多心理学家均认为独处与孤独之间既有联系又有区别，独处中的个体可以是快乐的，也可以是不快乐的。这是一种开放的状态，可以容纳任何情绪体验。

当然，独处也分消极和积极两种类型。消极独处中的个体更多是出于非自愿的，他们花更多的时间在转移注意力的活动上，将独处描述为悲伤、孤独和抑郁，并表示体验到焦虑、困惑、孤立、压力、紧张和害怕。消极独处与孤独和抑郁均存在显著正相关，与自尊和生活满意度存在显著负相关。在积极独处中个体表达了对独处的渴望并表示对环境有更好的控制感，个体体验到快乐、放松、自由和乐观，更能集中注意力；积极独处与情绪创造力、自尊均存在显著正相关，与孤独和抑郁无关或存在负相关。

纽约大学社会学教授艾里克·克里南伯格访问了300多名独居者，并仔细梳理有关学术文献，结果发现大部分独居者根本不是孤独、落寞的主儿。克里南伯格指出，目前尚无证据显示，独居生活方式的兴起令美国人感到更加孤独。目前已发表的不少学术文章强调，社交行为的质量而非数量才是衡量人们是否孤独的有力"指标"。近年来，一些心理学家开始将研究视角从消极的孤独感转向具有建设性的独处，并且开始考察独处对个体的积极作用。

独处最显著的好处是有助于提高人们的创造力。加州大学圣何塞分校创造力心理学专家格里高利·菲斯特把创造力定义为：具有原创性和有用性这两种基本特征的思考和行动。他发现，与创造力有关的性格特征有开放性（愿意接受新观点和新经验）、自我效能（自信心）、主动性（独立性）、不在意社会规范以及喜欢独处。[①] 菲斯特对艺术家和科学家开展的研究表明，那些具有创造力的人群最为突出的特征在于，他们对社交活动不感兴趣，而是会投入大量时间从事自己感兴趣的事情。菲斯特说，许多艺术家"高度关注自己的内心世界和内心感受，并且会尝试通过艺术手法将其表达出来"。独处会给艺术家留出从事这种创造性工作所需的思考和观察空间。

人们独处时，大脑大都处于平静休息状态，这对于每天对着屏幕，沉浸在信息海洋中的人来说太难得了。相反，当有他人在身旁时，你就会不自觉地去关注他，从而让你的注意力受到打扰，尽管这种打扰也可能有益，但是依旧是种分心。

《安静：喋喋不休世界里内向者拥有的力量》（*Quiet: The Power of Introverts in a World That Can't Stop Talking*）一书的作者、"安静革命"（Quiet Revolution）的创始人苏珊·凯恩号召人们去体验特意安排且会提高生产力的独处时间。"安静革命"是一家致力于推广安静的、对内向者友好的工作环境的企业。"现在人们普遍认为，只有嘈杂的社交环境才会激发创造力，但是实际上，培育创造力需要持续聚焦注意力，并保持高度专注，"她说，"另外，人类是一种无孔不入的社会动物。当我们身边都是人时，我们会不自觉地接受他们的观点和美学偏好。为了真正开辟自己的道路或者理念，我们就应当远离人群，至少离开一段时间。"

低质量的社交远不如高质量的独处。独处的另一大好处是有助于我们专注内心，历史上的许多哲学流派都曾强调独处对个人的完

[①] Christine Ro，*Why being a loner may be good for your health*，BBC，February 28，2018.

善有促进作用。《礼记·中庸》有言："君子戒慎乎其所不睹，恐惧乎其所不闻。莫见乎隐，莫显乎微，故君子慎其独也。"慎独，不仅是某个人的修行，更是两千多年来儒家思想所推崇的一种理想的人生状态。慎独，是对知识最好的消化，对自我最好的审视，也是对智慧最好的含蓄和滋养。

对于青少年人群来说，适当的独处也有益于他们的成长。学者Larson 和 Csikszentmihalyi 早在1978年就对美国、加拿大、新西兰和意大利等国8~85岁的对象进行了研究，结果发现随着年龄的增长，个体用于独处的时间也越来越多，独处时越来越不感到痛苦。有中等独处时间的青少年适应能力更好，这可能是由于独处能促使青少年个体发展和同一性的完成。[1] 另一项由 Marcoen 和 Goossens 发起的对比利时5～12年级的青少年进行的研究发现，随着年龄的增加，青少年对独处的厌恶感会下降，而对独处的喜好会相对增加。[2] 吴丽娟、陈淑芬等学者的研究表明，独处应对和独处舒适感得分越高的青少年，在抑郁、社会功能障碍、焦虑和生理症状等身心健康方面的失调越少，并且在生活中的情感压力、学业压力和自我压力也越低。对于儿童来说，他们对独处的积极态度与其良好的心理适应能力有关，包括更强的自主性，更少的焦虑、依赖性和敌意。[3]

上述研究表明，无论是青少年还是成年人，在独处之后再进入

---

[1] Larson, R. W., & Csikszentmihalyi, M. (1978). *Experiential correlates of time alone in adolescence.* Journal of Personality, 46(4), 677–693.

[2] Marcoen, A., & Goossens, L. (1993). *Loneliness, attitude toward aloneness and solitude: Age differences and developmental significance during adolescence.* In S. Jackson & H. Rodriguez-Tomé (Eds.) Adolescence and its social worlds (pp. 197–227). Erlbaum.

[3] 吴丽娟、陈淑芬：《中学生独处能力、主观生活压力和身心健康之关系研究》，《教育心理学报》2016年第38期。

人群，心情会变得更振奋和警醒；有时候选择远离他人，以释放负向情绪，有助于个体短期的情绪更新。个体独处时的舒适感与抑郁及身体症状呈负相关，而与生活满意度呈正相关。

历史上，很多杰出人物如笛卡尔、牛顿、洛克、康德、斯宾诺莎、莱布尼茨、叔本华、尼采、帕斯卡、克尔凯郭尔、维特根斯坦等，都没有结过婚，并且他们一生中的大部分时间都是独自一人度过的。在中国历史上，也有很多思想家、文人和艺术家，亦是隐居山林以求独处，并在这种远离尘嚣的生活中创作出了不朽的作品。

永远不知独处为何物的人反而很危险。随着信息的高速发展和全球化进程的加速，现代社会不断强调人际关系的重要性。善于处理人际关系不但被视为心理健康与人格成熟的标志，甚至被提升到充实生活的必要条件的高度。但过分强调人际关系的重要性，也导致我们较少观察自己与自己的关系，并失去发现和体验独处的机会。一如格里高利·菲斯特所说，如果你没有偶尔独处的经历，那你就不可能内省、认识自我并完全放松。另外，性格内向者的朋友虽然不多，但友谊却更为牢固，也能带来更大的幸福感。

独居也是城市化高速发展的副产品。在传统农业社会，以血缘和地缘为主的社会关系是实现社会整合的基础。而在单位制时期，以单位或国家资源为主的单位人际关系是实现社区社会整合的基础。随着单位制的解体，商品房成为主流，城市纵向的阶层分化与横向多元分化的人口流动增强了生活空间的异质性，社区整合变得越发困难。特别是由于城市的居住空间呈现立体化和封闭化，与农村熟人社会的邻里关系不同，大城市的邻里关系呈现出陌生化和孤立化的特征。

"一人户"新常态：当老龄化叠加单身浪潮

未来已来，只是我们尚未感知。接下来的一组数据，肯定会颠覆你的认知。今天，每四个中国家庭中，就有一个属于家里只有一个人的情况，也就是俗称的"一人户"。《2021年中国统计年鉴》的数据显示，2020年全国共有家庭户49416万户，其中"一人户"家庭超过1.25亿户，占比超过25%。[1] "一人户"家庭与五年前相比，几乎翻了一番多。

国家统计局的数据显示，2015年全国"一人户"家庭占总户数的比例达12.45%，而在2000年，这一比例仅是8.3%，全国"一人户"家庭占比最高的上海市，每四户就有一户"一人户"；其次是北京，每五户就有一户"一人户"。另据国家统计局数据，2010年国内20～39岁的年轻"一人户"接近2000万户。与老年"一人户"女性高于男性的情况不同，20～64岁年龄段的"一人户"中，男性比例要高出女性很多。

第七次全国人口普查的结果显示，截至2020年，全国共有家庭户49416万户，家庭户人口为129281万人，平均每个家庭户人口为2.62人，比2010年减少了0.48人。第七次全国人口普查领导小组副组长、国家统计局局长宁吉喆认为："家庭户规模继续缩小，主要是

---

[1] 任思雨：《中国一人户数量超1.25亿！独居者为何越来越多？》，中国新闻网，2022年1月14日。

受我国人口流动日趋频繁和住房条件改善以及年轻人婚后独立居住等因素的影响。"[1]

华泰证券通过研究历史数据发现，在过去半个世纪，我国平均家庭户规模呈现"先上升、再下降、后平缓"的趋势。[2]

第一阶段——中华人民共和国成立至20世纪70年代中期：平均家庭户规模上升。1953年，我国平均家庭户规模为4.36人/户，1960—1964年略有下降，1975年达到历史峰值4.79人/户。研究人员认为，该阶段家庭户规模上升的主要原因在于人口快速增长而家庭裂变较慢。

第二阶段——20世纪70年代中期至2005年：平均家庭户规模明显缩小。第三次至第六次全国人口普查资料显示，1982年我国平均家庭户规模为4.41人/户，1990年为3.96人/户，2000年为3.44人/户，2010年为3.13人/户，平均家庭户规模下降的斜率较高。城乡结构方面，城市、镇、乡村平均家庭户规模均有不同程度的下滑，其中乡村下滑较为明显，从2000年的3.68人/户下降至2005年的3.27人/户。

第三阶段——自2005年以来：平均家庭户规模稳中略降。2015年全国1%人口抽样调查结果显示，2015年平均家庭户规模为3.1人/户，与2010年持平；2017年的统计数据显示，平均家庭户规模下降至3.03人/户。

从国家统计局和Wind[3]数据来看，二人户数量接近三人户，单身家庭特别是单身老人户明显增多。2000年，二人户家庭数量占比

---

[1] 谢希瑶、姜琳、吴昊：《第七次全国人口普查数据结果十大看点》，新华社，2021年5月11日。
[2] 《家庭小型化、逆小型化与消费场景重构》，华泰证券，2019年6月2日。
[3] Wind是中国金融数据、信息和软件服务企业，总部位于上海陆家嘴金融中心。——编者注

较之三人户家庭低了 12.9 个百分点，而到 2015 年，两者占比基本接近，相差仅 1.13 个百分点。2010—2015 年，三人户家庭占比总体保持稳定。2015 年，乡村地区二人户家庭占比超过三人户。从家庭类型来看，核心家庭、直系家庭、单人户是中国三大基本家庭类型，其中单人户家庭明显增加，直系家庭略有上升。2010 年，核心家庭、直系家庭、单人户家庭分别占总家庭户的 60.9%、23%、13.7%，相比 1982 年分别变动 –7.4、1.25、5.69 个百分点。从更为细分的家庭类型来看，我国以标准核心、夫妇核心、三代及以上直系、单人户等家庭类型居多。

家庭类型方面，较明显的小型化趋势有三个：第一，1982—2010 年，夫妇核心家庭、单人家庭、隔代家庭占比明显增加，标准核心家庭占比下降最为显著；第二，2000—2010 年，城市地区单人户家庭占比明显上升，城镇地区直系家庭占比上升最快，而乡村核心家庭占比下滑最为明显，其中，乡村地区标准核心家庭占比明显下降、隔代家庭占比明显增多，这大概率与大规模农村适龄劳动力从乡村转移至城镇有关；第三，2000—2010 年，经济发达地区（北京、上海、广东、浙江等）城市单人户家庭占比明显上升、核心家庭占比明显下降，与此相对应，主要人口流出地（安徽、四川、重庆、贵州、湖北等）农村地区单人户家庭占比亦有大幅增长，核心家庭占比显著下降。

关于独居家庭，人们从媒体上看到的多是负面的消息。澎湃新闻在 2015 年报道的一对"空巢老人"自杀的消息一度引发社会热议："11 月 15 日中午 11 点多，上海金山区朱老伯的孙女在探望过老人后，从老人家中离开。2 个多小时后，老人就打开煤气，点燃了易燃物，浓烟很快吞噬了 80 多平方米的平房……朱老伯的妻子瘫痪在床已经

4年，为了方便照顾妻子，原先两人的床呈 L 形摆放，但事发时床是并排的。"[1]

相比子女不在身边但有老伴的"空巢老人"，独居老人没有子女陪伴，也没有老伴在身旁，是更弱势的群体。《合肥晚报》在 2013 年的调查中，用"出门一把锁、进门一盏灯"这样的标题来概括独居老人的生活状态："独居老人吕玉宝生病后，在家躺了两天，也饿了两天，已然奄奄一息。幸亏房东及时发现，老人才得以被送进医院抢救。（本报昨日 12 版《细心房东救了七旬老人命》曾报道）其实，在我们身边，有太多太多的'吕玉宝'，他们或远离子女，或孤身独居，成为繁华城市里的孤独守望者。"[2]

据全国第六次人口普查数据，2010 年，独居老人、老年夫妻独自居住的比例已趋近半，相比 20 世纪 90 年代七成老人与子女同住的比例变化明显。其中辽宁、山东、江苏、广东、上海、浙江 6 个东部省市的 75 岁以上独居老人最多。

华东师范大学根据国家社科基金重大项目"未来十年我国城市老年人口居家养老保障体系研究"课题组开展的"中国大城市城区 70 岁及以上独居老人状况和需求调查"显示，被调查的城市 70 岁及以上独居老人中，从来不感到孤独的比例是 39.76%，有时感到孤独的比例是 44.68%，经常感到孤独的比例是 15.56%。女性、经济状况差和健康状况差的独居老人产生孤独感的风险高；居住在北方城市的独居老人产生孤独感的风险，比居住在南方城市的独居老人高；

---

[1] 张婧艳：《上海 85 岁夫妻手拉手开煤气点火自杀，生前致信感谢邻居》，澎湃新闻，2015 年 11 月 18 日。

[2] 蔡晓娣、孙薇、刘晓平：《独居老人生活状态调查：出门一把锁、进门一盏灯》，《合肥晚报》2013 年 11 月 8 日。

独居老人与子女的居住距离越远，与家人的联系频率越低、关系越差，产生孤独感的风险就越高；由于各种原因失去提供帮助的人，会使独居老人产生较高的孤独感。这次调查显示，未来进一步加速的少子老龄化，对城市高龄独居老人的社会支持和社区服务体系的建设提出了新的挑战，如何构建有益的社会生活和社会关系，使邻居和社区干部以及志愿者对老人的支持能够真正有益于老人，满足老人特别是独居老人的需求，减轻其孤独感，已经成为一项任重而道远的工作。[1]

---

[1] 李强、徐刚、张震：《城市高龄独居老人的孤独感及其影响因素研究》，《华东师范大学学报》（哲学社会科学版）2019年第3期。

走向单身社会，或是另类历史回归

看到这里，您大概也能接受这样一个事实：不恋爱、不结婚的人越来越多，家庭规模越来越小，这不只是中国正在发生的情况，单身正在成为一种全球性趋势的生活状态。根据市场研究机构欧睿信息咨询公司的报告，全球独居生活人数从 1996 年的 1.53 亿人上升到了 2011 年的 2.77 亿人。联合国妇女署发布的《2019—2020 年世界妇女的进步：变动世界中的家庭》报告显示，在全球范围内，由夫妇及子女构成的家庭约占全部家庭的 38%，包括其他亲属在内的大家庭约占 27%，单亲家庭约占 8%。

一如纽约大学社会学教授艾里克·克里南伯格在《单身社会》一书中所洞察到的："在过去的半个世纪中，人类一直在从事一项伟大的社会试验。人类史上前所未有的，世界各地数量庞大的不同年龄、不同信仰的人们，都选择了独居生活。不久以前，人们还习惯于在年轻时结婚，而死亡才是终止婚姻的唯一方式；当年轻丧偶时，人们选择早早地再婚，而老年丧偶的人们则搬去与家人同住，或是家人选择搬来陪伴他们。但如今，人们选择晚婚，人们离婚，而后十多年地保持着单身。"

观察大自然，你会发现单身是生物传统，而婚姻则是一种人类文化。"一夫一妻"的当代婚姻制度存在的时间并不长。在人类历史上的大部分时间里，婚姻并不基于夫妻间的你情我爱，而是一种经济、社会安排。到了 19 世纪，当"男主外女主内"时，婚姻才成为人们感情生活的基础。20 世纪 50 年代，节育技术的进步和女性争取平等、自主事业的推进，一方面使婚姻变得更加令人满意，另一方面也侵蚀着婚姻稳定性的基础。到了 20 世纪 70 年代，婚姻迎来了一场影响广泛的革命。近 30 年的时间里，婚姻的变革超过了此前 5000 年的沧桑变迁，古老的婚姻"法则"基本上已经不再适用了。

美国人类学家路易斯·亨利·摩尔根在《古代社会》一书中，用大量史料描述了家族制度、婚姻制度和亲属制度三者之间的关系，指出家族不是人类社会一开始就有的。摩尔根还用进化论的观点研究了人类家庭婚姻的起源与发展，并将人类社会发展史上的家族形态分为五大类，即血婚制家族、伙婚制家族、偶婚制家族、父权制家族、专偶制家族，这五种家族形态相互之间处于一个连锁的逻辑序列，贯穿于人类社会由蒙昧到文明的历史进程。具体来看，在蒙昧社会，亲兄弟姐妹间的互相通婚大范围地存在，同居制度即起源于兄弟姐妹相互通婚的血缘婚。随着人类社会的进步，同居制度遭到来自社会道德的对抗，社会越进步，其受到道德对抗的程度也就越大，最后其地位也逐渐丧失。因此，同居制度的逐渐缩减与五种顺序相承的家族形态的逐步发展是同步进行的。在家族形态由血婚制向伙婚制再到偶婚制的发展过程中，同居制度下同居群体的范围在逐渐缩小。偶婚制家族形态进一步向专偶制家族形态发展的过程中，独占的同居权出现了，至此古代社会的同居制度走向消亡，"当它（同居制度）缩减到完全消灭以后，也只有到这时候，专偶制家族才有可能建立"。到了 21 世纪，婚姻的许多赖以存续的基础已经摇摇欲坠了，人们已经能够在婚姻之外建构有意义的生活了，与此同时，并非一切事情都必须通过夫妻或围绕夫妻来组织。

Wunderman Thompson 创新机构在 2019 年发布的调研报告《单身时代》中的数据显示，在中国，18～34 岁的单身人士中，有 66% 的人表示很喜欢单身生活，其中有 41% 的人表示相较维系一段感情关系，他们更愿意选择单身。有 78% 的人表示他们主动选择了单身生活，91% 的人表示单身给了他们更多自由。世界各地的人们对单身的态度也和中国相似，在美国和英国，18～34 岁的单身人士中，分别大约有 64% 和 60% 的人表示非常享受单身。调查中，有 78% 的单身人士和 76% 的处于感情关系中的受访者表示，单身已经越来越能被当今社会接受。《单身时代》调研报告显示，社会的发展也打破了传统对单身人士尤其是单身女性的偏见。传统观念认为单身女性的形象是悲情、绝望和被怜悯的，但是如今，越来越多的人摒弃传统偏见，重视单身女性。

单身现象在东亚地区尤为突出，韩国、日本都有大量的独居人群，其规模仍在持续扩大，甚至已经成为一种社会大趋势。

韩国统计厅的最新调查数据显示，2018 年韩国每 10 户家庭中就有 3 户是没有家人、独自生活的"一人户"。[①] 仅仅一年后，韩国统计厅在 2019 年 12 月发布报告称，当前韩国单人家庭数超过了已婚育有子女的夫妻家庭数。[②] 具体看，2019 年韩国有 2011.6 万户家庭，其中独居家庭 598.7 万户，已婚育有子女的夫妻家庭数为 596.2 万户，独居家庭占韩国家庭总数的比例达到 29.8%，该比例首次超过了已婚育有子女家庭的占比。统计厅预测，从 2019 年起，独居家庭渐成韩国主要的家庭模式，预计到 2047 年，独居家庭占韩国家庭总数的

---

① 《韩国"一人户"家庭激增　专家建议政府尽快制定应对政策》，央视新闻客户端，2019 年 12 月 12 日。
② 曾鼐：《韩国独居者激增　2047 年单人家庭将成最主要模式》，中新社，2019 年 12 月 17 日。

比例将达 37.3%，成为最主要的家庭模式。统计厅分析称，独居家庭比例明显上升，主要是因为未婚和离婚人数增多，还有部分家庭面临丧偶情况。此外，报告还称，韩国已婚夫妇不生育的家庭数也在增多；预计到 2047 年，韩国将有 1/4 的户主处于未婚状态。

日本则堪称"超级单身国家"。日本国立社会保障与人口问题研究所在 2017 年 4 月公布的关于"终生未婚率"的调查数据显示，2015 年 50 岁之前从未结过婚的日本男性比例约为 23.4%，女性比例约为 14.1%，同比 2010 年均增加了 3 个百分点，创下历史新高。

"终生未婚率"又称为"50 岁未婚率"，表示 50 岁还没结婚的人今后也不太可能结婚了。在 20 世纪 90 年代以前，日本基本上是人人结婚的"全民结婚"社会。日本从 1920 年开始进行国情调查，在此后的 70 年里，男性和女性的"50 岁未婚率"都不曾超过 5%。但自 1990 年以后，日本的"50 岁未婚率"急剧上升，2015 年的调查数据显示，男性"50 岁未婚率"上升到了 23.4%，女性上升到了 14.1%。

日本国立社会保障与人口问题研究所预计，到 2040 年，日本全部家庭中的 39.3% 将为单身家庭，较 2015 年的 34.5% 增加了约 5 个百分点。据分析，除晚婚之外，未婚及离婚的增多也是主要原因。日本 65 岁以上老人为户主的家庭也从 2015 年的 36% 大幅增加，预计 2040 年将达到 44.2%，逼近半数。据报道，日本家庭数的估算每 5 年实施一次。此次根据 2015 年的人口普查及 2017 年 4 月公布的未来人口推算数据，估算了截至 2040 年的家庭数。此间有日本相关专家称，由于 24 小时便利店、连锁餐馆等生活设施不断完善，一些日本人认为不结婚也可以很好地生活，选择结婚的动力大大减少。在日本，甚至还有杂志专门为单身人口提供信息，帮助他们如何更好地生活。日本福祉大学教授藤森克彦表示，未婚老人不断增加是一个非常严重的问题。他们既没有配偶，也没有子女，根本不能指望家庭养老，因此非常有必要建设相互扶持型社区，让住在附近的人们相互交流，有困难时相互帮助。日本舆论也呼吁政府采取相应措施，保证单身老人"老有所居"。[1]

相比婚姻，在日本历史上，单身似乎更符合历史的常态。"'全民结婚，不离不弃，夫妇携手走过一生'这种事情，源自明治民法颁布之后，充其量不过只有短短百年的历史。不如说未婚多、离异也多的现代社会，才是原本的日本社会，当今的单身社会趋势绝非前所未有，日本人其实早就经历过了。"日本博报堂单身研究所创始人荒川和久认为，日本当前的单身社会，与日本江户时代十分相似，无须为此而悲观。荒川和久援引日本国立社会保障与人口问题研究所的调查数据对比分析：2015 年，日本 20~59 岁的人中，54% 的人拥有配偶，而四谷传马町的数据显示，江户时代末期的 1865 年，16~60 岁的人拥有配偶的比例也同样为 54%。在江户时代，首都江户吸引了日本各地农民、商人和工人来此创业，当时江户的男女人口比例为 2∶1，可见"剩男"是相当多的，这也和现代日本的情况极为相像。[2]

家庭不再是人生道路上必经的驿站，美国的家庭价值观也在发生变化。在 20 世纪，受清教伦理思想的影响，美国主流群体的家庭观念仍然相当重，这种文化根植于美国的殖民开拓历史，人们需要借助家庭这样的组织，才可能在这块新大陆生存下去。但是，自 20

---

[1] 刘军国：《日本独居老人问题愈加严重　单身家庭将占四成》，《人民日报》2018 年 1 月 14 日。
[2] 荒川和久：《单身大国日本：活下去的关键是与人沟通的能力》，nippon.com，2019 年 11 月 19 日。

世纪70年代以来,在"享乐主义""反正统文化""女权运动"三股潮流的冲击下,美国的家庭从观念到结构都发生了重大变化,甚至濒临解体。

根据美国劳工统计局的数据,截至2014年8月,16岁以上的美国人当中,约有50.2%的人是单身,即1.246亿人,在成年人中,单身人口首次超过已婚者。一半的美国人处于单身状态,这是有史以来的第一次。在1950年,只有22%的美国人维持单身。全美家庭婚姻研究中心的一项研究显示,2015年有13%的美国成年人独自居住。虽然从比例上看,只比1990年增加了大约一个百分点,但不同年龄组各有不同。45岁以下成年人的独居比例25年来没有变过。65岁及以上人口的独居比例略低于以往,不过,45~65岁美国人独居的情况变得越来越多。①

单身在欧洲也越来越普遍。德国著名统计机构Statista公布的报告显示,欧盟国家中,独居人群的比例越来越高。2016年,欧盟各成员国平均有33%的民众处于独居生活状态。

德国联邦统计局在2019年7月公布的一项小型人口普查数据显示,德国2018年共有约4140万个家庭,其中42%的家庭为只有一个人的单身家庭,这意味着约有1730万德国人独居,占德国人口的1/5。与1991年相比,单身家庭数量增长了46%。此外,数据显示,德国总体上家庭小型化趋势明显。在2018年统计的4140万个家庭中,两人家庭占比34%,只有24%的家庭有3个或3个以上家庭成员。从1991年到2018年,德国家庭平均人数从2.27人/户下降为1.99人/户。欧洲统计局数据显示,2016年32.9%的德国单身人

---

① 贾晓静:《美国:单身人数首超已婚者》,《青年参考》2014年9月24日。

士面临贫困威胁，主要包括获得少量退休金和基本保险金的老年人、即将步入职场的年轻人以及低收入人士。[1]

　　欧盟统计局发行的出版刊物《欧盟民众》介绍，早在 2015 年，丹麦独居家庭比例达 45%，是欧盟独居家庭比例最高的国家，排名第二的是芬兰，比例为 40.8%。丹麦统计局的数据也显示，丹麦的"孤单文化"现象几十年来一直在不断发展。自 1986 年以来，独自居住的丹麦人的比例增长了 42%。麦奥尔堡大学教授克丝汀·葛兰汉森 2010 年发表的论文指出，独居的丹麦人似乎很不快乐。她表示，民意调查显示，和他人同住的丹麦人有半数自称非常快乐，但独居者自认非常快乐的不到 1/3。[2]

---

[1] 田颖：《德国家庭小型化　逾四成为单身家庭》，新华社，2019 年 7 月 16 日。
[2] 《调查：丹麦独居家庭比重高　1/3 独居者称不快乐》，中新网，2015 年 12 月 21 日。

第 2 章　选择：婚姻退热、家庭降温

直到 18 世纪晚期，全世界大多数社会依然把婚姻看作太过重要的经济制度和政治制度，不应该完全交给两个相关个人去自由选择，尤其是如果他们的决定赖以建立的基础是某个像爱情这样盲目冲动、转瞬即逝的东西，那就更是如此。

——斯蒂芬妮·孔茨[①]

---

① 斯蒂芬妮·孔茨（Stephanie Coontz），1944 年出生，美国当代家庭委员会的研究与公共教育主管，长青州立大学教授，主要从事历史和家庭问题的研究。除了学术研究，孔茨在公共事务的讨论中也颇具影响力，其评论文章经常见诸《婚姻与家庭杂志》《纽约时报》《华尔街日报》等媒体。

女权起落：反抗不平等，也反抗了家庭

据说男性比女性更需要家庭，那么婚姻的退潮离不开女性角色的蜕变。男女不平等仍然广泛存在，不时曝光的家庭暴力事件便是典型一例。联合国在 2020 年 6 月 3 日公布了一项涵盖全球 75 个国家、80% 以上人口的人类发展报告令人深思：几乎所有人都对女性存有偏见，甚至有 30% 的男女认为男性殴打女伴是合理的。50% 的人认为男性是更好的政治领导人，40% 的人认为男性会是更好的企业高管。调查也显示，不分男女，大多人认为，大学教育对男性更为重要。如果工作岗位短缺，那么男性应该优先得到工作。

绵延近百年的女权主义运动，正是人们对性别不平等所做出的反抗，并在过去百年间掀起了三次浪潮。

第一次浪潮，起源于法国资产阶级革命和启蒙运动，发生在 19 世纪下半叶到 20 世纪初，主要诉求是女性在经济上与男性平等，各国妇女积极争取选举权。

经济的发展带来广大妇女基本生活方式的彻底改变。1900 年的人口统计结果显示，在美国有近 600 万名妇女走出家庭。1890—1900 年，工厂中的女工数量比男工增长得快，增长速度甚至超过了出生率。到 1910 年，美国靠打工为生的妇女人数约 900 万人。这就意味着，有 900 万名下层劳动妇女正在迅速摆脱以父亲、丈夫为中心的家庭的控制，她们接受了自立的职责，撸起袖子同男工竞赛。

20世纪初，在美国，各种家庭电器用具出现，从电熨斗、电话机、电烤箱、电暖炉到洗衣机、吸尘器，使家务劳动越来越轻松。父亲白天工作在外，中餐往往也在外自行解决，以前落在母亲肩上的教育和抚养孩子的责任，现在主要由学校和幼儿园分担，医学的进步使许多疾病不再致命，母亲的困扰减少了。这些都使广大中产阶级妇女有了真正空闲的时间。她们之中有相当一部分人接受过良好的教育，有社会参与意识，却苦于家务缠身无法全身心地投入社会活动。中国20世纪20年代到40年代的一些社会主义者受到的女权主义思想的影响，也主要属于这一波浪潮。这一时期，女权主义还没有上升到理论高度，主要是一些实践活动，如克拉拉·蔡特金领导的妇女同工同酬的运动，"三八妇女节"的诞生等。

第二次浪潮始于20世纪60年代早期，一直持续到70年代后期，主要处理的是女性在工作、薪水、受教育方面遭遇的同工不同酬、入学歧视等不平等对待，还包括妇女的堕胎权以及妇女在家庭或工作中的性别角色。更为重要的是，正是在此次浪潮中，女权主义研究的热潮逐渐形成了。或者说，女权主义研究实际上就是女权主义运动在学术理论领域方面的延伸。

这次浪潮是在黑人民权运动的启发和鼓舞下，由部分白人中产阶级女性掀起的。对那些曾经怀揣梦想的白人中产阶级知识女性来说，"郊区家庭主妇"这种既空虚乏味又毫无成就感的生活方式，无疑与她们的人生目标相去甚远。所以，当黑人掀起民权运动时，她们先是出于道德义愤加入反对种族歧视、争取黑人民权的斗争之中，继而反观和深思自己所处的不平等社会、政治和经济境遇，为争取女性在参政、就业、晋升、教育平等权、女性健康、生育、堕胎以及其他诸多涉及女性利益的各种权利（如最低工资、同工同酬、日托所等）而斗争。

主导这一波女权主义浪潮的力量主要来自两个方面：一个是由美国"全国妇女组织"所领导，以白人职业女性和中产阶级中年妇女为主的群体；另一个是主要由白人青年女性所组成，以年轻大学生尤其是来自美国名校的大学生为主的群体。虽然两股力量多有分歧，但随着女权主义浪潮源源不断地向前推进，自由主义女权主义者和激进女权主义者都认识到，两者之间的共同点和互补性远远大于分歧和差异。到20世纪60年代末70年代初，这两股力量汇合成一股，携手共同为争取女性权利而奋斗。

半个世纪前，女权主义浪潮风起云涌的同时，女性学也随之兴起。在这场声势浩大的妇女运动的"洗礼"下，女性逐渐认识到：第一，女性在政治、经济、社会和教育领域受歧视等现象不仅需要通过女权主义运动等政治斗争去改变，而且更需要从学理层面去研究和阐释；第二，妇女问题根深蒂固，不可能一时半会儿得到解决，真正意义上的男女平等需要几代人的长期努力和斗争才可能最终实现。正是出于女权主义理论探索和培养下一代接班人这两方面之需求，女性学才在妇女活动家的积极争取下，进入大学这一长期以来为男性占据的"象牙塔"。

在葛罗莉亚·玛丽·斯坦能等女权主义者的积极奔走下，1969年，康奈尔大学率先把女性学作为学分课程开设。1970年，圣迭戈州立大学和纽约州立大学迅速跟进，各自正式建立女性学项目。之后，女性学迅猛发展。不仅众多大学先后设立女性学学位课程，而且女性主义学者还自己创办了《女性主义研究》（1972）等女性学研究刊物，建立了自己的学术组织"美国全国女性学学会"（1977）。到1989年，全美有525所大学设立了女性学项目，涵盖人文和社会学科各个领域。截至 2012 年，美国有包括社区大学在内的 650 多所高校设有女性学课程项目，其中 16 所提供博士学位课程。

早期女性学主要以白人中产阶级女性的关切和经历为视角来观察、探讨和分析女性被不平等对待等问题，20 世纪 80 年代初至 20 世纪末的女性学则呈现出更开放、更包容、更多元的态势，黑人女性主义、亚裔女性主义、犹太裔女性主义、酷儿理论、社会女性主义、文化女性主义和生态女性主义等都被纳入女性学范畴，涵盖了各种族、各族裔、各阶层、各性取向妇女群体的经历、关切、权利和诉求。女性学最终发展成为一门理论多元、内涵丰富的学科。

第三次女权主义运动浪潮始于 20 世纪 80 年代，一直持续至今，我们又称之为后现代女权主义。受到后现代主义思想的影响，此次思潮主要致力于实现各种不同身份的女性在性别方面的平等，包括黑人女性、少数民族女性、双性恋女性、同性恋女性、变性的女性、来自后殖民地区以及社会底层的女性等。

全球女权主义标志性人物之一的罗宾·摩根在 1984 年为《姐妹阵营在全球》文集撰写介绍时，提出"全球姐妹阵营"（Global Sisterhood）这一概念，号召全世界妇女团结起来，发起全球性的女权主义革命以推翻无所不在的父权制度。她的这一论述为后来全球女权主义话语的发展提出了两个至关重要的观点：一是女权主义本身就是全球性和多声部的社会运动；二是妇女由于具有遭受性别压迫的共同经验，因此妇女和妇女是天然的政治盟友。

中国女权主义运动的复苏始于 20 世纪 80 年代，中国艺术研究院文化所研究员、中国知名的女权主义者张红萍提出，1995 年在北京召开的第四次世界妇女大会是中国女权主义运动的一个转折点，这次会议让中国的女权主义者不仅耳闻而且目睹了世界各国的女权主义者与她们的思想及她们谈论的问题、关注的议题、采取的方式、提出的口号。这是一次受教育的机会，中国的女权主义者不仅因此开阔了眼界，树立了信心，而且坚定了自己的追求方向。"作为现在的女权主义中坚力量的女权主义者开始将女权主义从学院带向社会、介入社会，即使是学院派也将女权主义的理论引入自己具体的社会问题的实际研究，运用女权主义思想的研究范围在扩展，几乎扩至所有学科，也正是在这个时候，各个学科都有了女权主义者，但仍是个别人，最早觉醒者永远是个别人，社会的先进者。"[1]

---

[1] 张红萍：《不要污名化"女权行动派"：她们代表着中国女权的方向》，澎湃新闻，2015年10月21日。

新女性:"揣着钱包去约会、带着房子去结婚"

尽管女权运动起起伏伏,但女权主义的最高行动纲领始终如一:主张女性不受家庭、婚姻和男人束缚,建立一个女人自觉自主的人类社会。

早在19世纪末20世纪初,在欧洲社会主义、无政府主义等思潮的影响下,美国出现了夏绿蒂·帕金斯·吉尔曼和埃玛·戈尔德曼等一些"左"派女权主义者,她们攻击婚姻制度、攻击家庭,认为家庭是妇女的监狱,使妇女成为社会"白痴",从而危及整个文明的进步。葛罗莉亚·玛丽·斯坦能也曾说过,"女人不需要男人,就像鱼不需要自行车一样"。

在漫长的历史中,处于婚姻中的女性被建构为弱势群体,这一点无论在法律、社会还是习俗传统中都如此,即使在某些特定时刻,特定的女性或女性群体利用自我能动性来争取一定的空间,其结果往往也十分有限,不足以改变她们在自己时代所处的普遍境遇。甚至,婚姻中的女人成为男人的私有财产得到法律的维护。在这样一个背景下,婚姻和家庭自然成了女权主义者要击穿的靶子。

随着女性经济越来越独立,女性对婚姻和家庭的需求也在下降。多家调研机构的调查显示,女性正在成为房地产市场的主力消费者,这也佐证了一个女性经济独立时代的到来。

贝壳找房对2018年在其平台上发生的二手房交易数据进行分析,

并对在其中12个一、二线城市购房的女性发送调查问卷后,发布了《2019年女性安居报告》。该报告显示,2018年女性购房者占比高达46.7%,接近男性购房者占比。其中,30岁以上50岁以下的单身女性购房者占大头且数量逐年增多,单身女性年纪越大,越有购房意识,不少受访的单身大龄女青年认为,"房子比婚姻更让人有安全感"。她们认为,与恋爱相比,房子既能改善生活质量,又是一种投资,而且自己有一房傍身,哪怕对象没房也不用担心爱情被现实打败。从不同城市来看,北京、深圳两座一线城市,购房者性别比例接近1∶1,郑州、长沙、西安的大龄女青年购房比例明显高于男性。调查显示,30岁以上的女性购房者中,29%的女性凭借一己之力独立购房,另有45%的女性接受了父母的资助。

58同城、安居客发布的《2020年女性置业报告》显示,在不同年龄段中,女性的置业计划也出现了分化。30~44岁女性计划5年内置业的占比超过86%,成为5年内置业的主力群体,其中,有60%的30岁以上女性购买的是二套改善住房。而20~29岁的女性群体,则有超四成打算购买首套自住房。调研显示,购买二套改善住房的女性占比最大,达53.6%,而想购买首套自住房的女性占比28.9%,商铺公寓占比仅为16.9%。参与58同城、安居客调研的女性中,有38.8%的女性表示自己能够独立购房,40.4%的女性表示需要和另一半共同负担购房资金,也有约两成的女性表示需要父母支持。调查显示,45%的女性选择了90~120平方米的三居室,这和多数购房者的选择相同;从房屋总价来看,选择总价在100万~200万元的女性占比47.9%。

中国女性普遍看重房产,并将房产与内心的安全感挂钩。婚恋交友网站世纪佳缘在2015年针对12万人、以"金钱与爱情的关系"

为主题展开调查,并最终形成了《中国男女婚恋观系列调查报告》披露了他们的发现:"有房"成为女性择偶的首要条件。男女在对待"结婚是否必须有房"这个问题上也有很大的分歧,有超过80%的男性认为,租房也可以结婚,但这纯属一厢情愿,只有20%的女性不在意男性无房,其中超30%的女性认为"必须有房,没房不考虑结婚",同时有房女性比没房女性在房子上的要求更为严苛。本次调查的组织方称,"在谈恋爱时,女性可能比男性更为感性,但真正面临结婚时,女性往往在物质上更为理性,因为婚姻更多的是柴米油盐酱醋茶的日子,这就促使女性在面对婚姻时考虑得比男性更为长远,也更有危机意识,体现在物质上就是女性对房子、车子的要求更高,而房子是她们首要的物质需求,也是她们安全感的首要来源"。[1]

这也并非中国女性的独特心理。英国女作家和女权主义者弗吉尼亚·伍尔芙在出版小说《奥兰多》后,拿着版税建造了一栋小楼,在这栋小楼里,她把此前在剑桥大学的两次演讲整理扩写成《女性与小说》一书,通过对女性创作的历史及现状的分析,指出女人应该有勇气有理智地去争取独立的经济力量和社会地位,只有这样,女人才能平静而客观地思考,才能不心怀胆怯和怨恨地进行创作。后来,她在《一间自己的房间》中谈到了房屋之于女性的重要性,"智力的自由全靠物质环境,诗又全靠智力的自由。而女人历来是穷的,并不仅是二百年来,而是有史以来就穷。女人比希腊奴隶的子孙的智力的自由还要少,所以女人就绝对没有一点机会写诗。这就是我所以那么注意钱和自己的一间屋子的理由"。

当女性经济日益独立,"揣着钱包去约会、带着房子去结婚"成

---

[1] 《世纪佳缘:2014年中国婚恋观调查报告》,199IT,2015年1月13日。

为一种人生目标后,她们对于婚姻的需求更多地转向精神层面,而非只是一种"搭伙过日子"式生存方式的安排,这在北京、上海等经济发达地区表现得尤为突出,择偶观日益多样化。

对外经济贸易大学青年发展研究中心在2016年3月至10月,对在北京居住半年以上、20~36周岁、大专以上学历的近6000名青年展开调查发现,当代北京青年的择偶观较为多样化:他们在择偶过程中最为看重的是配偶的性格人品;对方的外貌和学历排在第二;家庭情况、身体状况、年龄排在第三位。北京青年认可人生观、价值观上的门当户对,这意味着他们更倾向于选择与自己具有某一共同特征的人结婚。调查数据显示,无论在户籍、受教育程度还是工作性质,抑或家庭经济实力上,青年都更倾向于选择在这几个方面同质的婚姻。传统上人们倾向于认为,在一段婚姻中,女性更可能为了孩子而忍受伴侣的不忠或感情破裂而不离婚,但该项调查却得出相反的结论:59.09%的男性表示如果夫妻感情破裂,会为了孩子而坚持不离婚,但女性同意这一观点的比例只有36.68%,显著低于男性的比例。[①]

女性经济独立也提升了男性择偶的物质和心理双重门槛。在对外经济贸易大学组织的这次调查中,82.05%的青年认为自己如果拥有房产,会更容易找到对象;有68.48%的青年表示如果自己有北京户口就更容易找到对象;35.66%的单身青年认为自己的理想配偶一定要有房产,有32.66%的单身青年表示自己的理想配偶一定要有北京户口……从这些结果可见,青年认可房产和户口在婚配过程中的重要性,且房子的重要性要大于户口,房子对于男性的重要性要大

---

① 廉思:《北京青年婚恋观变化》,《中国社会科学报》2017年5月10日。

于女性。但北京房产和北京户口并非一个特别容易得到的物质条件，在房价水涨船高和北京户口指标紧缩的背景下，住房和户口势必会对青年婚恋造成更大的压力，没有房产和户口的青年更易遭受婚姻市场的挤压。

经济上的自由让女性减少了对婚姻的经济需求。虽然传统价值观依然根深蒂固，但是越来越多的女性正在挑战社会期望，坚持单身。当下家庭规模缩小，也与女性独立意识的觉醒有直接关系。

在中国社会转型期间，传统社会结构与家庭结构不断发生变化。伴随着女性意识的觉醒和女权主义运动如火如荼地开展，中国女性开始要求并争取在家庭和社会生活的独立、自由及与男性平等的地位，这使传统的男权文化受到了挑战。以夫妻二人为中心的更具私密性的"小家"已取代了传统意义上以父权、夫权为中心的几代同堂的"大家"。现代的家庭观念是夫妻二人地位平等，经济独立，共同承担家庭义务，女人不再是男人的附庸。

未来，随着越来越多的女性接受高等教育，女性地位必将持续提升，并对社会经济结构产生深远影响。

在美国，自 2009 年以来，获得博士学位的女性连续 9 年多于男性，2017 年女性获博士学位的比例达 53%，创历史新高。在美国研究生院理事会发布的一份 2017 年美国研究生院注册人数和学位数量的年度报告中，我们有一些比较有趣的发现：在 2017 年颁发的 79738 个博士学位中，女性获得了其中的 41717 个学位，占总数的 52.32%，而男性获得了 37062 个学位，占总数的 46.48%。

在中国，也出现了类似趋势，女性获得高学历的比例节节攀升。自 1981 年中国授予博士学位以来，获得博士学位的女性占比已经从 1987 年的 8.80%、1997 年的 18.52%，增长到了 2017 年的 39.27%。

尽管博士生中女性的占比尚未达到40%,但近两年,高校专任教师中女性的占比已基本达到一半。从全国普通高校的总体情况来看,30岁以下的专任教师中,女性占比早在2008年就已达到了57.10%,已超过50%。2017年,30岁以下的女性高校专任教师已经增长至12.2万人,占比接近63%。[1]

---

[1] 吴振莉:《一组数据看懂差距:男博士向左 女博士向右》,新浪教育,2019年8月20日。

"大女主",从现实到荧幕的投射

女性意识的觉醒还投射到了流行文化之中,"大女主"题材影视剧的火热就印证了女性地位的崛起。女性扮演的传统的"贤妻良母"形象有的已经在荧幕上被颠覆,女性在家庭之外的成功形象开始为人所熟悉。

从20世纪80年代拍摄的《渴望》中作为传统女性典范的刘慧芳,90年代播出的《北京人在纽约》中作为改革开放奋斗时期女强人代表的阿春,到2010年上线的《杜拉拉升职记》中象征新时期独立自主女性的杜拉拉,电视剧中女主角形象的演变折射了中国社会发展进程中,女性从自我意识缺失到角色定位斗争再到回归平衡对话的嬗变,同时也成了中国社会漫长转型时期的一种文化表征。电视剧中女性形象的构建与呈现,是在特定社会与文化环境中打磨形成的。如果说《渴望》中的刘慧芳以其隐忍、忘我的形象将传统观念中女性的刻板印象进一步确立,那么《北京人在纽约》中的阿春则通过"女强人"形象统治荧幕,进而大声宣告公共领域绝非男性的天下,这二者成了中国电视剧中女性形象的两极。

到了最近十年,随着女性地位的进一步提高和女性意识的觉醒,女性在现代影视剧中逐渐占据举足轻重的地位,影视剧中的女性也成为公众审美、价值观、时尚的代表,成为新时代美的代言人。

一批"大女主"题材影视剧的流行,也反映了女性地位的提升。

"大女主"剧以"聚焦女性故事,展现女性成长"为主题,以女性在逆境中的自我成长、自我蜕变为主线,一路展现主角的敢爱敢恨、敢作敢当,契合了新时代女性自我意识的觉醒,也从中折射出世间百态。"大女主"剧对年轻女性受众的精准辐射,让其具备了庞大的受众基础。众多女性观众在女主角身上,找到了情绪的共鸣点和藏在内心深处的英雄因子。

广西师范大学研究生刘畅以2015年至2017年9月央视索福瑞CSM50中年度收视率首轮播放大于1.0(可视为热播标准)的71部电视剧中的女性角色为分析样本,从剧作题材、女性角色排位、人物出身、角色成就四个方面进行定量描述和分析发现,现阶段影视剧中的女性角色更加重要,人物更加鲜活,性格特征更加独立、勇敢,勇于对束缚提出挑战,追求社会地位的平等和人格精神上的独立,这也是当代女性的现实要求,是女性主义发展至今最想得到的结果。[1]

具体说来,从年龄特征和生理现象来看,女性角色的年龄跨度有所增加,刻画人物一生经历的电视剧逐年增加。

女性角色在剧中的年龄跨度说明了女性角色戏份的增加。2016年,女性角色年龄跨度有了明显的延长,比2015年多出将近一倍,这也意味着观众在荧幕上看到的女性角色会更多,女性角色出现的时间会更长,在剧中的重要性也会大大增加。越来越多以女性为主题,人物角色也以女性为重的当代影视作品代表了新时代女性主义的新思想,而古装剧中描述女性人物一生传奇经历的电视剧,则是借历史故事让女性角色发挥出无可比拟的作用,强调对女性的尊重

---

[1] 刘畅:《影视剧中的女性主义变化——对热播影视剧的内容分析》,《视听》2018年9月。

和公平公正。

从事迹表现上看,女性角色在影视剧中的事迹和达到的成就,取决于剧情发生的时代背景和舆论环境。

CSM50的收视率统计的数据显示,从2015年到2017年,70%以上的影视剧都以女性为主要角色,这说明无论影视剧反映的是哪方面的人物事迹,当下影视剧题材都与反映女性的成就紧密联系。从所选样本来看,倾向于刻画女性角色个人成就的题材只增不减,而描述女性成为一代伟人标志的题材则大有成为趋势的倾向。女性主义题材的影视剧,不仅收视率居高不下,而且总能引发热烈的社会讨论,进而激起社会对歧视女性思想的抨击。

从情感表现上看,近几年的影视剧中很少再有纯粹的"男主戏",这与影视剧的观众多为女性群体有关。

传统意义上以男性为主角的影视剧,人物情感线索也大都围绕男性展开,在这种条件下,女性角色只是为了塑造男性人物角色性格特征而产生的一个工具性的存在。当女性成为剧中的焦点,围绕主角的情感线索复杂起来,女性主义意识就会得到激活。女性不再是妥协退让、默默承受的代名词。随着女性角色在剧中的位置更加重要,戏份更加多,这些女性角色作为某一种社会形象的代表,逐渐拥有了自己的思想,而影视剧中处理她们的感情问题时也不再将其看作男性的附属品和家庭的牺牲品,而是让她们表现出独立、勇敢、自尊、自重的精神。

"女强剧"得到广泛的社会欢迎,也体现出社会风向的转换。为何女性形象独立自强的影视剧会受欢迎?《中国青年报》社会调查中心联合问卷网对2013名受访者进行的一项调查显示,95.4%的受访者喜欢影视剧中独立自强的女性形象,64.5%的受访者认为剧中女性展现的才智很吸引人，63.5% 的受访者认为"女强剧"热播折射出了当代青年女性的自立自强，58.4% 的受访者认为这表明当今社会女性能力越来越被认可，49.3% 的受访者认为女主角的成长历程很励志，46.6% 的受访者表示看剧中独立自强的女主角惩恶扬善、一路"升级"很过瘾，43.9% 的受访者认为这类女性形象体现了女性观众的向往和寄托，32.3% 的受访者认为这类影视剧情节更曲折、更耐看，也有 12% 的受访者认为这类影视剧不过是"玛丽苏"剧的升级版。[1]

---

[1] 杜园春:《"女强剧"热播说明了什么 64.5% 受访者被剧中女性展现的才智吸引》,《中国青年报》2018 年 8 月 30 日。

婚姻的本质，是财产制度还是浪漫关系

从一定程度上说，中国式夫妻关系，经济功能大于精神伴侣。这是中国社会科学出版社、内蒙古大学中国时间利用调查与研究中心等机构，在2018年通过调查中国29个省份12471个家庭的30591个人后，得出的一个重要结论。这项调查发现，当前中国夫妻或家庭更多的是一个生产单位：除自我照料之外，经济活动和家庭生产占据了大部分时间。中国夫妻共处时间较少，娱乐休闲以看电视和休息为主，夫妻之间的互动性比较差。夫妻单独相处时得到的快乐低于夫妻二人与他人共处时得到的快乐。这项研究印证了"老来伴"的说法：中国夫妻只有老了以后才有大量的时间互相陪伴。在一定程度上，中国婚姻关系的现状是经济功能甚于精神伴侣。

关于婚姻，这里先提两个看似"不证自明"的问题。

第一个问题是，为什么婚姻在我们已知的社会中普遍存在？许多人把成年、结婚、生子当作人生的理所当然。但在经济学家看来，结婚首先是一种"成本—收益"博弈后的选择。首先，婚姻可以实现规模经济，比如两个人共用一套住房可以节省购房支出，同时做两个人的饭菜比两个人分别单做要省时省料；其次，婚姻还促成了根据性别进行的劳动分工，比如"男耕女织"可以提高一个家庭的总收入，男主女辅，各司其职，会提高家庭的劳动效率。然而这些经济效能均可诉诸其他形式（比如通过商业合伙）来实现，并且多

数情况下其收益难以补偿人们为婚姻付出的各种代价，尤其是在迫使一个人改变兴趣和计划去适应另一个人的兴趣和计划方面。

第二个问题是，婚姻是爱情的延续吗？1973年，在经历4次婚姻之后，55岁的瑞典导演英格玛·伯格曼拍出了电视剧《婚姻生活》。在这部电视剧里，伯格曼讲述了一对中年夫妻的婚姻故事：律师玛丽安与精神学讲师约翰结婚十余载，育有二女，玛丽安发现自己怀孕，没承想约翰竟倾向于打胎。有一天约翰突然向玛丽安提出自己爱上了一名叫宝拉的女子，二人痛苦分居。在协议离婚的过程中，二人的愤懑不满纷纷爆发，直到多年后，玛丽安与约翰才终于体会到爱情是什么。

《婚姻生活》播出之后，在欧洲引起轩然大波，后来，伯格曼又将这部时长5个小时的电视剧剪成2个多小时的电影，并排演了话剧。《婚姻生活》对人类婚姻内在危机的揭示——爱情转瞬即逝、婚姻又无比绵长，这注定了这两样事物的痛苦平衡和艰难调和——使它成为电影史上最著名的作品之一。《芝加哥太阳报》资深影评人罗杰·埃伯特称赞它为"有史以来最真实、最夺目的爱情故事之一"。

萨菲·奈布在13岁那年跟着母亲一起看了这部《婚姻生活》。多年后，已经是法国著名话剧导演的他也把《婚姻生活》改编为话剧，再次点燃了生活在21世纪的人们对婚姻、爱情的思考。"我们总是奉劝观众，看这部话剧需要坚强的神经。那些已婚的、正在同居的男女，最好不要结伴来看戏。"萨菲说。这部话剧在巴黎上演时，他总是默默关注台下的反应，"有时候台下是长久的沉默，有时是窃窃私语。有时候，你会听到一男一女在小声地争吵"。在150多场话剧上演后，他陆续听说，不少观众看完话剧后离婚了，当然，也有人复婚了。①

在数千年人类文明史中，当代婚姻制度只是人类历史进程中一个短暂的习俗。在唯物主义大师恩格斯看来，婚姻家庭的历史变化与人类早期社会发展的三个阶段是相对应的。

在《家庭、私有制和国家的起源》中，恩格斯用了几乎 3/5 的篇幅研究了人类婚姻形式的演变及其与早期人类社会组织之间的关系。人类婚姻形式是随时代的变化而不断改变的，从历史发展长期过程来看，婚姻家庭经历了三种形式的发展，分别是群婚、对偶婚和专偶婚。其中，血缘家庭是群婚的一种低级的、原始的形式，而普那路亚家庭②则是群婚的高级发展阶段。随着婚姻规则的增多，群婚制被对偶婚所代替，出现了对偶婚家庭。专偶婚制的出现意味着男性家长取得了统治权，并且子女拥有确定的财产继承权。③

恩格斯认为，只有以爱情为基础，并且只有继续保持爱情的婚姻才合乎道德。他在《家庭、私有制和国家的起源》中写道："如果说只有以爱情为基础的婚姻才是合乎道德的，那么也只有继续保持爱情的婚姻才合乎道德。不过，个人性爱的持久性在各个不同的个人中间，尤其在男子中间，是很不相同的，如果感情确实已经消失或者已经被新的热烈的爱情所排挤，那就会使离婚无论对于双方或对于社会都成为幸事。只是要使人们免于陷入离婚诉讼的无益的泥潭才好。"

---

① 吴丹：《让瑞典离婚率达到顶峰的电影，改编成话剧来到北京》，第一财经，2018 年 6 月 12 日。
② 普那路亚家庭是原始社会群婚家庭形式之一，它从血缘家庭发展而来。"普那路亚"系夏威夷语 punalua 的音译，意即"亲密的朋友"或"亲密的伙伴"。"普那路亚家庭"由美国民族学家 L.H. 摩尔根命名，是群婚家庭的典型。——编者注
③ 陈世珍：《〈家庭、私有制和国家的起源〉要点解析》，共产党员网，2018 年 5 月 3 日。

把爱情作为婚姻存续的理由和基础，这样的观念也经历了相当长时间才成为一种准则。在古印度，结婚之前相爱被视为一种颠覆的、几乎是反社会的行为。希腊人认为相思病是精神病的一种，这个观点也被中世纪欧洲的评论家们采纳。在中世纪，法国人将爱情定义为一种"精神错乱"，可以通过性交得到治疗——无论是和相爱的人还是和另一个对象。正如19世纪英国作家、艺术家奥斯卡·王尔德曾指出的那样，这种疗法假定克服渴望和诱惑最快捷的路径，就是即刻屈服于它，并尽快将注意力转移到更重要的事情上去。

"千百年来人们总是坠入爱河，有时甚至爱上自己的亲属。但婚姻从根本上说与爱情无关。作为一项经济和政治制度，婚姻实在太重要了，因此不能仅仅以爱情这种不理智的东西为基础。"[1]从古巴比伦的婚姻密谋，到维多利亚时代情侣们的性苦闷，再到当前关于同居、离婚、同性婚姻的争论，历史学家斯蒂芬妮·孔茨用真实、丰富的婚姻故事，粉碎了诸多关于婚姻生活的神话。孔茨提供的历史解释是，在人类历史的大部分时间里，婚姻并不基于夫妻之间的相亲相爱，而是一种专门用来获取财富和权力的制度。

孔茨在她那本著名的《婚姻简史：爱情怎样征服了婚姻》一书中写道："直到18世纪晚期，全世界大多数社会依然把婚姻看作太过重要的经济制度和政治制度，不应该完全交给两个相关个人去自由选择，尤其是如果他们的决定赖以建立的基础是某个像爱情这样盲目冲动、转瞬即逝的东西，那就更是如此。对古代婚姻史了解得越多，我就越发认识到，启蒙运动时期西欧和北美所发生的婚姻革命是多么巨大……在18世纪，人们开始采纳一种激进的新观念，即爱

---

[1] 斯蒂芬妮·孔茨：《为爱成婚：婚姻与爱情的前世今生》，中信出版集团，2020年。

情应该是结婚的根本理由,年轻人应该在爱情的基础上自由地选择他们的配偶。"孔茨的历史考察显示,到了19世纪,当妻子成了"家庭的天使"而丈夫成了"养家者"的时候,婚姻才成为人们感情生活的重要依托。

20世纪50年代开启了一段短暂的婚姻的"黄金时代"。节育技术的进步和女性争取平等、自主事业的迅速推进,一方面使婚姻变得更加令人满意,另一方面也侵蚀着其稳定性的基础,由于为了生存必须结婚或者不得不结婚的被动状况减少,年轻人中选择自由结合形式的人数增加,晚婚现象出现,结婚率逐渐走低,离婚率日益攀升,婚姻外出生率激增。到20世纪70年代,从前婚前试婚式的同居关系,越来越多地发展为不具有婚姻关系的长期稳定的同居关系,一场影响广泛的婚姻革命山雨欲来。

换个方式"在一起",国外的新型伴侣方式试验

近30年的时间里,婚姻的变革超过了此前5000年的沧桑变迁,传统的婚姻法则基本上已经不再适用了。在探索伴侣结合的方式方面,大导演英格玛·伯格曼的故乡瑞典堪称急先锋。

"在瑞典,台面上的认知sambo(同居)和gift(结婚)感觉是差不多的,共同拥有孩子、房子和房子内的所有东西,但你若问《龙文身的女孩》三部曲的作者斯蒂格·拉森的同居女友,她便会告诉你这之间实际上有很大的不同,她与斯蒂格·拉森同居超过30年,2004年拉森突然过世,也没留下任何有法律效力的遗嘱,因此拉森所有书的版权、财产都和与他同居超过30年的女友无关,直接由他的直系亲属继承。"[1]旅居瑞典的谢凤霓曾经撰文梳理了瑞典除婚姻和法定同居之外伴侣结合在一起的方式,至少有10种。

turbo:相当于"前任伴侣"的意思,当瑞典夫妻或同居关系结束时,便会面临如何监护小孩的尴尬问题,为了教养责任的公平,便会衍生出这周和爸爸住,下周和妈妈住的循环情况,这个孩子就像个旅行者,他们在新家庭会被私下称为turbo的孩子。

X-Bo:指同居或婚姻关系结束了,但仍居住在一起的关系。其目的是让年幼的孩子短期内可以有一个固定的住所。但当父母有新

---

[1] 谢凤霓:《你所不知道,在瑞典婚姻之外的关系》,台湾师范大学网站,2015年10月29日。

的男女朋友时，这种情况可能便会有所改变。

solbo：双方都是单身，但度假时会一起出去旅行，共同租个小木屋一起度过一整个夏天的旅游伴侣关系。

kombo：双方是好朋友，住在一起，共同分担房租、家务。

bimbo：被包养的女孩。

stimbo：和其他人一起生活在集体公寓里。

särbo：分居。

delsbo：有时住在一起，有点类似周末伴侣关系。

garbo：大概像婚外情的关系，指一种秘而不宣的秘密关系。

gråbo：类似黄昏恋，两个老人为了找个伴安享晚年，彼此照顾，老年后才住在一起。

尽管同居对大多人来说可能只是一个"情人以上、婚姻未满"的过渡状态，但在瑞典，同居可能就是一辈子的关系。在19世纪中期，工业化驱使大量劳工涌入瑞典首都斯德哥尔摩，劳工阶级兴起了女性不结婚就生小孩的"斯德哥尔摩式婚姻"（瑞典文Stockholmsäktenskap，英文Stockholm Marriages）。彼时的瑞典法律规定在结婚后，丈夫就拥有妻子所有薪资、私人财产的合法支配权，所以女性就算生了小孩，也会倾向和她的伴侣维持"一起生活养小孩但不登记结婚"的状态。

类似同居这样的轻度婚姻关系，并不仅仅流行于斯堪的纳维亚半岛。现在，从瑞典到法国，从日本到韩国，这样的关系俨然已经成了一股新潮流。

虽然婚姻制度遭遇了危机，但核心家庭的概念并没有消失，只是发生了改变，不论是在法律上还是价值观上，婚姻都不再是共组家庭的前置条件，许多国家开始冒出形形色色的非婚姻的伴侣组合方式，并直接反映在非婚生子的普遍化上。

欧盟统计局发表的报告称，在欧盟成员国家中，非婚生子问题非常严重，2000 年时，欧盟国家非婚生子女比例为 15%，而到 2016 年就达到了 43%。报告表示，根据国家排列，法国非婚生子女比例最高，达 60%，保加利亚和斯洛文尼亚次之，为 59%；爱沙尼亚、瑞典、丹麦、葡萄牙和荷兰的比例分别为 56%、55%、54%、53% 和 50%。[①]

另外，法国国家统计及经济研究局的一份调查显示，2017 年法国出生的所有婴儿中，有 60% 是非婚生子女，这一比例使法国成为欧盟各国中的"冠军"。长期以来，非婚生子女现象被认为同社会规范相背离，属于极少数例外，但法国的非婚生子女比例自 20 世纪 70 年代起就急剧上升，2007 年，法国的非婚生子女数量首度多于婚生子女。此后 10 年，非婚生子女比例持续升高，2017 年，法国出生的 77 万名新生儿中，有 60% 的双亲并未结婚。但这一现象并不意味着 60% 的法国年轻人都伤风败俗。欧盟整体平均非婚生子女的比例约为 43%。法国国家统计及经济研究局分析，非婚生子女的双亲，有的是采用民事结合法（PACS），有的是情侣。此外，法国人结婚年龄越来越晚，也与非婚生子女越来越多有关，有些人可能有了孩子之后才结婚。[②]

法国的 PACS，原本是为同性伴侣所设计的，如今作为一种新型的家庭关系，也为许多异性恋伴侣所青睐。

PACS 规定，异性或同性伴侣都可以为组织共同生活而登记为一

---

① 安国章：《欧洲非婚生子女问题严重 比例高达 43%》，人民网，2018 年 8 月 13 日。
② 蔚酱：《法国六成新生儿为非婚生 比例冠欧洲》，《欧洲时报》2018 年 9 月 7 日。

种新型的家庭关系。这种关系中的权利和义务可由登记的协议确定，伴侣双方互负实际的帮助义务，无特别约定时同居期间所得财产各占一半份额。双方对为日常生活需要和共同住房产生的债务向第三人承担连带责任，持续时间 3 年以上的伴侣可以像夫妻一样合并申报所得税，此外同居伴侣还享有住房继续承租权、社会保障、劳动福利等权益。除双方合意解除外，单方决定解除的通知送达对方后 3 个月，或者一方结婚或死亡，PACS 关系就自动解除。法律没有规定 PACS 伴侣之间忠诚、收养、继承等权利和义务。2017 年，法国进一步简化了 PACS 的登记流程，可以选择在市政府或公证处完成，无须再前往地方法院。一旦登记完成，双方的 PACS 关系即生效。双方的签证上会显示 PACS 关系，3 日后，双方开具的出生证明上也会注明 PACS 关系，并会显示对方的身份信息。

不过也有学者认为，类似 PACS 这样轻度婚姻的流行，可能只是缘于人们对旧事物的一种排斥，而非从内心真正反对婚姻所主张的实质性内容。

"对'轻度婚姻'的渴望，往往缘于排斥婚姻的象征意义，而不是基于法律的。除了婚姻，荷兰还向伴侣们提供一种中立的关系制度，它享有同婚姻一样的权利和义务，却不这么叫。2013 年，逾 10% 的荷兰伴侣选择登记这种'伴侣关系'，而放弃了婚姻，尽管从法律上来看毫无区别。"慕尼黑路德维希-马克西米利安大学法学教授 Anatol Dutta 就认为，婚姻这个概念对许多伴侣来说，其象征意义令人徒增负担。对《婚姻法》意见的调查显示，大部分伴侣其实对婚姻内的法律法规并不熟悉。瑞士在引入 PACS 之前，进行了深入调查，询问伴侣们"《婚姻法》的内容包括什么，有什么地方让您觉得不合理"等问题。在 Anatol Dutta 看来，法国式的 PACS 的弊端在许多年后会显现：PACS 关系下家务做得多的一方、为了家庭放弃了工作的一方（大多是女性），最后可能空手而归；如果遇到紧急情况，还要申请公共救济，而男人们则可以在关系破裂后拿走所有的利益和好处，这并不是立法者愿意看到的。Anatol Dutta 认为，婚姻确实不应该是共同生活的唯一合法形式，但从司法角度来看，婚姻制度很好。它为伴侣提供最优化、最合法的保护，它的基本规则都是立法者多年来从伴侣关系的经验中总结出来的，而且利用许多现代化的法律法规，有意识地摆脱了遗留的、如传统的家庭主妇式婚姻的角色模式。①

新型的伴侣关系可能会突破人际的边界。在美国导演斯派克·琼斯所执导的科幻爱情电影《她》中，男主角西奥多购买了操作系统萨曼莎，并与之相恋。后者没有真实的身体，也无具体的性别，是通过西奥多即购买者的初始设定选择才拥有了人类女性的声音，并借此来与对方进行沟通交流，甚至做爱。关于人与人工智能体、人与人造人、人与外来生命体等的伴侣组合也开始出现在科幻作品中。

婚姻可能会融汇到一种更为宽泛的伴侣关系矩阵中，我们不妨打开科幻作品中所描绘的"人机恋"的脑洞。1927 年上映的科幻电影《大都会》，第一次在大荧幕中描摹人机之恋：大都会统治者菲达逊的儿子法迪爱上了机器人玛利亚，不惜站到父亲的对立面，上演了一场"倾城之恋"。100 年后的我们，似乎也习惯了人工智能的陪伴，而且并不排斥这种关系的进一步深化。日本调研机构 DIP 以日本 15～26 岁的 5003 名女性、2283 名男性为对象进行调查，结果显示，日本男性对于人工智能的接受程度出奇地高，对于与人工智

---

① 卡特琳·阿曼：《有一种新关系叫"轻度婚姻关系"》，瑞士资讯 swissinfo.ch，2018 年 4 月 10 日。

能交往持积极态度的男性的比例达到了 58%，超过半数，大幅高于女性占比的 35%。对于是否愿意和人工智能成为恋人或朋友这一问题，回答"首先从朋友开始"的男性占比 30%，女性占比 23%；回答"希望试着交往一下"的男性占比 19%，女性占比 10%。

　　人机恋已突破了伦理学的新边界。机器作为人类的造物，在一开始就被设定了一种与人类不平等的地位，但是在诸多科幻作品中，机器人往往又被赋予诸如善良、真诚的美德，比现实中的恋人更加完美，这就为后续的"恋情"埋下了伏笔。只是当下的科技尚未臻于完善，我们所接触到的人工智能大都是银行、运营商的智能客服，终有一日，人工智能在智商和情商方面可能超过人类，科幻作品中的预言或将上演。一如科幻作家艾萨克·阿西莫夫在《阿西莫夫论科幻小说》中所写："就像从我们身体中呱呱坠地的孩子最终会取代我们一样，机器人也是人类智慧的产物，它最终也可能会取代我们。"也许就在 21 世纪，我们将目睹这一幕的发生。

第 3 章 触网：数字化的解构和重构

一切都没有改变，我们还是纷乱的人类，并不是手机让我们纷乱，手机只是迎合了我们的纷乱。

——张玮玮 [1]

---

[1] 张玮玮，1976 年出生于甘肃省白银市，民谣男歌手，河乐队成员，代表作《白银饭店》。

各怀手机，一起独处

相比女性独立意识的觉醒，数字化的力量更加潜移默化地改变了我们，从观念到行为，改变之剧烈，超乎此前的所有事物。

20世纪90年代的某个夜晚，一个普普通通小城的一栋红砖小楼里，温暖的白炽灯光下，一家三口围坐在电视机前，津津有味地看着一部金庸武侠剧，还不时为电视台每晚只播三集而叹息不已。

这一幕，可能是无数80后的儿时记忆。那时候的家庭生活，很多都是围绕电视机铺陈开来的，家人聚在一起看综艺、看球赛、看电视剧。

与当下一家三口各自抱着手机独自上网相比，电视时代全家围坐观剧的氛围更为温暖。电视常常摆放在客厅，承担着家庭中公共娱乐工具的角色。在人们还没有把电视搬到卧室前，看电视经常是一家人的集体活动，是一个家庭的公共娱乐方式，就像古人围炉夜谈一样。无论是对特定电视节目的共同爱好，还是对看电视的氛围的享受，这种聚合过程都加强了家庭成员之间的接触与交流，成为和谐家庭关系的润滑剂。

在曾担任三任美国总统资深顾问的罗伯特·帕特南看来，电视虽然可能润滑了家庭关系，但却损害了社区利益，它把家人连接在了一起，却牺牲了更广泛的外部对话的机会，因为一天只有24小时，你花了许多时间看电视，就意味着你难以挤出时间去和朋友见面、去参加社区志愿者活动。因此,帕特南认为,电视并不是一个好发明,它动摇了美国社会赖以繁荣的根基——深厚的"社会资本",即电视导致美国公民精神与公民参与公共社会生活的意愿都日渐衰减。

作为政治学者,帕特南发现,美国的"社会资本"自二十世纪五六十年代之后就处于衰退状态,那种喜好聚会、彼此亲密无间、关注公共话题、热心公益事业的美国人不见了。其中一个突出的表现就是,今天的美国人,似乎不再愿意把闲暇时间用于与邻居一起喝咖啡聊天、出门交朋友、参加集体活动了,反而宁愿一个人在家看电视,或者独自去打保龄球。总之,个体越来越关注个人面向,忽视公共事务。

在数字时代,帕特南所关注到的这种"社会资本"的流失仍然在继续,而且另外一种"群体性孤独"也开始四处蔓延,较之二十世纪的电视时代有过之而无不及,毕竟与智能手机相比,电视就小巫见大巫了。

青少年看似在孤独地上网。美国女孩雅典娜和她的同龄人一样,很擅长对父母的话充耳不闻,这样可以让她把注意力放到手机上。"我看见过我的朋友们和父母在一起的情景:他们根本不交谈,他们打电话时只是说'行,行,无所谓'。他们根本不关注自己的家人。"她整个夏天都密切关注着朋友们的生活,不过几乎全是通过短信或色拉布。"我花在手机上的时间比花在与真人接触的时间要多,"她说道,"床上都有我躺着的印记了。"

雅典娜正是出生于 1995 年至 2012 年间的"i 世代"[①],从很小就

---

① 美国圣迭戈州立大学心理学教授简·M. 腾格把 1995—2012 年出生的人群定义为"i 世代",他们是用着智能手机长大的一代人,对互联网产生之前的生活没有记忆。

开始接触手机,对互联网出现之前的年代完全没有印象。圣迭戈州立大学心理学教授简·M.腾格是美国著名的代际差异研究者,她曾在《大西洋月刊》撰写题为《智能手机是否毁了一代人》的文章,文章称"i世代"生活中的一个讽刺是,尽管有了更多的时间和父母同处一室,但很难说比前人跟父母更亲近。腾格的研究发现,自2000年到2015年,每天都和朋友在一起的青少年数量下降了40%,近来更甚。这纯粹是因为孩子们很少聚在一起消磨时间了。滑冰场、篮球场、镇上的泳池,这些都已被手机软件和网络上的虚拟空间代替。①

腾格的研究发现,从千禧一代到"i世代",青春期又一次在收缩,但仅仅是因为它的起点被延迟了,18岁表现得像以前的15岁,而15岁则更像13岁。

美国流行文化一度将驾驶汽车刻画为青少年自由的象征,但开车对如今的青少年也丧失了吸引力。婴儿潮那批高中生,几乎所有人都在高三春季开学前就拿到了驾照;而现在,高中结束仍未拿到驾照的人超过了1/4。对一些人来说,有父母这个好司机在,自己并不需要开车。在20世纪80年代晚期,做兼职的高三学生占了77%,到了2010年中期却只有55%。初二学生中有偿兼职的人数已经减少了一半。

相比车和派对,如今的青少年觉得待在卧室更自在,似乎也更安全。很明显,他们更不容易遭遇车祸,对酒精需求更小,自然也远离了酒精导致的相关疾病。在心理层面,他们却比千禧一代更加脆弱:自2011年以来,青少年抑郁和自杀率开始飞涨。不夸张地说,

---

① Jean M. Twenge:*Have Smartphones Destroyed a Generation?*,the Atlantic,September,2017.

几十年间,"i 世代"面临着最为严重的精神危机。这些问题不少出于他们所拥有的手机。智能手机和社交媒体同步兴起造成的震动,人类此前从未领略。有无数的证据表明,我们交到年轻人手里的设备对他们的生活产生了巨大影响,并且导致他们极度不开心。

何止"i 世代",就连 85 后也被互联网深深改变。专家一度把 1984—1995 年出生的这代人,称为"插电"的一代。这些人中,85% 拥有智能手机,80% 会把手机放在床头。根据剑桥大学和南加州大学的两项研究,1984—1995 年出生的这代人所遭受的"科技困扰"比其他任何一代人都要严重。

美国心理学会和哈里斯民意调查的一项研究表明,1984—1995 年出生的这一代人之所以压力过大,主要是因为金钱和工作。这一代人不像前几代人那样,有一定的财富积累;在工作方面,也缺乏应对各种职场问题的经验。因此,这一代人在使用科技产品时,往往会表现出拥有更高技能,却也压力更大的特点。加州州立大学 2014 年的一项研究表明,远离智能手机,将是这一代人产生焦虑情绪的主要诱因。加拿大多伦多约克大学通信研究部主任大卫·艾利斯说,"这一代人将在线社交作为一件不可或缺的事情,虽然享受着任何时间、任何地点随时沟通的便利,但是同时也遭受着前所未有的困扰"。[①]

美国麻省理工学院社会学教授雪莉·特克尔为了研究人们的网上互动,与 7 家中学合作,收集了 450 名中学生的第一手研究资料。她通过研究发现,信息技术给人们的沟通带来便利的同时,也使人与人

---

① Charlotte Lieberman: *What You're Hiding from When You Constantly Check Your Phone*, Harvard Business Review, January 19, 2016.

之间的关系弱化，有些人甚至因此丧失了面对面交流的能力。特克尔认为，从形式上看，发短信、发邮件、上社交网站，玩电子游戏似乎使人们之间的联系更轻松、更密切，但实际上人们却更焦虑、更孤单。

特克尔把她对人与机器如何互动的观察，写入了《群体性孤独》一书，揭露了生活在数字时代的人们内心深处的一个痛点：你置身于人群之中，却发现自己往往只是独自一人，唯一的伴侣是一部手机，它比你身边的人和你更亲密。为什么人们宁愿选择一台机器也不愿选择身边的人作为交流对象？特克尔在书中提出了这个人们置身其中却又浑然不觉的问题。

从电视时代到网络时代，作为浸淫在媒体环境中的个体，也经历了从"容器人"到"拟态人"的转变。

日本人把"电视一代"称为"容器人"。日本学者中野牧认为，在以电视为主的媒介环境中成长起来的现代日本人的内心世界，就像是"罐状"的容器。这个容器孤立封闭，为了摆脱孤单状态也希望与外界接触，但这种接触只是一种容器外壁的碰撞，不能深入彼此的内部。因为他们并不希望对方了解自己的内心世界，所以保持一定的距离成了人际交往的最佳选择。"容器人"注重自我意志的自由，对任何外部强制和权威都不采取认同态度，但却很容易接受大众传播媒介的影响，他们的行为也像不断切换镜头的电视画面一样，力图摆脱烦琐日常的束缚，追求心理空间的移位、物理空间的跳跃。这一概念强调电视等大众传播媒介对个人社会化和人格形成过程的影响。[1]

---

[1] 李沅倚:《新媒介依存症：从"电视人"到"网络人"、"手机人"》,《重庆邮电大学学报》(社会科学版) 2013 年第 4 期。

中野牧所说的这个容器，也可以理解为传播学里讲的"拟态环境"（Pseudo-environment）。"拟态"的字面意思就是模拟真实生态，言下之意是指并非真实的环境。传播学大师李普曼早在100多年前就提出拟态环境概念，他认为，拟态环境是由传播媒体在人与现实环境之间插入的"信息环境"，它有两方面的特点：一是拟态环境不是现实环境的客观反映，而是现实环境被传播媒介重新组合之后的产物；二是拟态环境并非与现实环境完全分裂，而是建立在现实环境之上，融合于现实环境之中的。

生活在今天的人们，往往也生活在三层"现实"空间之中：一是实际存在着的不以人的意志为转移的客观现实；二是经过媒体加工客观现实后产生的"象征性现实"，即拟态环境，受众往往把拟态环境作为客观现实本身来看待；三是存在于人们意识中的"关于外部世界的图像"，即主观现实。

在李普曼的基础上，日本学者藤竹晓后来又进一步提出了"拟态环境的环境化"。由于人们长期根据媒介提供的信息来认识世界和改造世界，这些行为作用于现实环境，使现实环境越来越被赋予拟态环境的特点，以至于人们已经很难在两者之间做出明确的区分，拟态环境越来越有演化为现实环境的趋势。

从表面上看，上网和看电视都是在缺少现实互动的空间内进行的，但实质上，网络比电视更加缺乏约束。因此，"容器人"这种生存状况不仅没有随着技术的发展逐渐削减，反而更变本加厉了。网络的"虚拟实在性"使人们常常沉溺于屏幕，而忽略了屏幕外的真实时空。在社交网络时代，人们通过脸书、微博、微信朋友圈等方式塑造了一个接近内心"完美"的网络形象。尽管使用的是真实身份，但是在网络世界呈现的却是自我加工后的自己，即所谓的"拟态人"。出于自我认同的需求和对他人认同的渴望，大众倾向于选择自己较为满意或者积极的一面来对外进行展示和分享。

从罗伯特·帕特南、雪莉·特克尔到中野牧，他们关注的其实是一个共同的命题，即科技对于人际关系的影响究竟几何？我们是否真的为了建立便捷的连接，而牺牲了宝贵的对话与合作？

人类花费了数千年乃至上万年时间，才建立起一个能相互合作的文明社会，而线上王国的历史不过区区数十年。

对于人类在网络世界的行为特征的研究和理解，我们依然处于非常初级的阶段。如何理解人们在互联网的行为与线下表现的千差万别？离开网络，你在现实世界中，只能在"熟人社会"中提高自己的声誉；而在网上，你可以向整个社交网络宣传自己，而且还容易引发关注，扩大知名度。

社交网络与亲密关系的彼此重塑

如果说电视把人们变成了"容器人",手机又让我们多长了一个器官,那么社交网络对人类亲密关系的冲击和替代,无疑就是 21 世纪以来互联网给人类社会带来的最为震撼的变化之一。

普利策奖的三届获奖者、美国专栏作家托马斯·弗里德曼曾预言地球是平的,但真正把世界变成地球村的是另一个人。

马克·扎克伯格创办了全球最大的社交网络——脸书,连接了全球近 29 亿人。根据财报披露的数据,脸书在 2021 年第三季度,每日活跃用户人数平均达到了 19.3 亿人。这堪称一个史无前例的壮举,一个应用程序,连接了数十亿人。脸书仅一个季度的营收就超过了 290 亿美元,还拥有超过 580 亿美元的现金储备。①

总部位于英国伦敦的互联网数据咨询中心 Global Web Index 分析了全球 45 个国家的市场,发现人们 2012 年每天用在社交媒体上的时间平均为 90 分钟,而到了 2019 年头三个月则上升到了 143 分钟。其中,拉美国家的人每天上网时间最长,平均为 212 分钟;北美国家则最短,平均为 116 分钟。如果从国家来看,在亚洲,菲律宾位居榜首,每天平均为 241 分钟;日本则垫底,平均为 45 分钟。此项调查还有一个比较意外的发现,在 45 个国家的 180 万网民中,有 20

---

① 以上数据均来自脸书 2021 年第三季度财报。

个国家的人们使用社交媒体的时间同之前相比有所下降,但总时长依然惊人。①

社交网络也是拟态环境最重要的塑造者之一。美国研究机构皮尤研究中心"杰出媒体项目"早在 2011 年发布的一项统计报告显示,在美国前 25 大新闻网站中,脸书所带来流量的重要性已居于第二或第三位。脸书 2011 年对互联网最重要新闻网站的流量贡献为 8%,这也推动了用户访问脸书。研究者表示,这表明许多网站提供的脸书"共享"按钮已经发挥作用。② 尽管后来脸书重新聚焦亲朋好友之间更有意义的联络沟通,削弱新闻和视频内容的显示数量,但脸书仍然是新闻网站最重要的外部流量来源之一。根据 Chartbeat 的统计,在 2018 年新闻网站的访问流量中,来自外部网站的转引流量占到了47%,而谷歌和脸书两家占到了转引流量的绝大部分。③

脸书如何改变世界的故事,都被《连线》杂志特约编辑史蒂文·利维写入《Facebook:一个商业帝国的崛起与逆转》一书中,这本由脸书官方授权的准公司传记,延续了硅谷媒体人对科技企业家的"造神"运动。利维选取了扎克伯格 2016 年造访尼日利亚的一幕作为开头:"介绍是多余的,扎克伯格是全世界最有名的面孔之一,他是脸书的首席执行官。这个全球最大的社交网络拥有 20 亿用户,差不多一半以上的网民都在用脸书,这也让扎克伯格成为当今世界第六大富豪……当他走近这间教室、走近这个城市、走近这个国家、走近这片大陆时,没有人不充满期待。"

脸书商业上的巨大成功,并没有换来等量齐观的掌声。英国卫

---

① 《英国调查:沉迷社交媒体 你的国家排第几》,BBC 中文网,2019 年 9 月 13 日。
② 维金:《Facebook 成新闻网站流量来源重要力量:上升到 8%》,新浪科技,2011 年 5 月 10 日。
③ 晨曦:《谷歌成新闻网站最大流量来源 Facebook 大幅滑坡》,腾讯科技,2018 年 2 月 17 日。

报曾揭露英国一家政治咨询公司"剑桥分析"滥用脸书使用者的个人资料,使大约 8700 万名使用者受到了影响。脸书还卷入了美国大选的纠葛,扎克伯格因此出席美国国会听证会接受质询。

自 2009 年以来,扎克伯格每年都会给自己提出一个新年挑战,比如为自己家开发一套人工智能、跑 365 英里、访问美国的每一个州、读 25 本书、学习汉语等。但在最近几年,随着脸书连接的人数越来越多、遭到的质疑越来越多,扎克伯格的新年挑战也开始不那么个人化了,他开始思考连接的下一个目标是什么。

2017 年,脸书公布了新的十年愿景"帮助人们建设社群,将世界联系得更紧密",取代了过去人们熟知的"赋予人分享的权利,让世界更开放互联"。在发布这一新年挑战时,扎克伯格在博客文章中写道:"在过去十多年中,我们一直专注于使世界更加开放和连接。但是我现在认为,如果我们只是给人一种声音,并且帮助一些人连接起来,这将使世界变得更好一些。环顾四周,我们的社会依然如此分化,我们有责任做更多的事情,不仅仅是连接世界,而是使世界变得更加紧密。"

建立一个紧密的社区就能解决所有问题吗?2019 年扎克伯格公布了自己在新一年的个人挑战:发起一系列公开讨论,谈论未来科技对社会的影响。他在博客文章中写道:"关于我们想要生活的世界和技术正在发生的地方,存在很多重大问题。我们是否希望科技给更多人提供发声的机会,还是希望传统的看门人来控制可以表达哪些想法?我们是否应该通过加密或其他手段下放权利,为人们赋予更多权利?在一个很多物理沟通都在逐渐被削弱的世界里,互联网在加强我们的社会结构方面可以发挥什么作用?我们如何利用互联网帮助人们团结起来,解决那些需要全球化合作才能应对的全球最严峻的问题？我们如何通过技术来创造更多的就业机会，而不仅仅是开发人工智能，把人们的任务自动化？随着智能手机的成熟，这一切都将通过何种形式体现？我们如何在各个领域跟上科学和技术进步的步伐？……我是一个工程师，我以前只是建立了自己的想法，希望它们能够自我表达。但鉴于我们所做的事情的重要性，这不再适用了。"

一些在美国颇有声望的媒体对官方色彩浓厚的《Facebook：一个商业帝国的崛起与逆转》一书，多持批判态度。《纽约时报》刊登的娜塔莎·辛格的书评称："尽管这本书也列举了脸书面临的问题，如一连串对用户隐私的侵犯，放任国外势力在其网站干预选举等，不过这些内容在全书主要处于备注和附录的地位，并非重点……该书只说了这个内幕的一半，这是一趟报道的浮光掠影之旅，但并不是一次深刻批判的思维之旅。"英国《金融时报》的书评文章则认为："该书以承认脸书正在推动新的创新——从脸书约会到数字货币项目——而告终，而扎克伯格则继续不理会关于其过去行为的任何道德质疑。"

看了这些辛辣的批评后，你可能想了解，脸书究竟对用户做了什么？用户在脸书上得到了什么？为了探究用户与社交媒体之间的关系，著名网络安全公司卡巴斯基实验室曾联合调查机构 Toluna 于 2016 年 10 月至 11 月在网上开展了一次调查，来自 18 个国家共 16750 名用户参与了此次调查。接受调查的用户均在 16 岁以上，且男女比例均等，调查结果如下。

人们使用社交媒体时感觉更好：大约一半人会选择在网上发布乐观的内容，包括令心情愉悦的内容。

然而，社交媒体并不总是让人感觉良好：57%的人承认，在社交媒体上，他们觉得有人过得比自己幸福。

人们把社交媒体当作赢得社会认可的论坛：只有31%的人不在意发布内容收到的点赞数。

人们若没有得到预期的点赞数，会感到难过，尤其是男性：约24%的男性表示他们担心若是几乎没有人点赞，那么朋友会认为他们没人缘；而女性中约有17%的人表示有此担忧。

为了尽量在社交媒体上收到更多点赞，人们会透露私人信息，这会将自己及亲人置于危险境地：37%的人会公开自己的家乡，31%的人会公开电子邮件地址，30%的人会公开恋爱关系，18%的人会公开工作地点的详细信息，14%的人会公开自己的住址。

社交媒体影响人们在现实世界中的关系：调查中约1/3的受访者承认，他们现在与父母（31%）、孩子（33%）、伴侣/配偶（23%）、朋友（35%）和同事（34%）的面对面交流减少，因为可以通过社交媒体关注他们的现状并与其交流。

"一个人在网上的时间越多，在真实世界中的互动就越少。"这是美国匹兹堡大学儿科教授伊丽莎白·米勒在2017年参与的一项研究得出的核心结论。这项研究通过分析照片墙、色拉布等具有社交媒体属性的产品的用户行为发现，每天使用社交媒体超过两个小时会使一个人的社会隔离感增加一倍。米勒说："我们还不知道这种现象产生的根本原因——是社交媒体的使用，还是所感知的社会隔离。也许年轻人最初是因为感到孤独才去玩社交媒体，又或者是由于他们大量使用社交媒体，故而越发觉得与真实的世界相隔离。"

这项研究课题组的另一名成员匹兹堡大学医学院教授布莱

恩·普里马克说："这是一个重要的研究课题，因为当今年轻人的精神健康问题和社会孤立感已经达到流行病的程度。社交媒体表面上看起来，给用户提供了填补社会空虚的机会，但我认为这一研究显示，它可能不是人们希望得到的解决方式。"[1]

社交网络还重塑了数字一代的婚恋观。随着智能手机、社交媒体等数字技术持续深入青少年生活的方方面面，它们开始在包括恋爱和亲密关系在内的所有同辈关系中扮演角色。

皮尤研究中心分别在2014年9月25日到10月9日、2015年2月10日到3月16日这两个时间段，对美国13～17岁的青少年进行了两次网络问卷调查，然后通过客观的统计数据分析他们的网络恋爱行为，以及社交媒体、智能手机等科技工具在追求、示爱到反目、分手的整个恋爱过程中所扮演的角色，结果发现，离了互联网，特别是脸书这样的社交网络，美国青少年几乎不会谈情说爱了。

尽管35%的美国青少年有恋爱史，但他们很少和网上遇到的人谈恋爱。总体上，在13～17岁的美国青少年中，35%的青少年曾经约会过、谈过恋爱或者与他人有过亲密关系，18%的青少年当前正处于恋爱中。有罗曼史的青少年大部分只和在实际生活中认识的人约会或者处对象，只有24%有罗曼史的青少年或者大约8%的青少年和网上认识的陌生人约会过或者处过对象。在网络上找到恋人的青少年大部分是通过社交网络认识的，脸书是他们首选的社交工具。

今天的青少年表达爱慕的方式多种多样。尽管大多数青少年的恋情不是始于网络，但网络却是他们调情或者表达爱慕的主要工具

---

[1] 《社交媒体为何让我们感到更加孤独？》，BBC中文网，2017年3月6日。

和首选场所。除了面对面的调情，青少年常常利用社交媒体的点赞、评论、交友等功能来接触他们暗恋的人。比如，50%的青少年通过在脸书等社交媒体上添加他人为好友来表达爱慕；47%的青少年通过点赞、评论、互动等表达爱慕；31%的青少年向他人发送过暧昧短信；10%的青少年向倾心之人发送过调戏性的、色情的图片或者视频。没有恋爱经历的青少年的示爱方式往往比较单纯，如私下交谈、点赞、加好友、讲笑话等；有恋爱经历的青少年的调情方式常常更为大胆而露骨，如发煽情短信、露骨图片或视频等。

女孩更常成为被调情骚扰的对象。35%的女孩会因为他人的调情而感到不自在，然后屏蔽或者删除此人；相比之下，只有16%的男孩这么做。

社交网络加深了青少年与其恋爱伴侣的亲密关系，但也滋生嫉妒和不确定性。59%的青少年认为社交网络使他们与恋爱伴侣更加亲密，可以了解恋爱伴侣的日常生活及其人格的另一个侧面，以及分享情感。但也有27%的青少年认为社交网络使他们醋心大发，对其恋爱感到不确定。相比于女孩，男孩更有可能将社交网络视为与其恋爱伴侣建立情感和生活连接的空间。

青少年恋人喜欢在社交网络上公开秀恩爱，但也觉得在社交网络上过度曝光恋爱会使更多的人接触其私生活。37%的有恋爱史的青少年曾在社交网络上公开表达对其恋爱伴侣的海誓山盟。青少年也喜欢在社交网络上支持其朋友的恋情，在这方面，女孩表现得尤为突出，71%的有罗曼史的女孩在社交网络上通过点赞、回帖等方式支持其朋友的恋爱。

对年轻消费者而言，已进入红海阶段的社交市场正在出现空白。

社交可能性依然是一款产品能否聚拢用户黏性的分水岭,但用户对社交的需求有所变化。Hill Holliday 对 95 后到 00 后之间的青少年进行的调查显示,41% 的人表示社交媒体让他们感到焦虑、悲伤或沮丧。背后原因并非年轻人厌恶社交,而是他们需要更具真实情感体验的社交互动,以及突破单一社交功能的更具多元娱乐可能性的社交玩法。

但建立一段真实的亲密关系,不仅需要连接,而且更需要对话。很多年轻人特别是在校大学生的爱情只是止于线上。

东北师范大学教育科学学院副教授孙彩平从 2006 年起就从事"大学生网恋专题"的调研。该课题组在全国 9 个省(区、市)的 10 所高校,采用网络调查、发放问卷、深度访谈、写小作文等方式,共调查了 4811 名大学生。调查发现,18.4% 的同学承认自己有一个或两个及以上的网络恋人;38% 的大学生反映周围同学有网恋现象;超过一半的学生会在"失落""无聊""感情受挫"等情绪状态下发生网恋。调查还发现,87.8% 的大学生认为,网恋是满足情感需要的一种方式,但只有 1/3 的人选择将网恋带入现实生活,而且年级越高的同学,在选择网上恋人时越谨慎,越倾向于把网恋发展成现实中的爱情与婚姻,这一点在工科学生身上表现得尤为明显。[①]

网络社交也是全球年轻人普遍的社会交往方式,但脸书数据科学部门的一项研究表明,相比网恋,人们还是更愿意在线下来场真正的约会。

在脸书的世界里,一旦有情人终成眷属,人们就会把脸书上的

---

① 韦小红、李彩丽、卢敏、彭冰:《调查:87.8% 大学生认同网恋是满足情感方式》,《中国青年报》2007 年 12 月 27 日。

感情状况从"单身"改成"恋爱中",以此向全世界宣告这个好消息。通常,一段浪漫的关系是从求爱开始的。但脸书数据科学部门发布的报告显示,在脸书上,这表现为互相爱慕的两个人开始发消息、浏览对方简介并分享对方的帖子。恋爱开始前的100天里,情侣之间线上分享帖文的数目在持续稳定地增长。而当恋爱正式开始(第0天)后,帖文的数目却开始减少。分享帖文的数目在恋爱开始前12天达到峰值,为平均每天1.67篇;而在恋爱开始后的第85天,帖文数目降到最低,为平均每天1.53篇。研究者认为,线上互动的减少并不意味着情侣间的感情降温了。从双方互动的内容中可以看出,两人变得更加情意浓浓。无论在恋爱前还是恋爱中,他们表达积极情绪的词汇都比较多,而且在恋爱开始后,这些积极词汇的数量还出现了明显的增加,特别是在确认恋爱关系的当天和次日。对此,研究者推测,这可能是由于恋爱中的情侣会花更多的时间在一起。而比起线上的互动,他们更愿意来一次现实世界里的约会。

在线荷尔蒙，赛博亦有伊甸园

脸书之外，更有许多互联网创业项目直指介绍对象。曾出演电影《本能》[①]女主角的莎朗·斯通，无疑是一代人心目中的性感女神，不过，2020年当她试图在交友网站Bumble注册时，却遭到该平台的禁止和封杀，理由是Bumble担心有人冒充莎朗·斯通并以她的名义行骗。后来，她在推特上吐槽这件事后，才获Bumble的解封。

2021年年初上市的Bumble，宣称将社交主动权交予女性手中，在Bumble上配对后必须由女性在24小时内先发消息给男性，双方才可以开始聊天，这种新颖的社交模式吸引了众多尝鲜的两性用户。但是，谁会想到人脉热络的好莱坞演员，也需要像常人一样上网找对象。

Bumble只是人们在线谈情说爱的一座岛屿而已，交友软件Tinder自2012年推出后，很快成为西方大众交友约会的主流平台，不久各类在线交友平台多如过江之鲫。在美国，类似Bumble、Match、Zoosk、eHarmony这种专注相亲交友的网站比比皆是，还有专门为50岁以上的单身人士寻找伴侣的老年人婚恋网站OurTime等。

人们在线上消磨的时间越长，在线浪漫关系就越容易"暗结珠胎"，今天许多人的恋爱都是在线上萌发、繁茂、凋零的。许多人把

[①] 《本能》是由保罗·范霍文执导，迈克尔·道格拉斯、莎朗·斯通主演的爱情片，于1992年3月20日在美国上映。

约会平台当作一个重要的交友渠道，甚至是唯一的主要渠道。

知名如莎朗·斯通都上网寻友，可见在线婚恋之流行。美国皮尤研究中心在 2019 年 10 月进行了一次调研，结果发现美国 30% 的成年人曾经使用过在线约会网站或应用，多数用户对这些平台评价正面，认为这些交友平台有助于他们与其他人建立有意义的联系；12% 的人表示，他们已与通过约会网站或应用认识的人结婚或建立了长期伴侣关系。总体而言，约有 23% 的美国人表示，他们曾经与通过约会网站或应用认识的人约会。①

在美国，几乎所有年龄段的人都卷入了在线婚恋。皮尤研究中心的调研发现，在 18～29 岁的人中，曾经使用过约会网站或应用程序的占 48%，在 30～49 岁的人中占 38%，而在 50 岁以上的人中占比更低。不过，网上约会对于 20 世纪 50 年代或 60 年代初的人来说并不完全陌生：50～64 岁的人中有 19% 表示他们使用过约会网站或应用。LGBT 群体使用过约会网站或应用的可能性大约是成人异性恋者的两倍（55% 对 28%）。

人类的情感大致相通，中国年轻人在在线婚恋平台上尤为活跃。《中国青年报》的一篇报道，为我们描绘了当代中国青年交友的缩影：程晖（化名）今年 32 岁，博士毕业后在北京一家事业单位就职，过去的一年是他的"线上相亲"年。单位好几个同事都给程晖介绍过对象，加上家里催得紧，他先后加过六七个女孩的微信，"疫情严重时不方便外出见面，我们主要在线上互动了解，每天聊一个多小时"。中国青年报社会调查中心联合问卷网，对 2001 名 18～35 岁的单身青年进行的一项调查显示，62.4% 的受访单身青年近一年来的

---

① *The Virtues and Downsides of Online Dating*, Pew Research Center, February 7, 2020.

交友以线上为主，交友 App、短视频网站、婚恋网站是三大渠道。①

中国在线婚恋网站珍爱网发布的《2021Q2 单身人群调查报告》称，78.18% 的受访者都有注册婚恋社交软件，来增加认识异性的机会。新冠肺炎疫情期间，中国的网络相亲更加如火如荼。第三方数据调研机构易观分析发布的《2020 年 Q3 婚恋行业数字化进程分析》显示，2020 年第三季度，世纪佳缘、百合婚恋 App 的用户黏性得到有效提升，人均单日使用时长相较去年同期增幅显著，分别为 42.9%、86.3%。前述《中国青年报》调查显示，74% 受访的单身青年每天要花 1 小时以上"云交友"。

相比"父母之命，媒妁之言"，网恋似乎更容易获得幸福的婚姻。不过，目前支持这一判断的调研大多来自婚恋平台，其公正性并未得到完全核实。

美国国家科学院针对 2005—2012 年结婚的 19131 人的调查发现，通过网络结识配偶的人群，一般是 30～49 岁的高收入阶层。他们发现，有 5.96% 的网恋夫妻离婚，而不是通过网恋认识的夫妻的离婚率则为 7.67%。在未离婚的夫妻中，从网恋开始的夫妻获得了较高的婚姻满意度，平均得分为 5.64，而那些通过传统方式认识的夫妻，其婚姻满意度平均得分为 5.48。在那些不是通过网络认识的夫妻中，获得最高婚姻满意度的是一起长大的青梅竹马或在学校认识的男女，还有那些通过社交聚会和在礼拜场所认识的男女。婚姻满意度最低的是通过家庭、工作、酒吧、俱乐部或相亲认识的男女。

这项研究合作方美国婚恋网站 eHarmony 的科学顾问卡西奥普

---

① 杜园春：《疫情下的"网恋"：超 7 成受访者每天花 1 小时"云交友"》，《中国青年报》2021 年 2 月 25 日。

说:"这些数据表明,互联网可能会改变婚姻本身的形式和结果。那些在网上找到配偶的人性格、动机可能会有所不同,也更利于形成一个长期的婚姻关系。"①

当在线婚恋平台起起伏伏时,相关争议也从未停息。一方面,有些人强调了使用这些平台进行搜索的便捷性和效率,以及网站将用户的约会选项扩展到其传统社交之外的能力;另一方面,有的人则提供了网上约会不那么讨人喜欢的叙述,如对诈骗或骚扰的担忧,认为这些平台只是促进了表面关系,而不是有意义的关系。这项调查发现,对网上约会的整体影响,公众看法不一。一半的美国人认为约会网站和应用程序对约会和人际关系既没有正面影响,也没有负面影响,而较小比例的人则认为其影响主要是正面的(22%)或负面的(26%)。

一个相当重要的原因是,在过去五年中,网上约会的男性比女性更有可能觉得自己没有从其他用户那里得到足够的信息。皮尤研究中心的上述调查显示,在过去五年上网约会的美国人中,当被问及在约会网站或应用程序上收到的消息是否太多、不足或几乎不正确时,有43%的人表示他们没有收到足够的消息,17%的人表示他们收到的消息太多,另有40%的人认为他们收到的信息数量适中。此外,大约有70%的在线约会者认为,撒谎是在线约会平台上非常普遍的现象,只有3%的在线约会者认为这在约会平台上并不常见。

相当多的人在交友网站上并不快乐,2019年使用过交友网站或应用的美国人中,有45%的人表示他们最近的经历让他们感到更沮丧,而有28%的人表示他们的经历是充满希望的。总体而言,网上

---

① 萧白:《调查称美1/3夫妻恋爱始于网络 网恋婚姻更持久》,《广州日报》2013年6月5日。

约会的人更有可能说他们没有收到足够的信息，但用户的体验因性别而异。

在线约会平台也是网络骚扰的重灾区。相比男性，女性更容易沦为网络骚扰的受害者。2021年7月1日，来自世界各地的200多名具有国际影响力的女性联名发表了一封公开信，敦促脸书、推特、TikTok和谷歌等科技巨头在网络平台上"优先保证女性的安全"。这封联名信中引用了《经济学人》在2020年对超过4000名女性进行的一项调查，该调查发现，来自51个国家的38%的女性都亲身经历过网络骚扰。[①]皮尤研究中心的上述调查也表明，约三成甚至更多的网上交友用户表示，在她们表示不感兴趣（37%）、发送她们没有要求的露骨性信息或图片（35%），或者冒犯她们的名字（28%）之后，有人继续在约会网站或App上联系她们。

对于在线相亲平台的安全性，分歧也是非常明显的。大约一半的美国人表示，交友网站和应用是一种非常或相对安全的结交朋友的方式；46%的受访者认为它们不太安全或根本不安全；大约9%的受访者说，另一个用户威胁要对他们进行身体伤害。

在线约会时，人们也越来越重视对隐私的保护。皮尤研究中心的这项调查发现，六成美国人担心在线约会时隐私泄露。通常情况下，在线约会服务商为了提升客户体验，会从用户个人资料中收集用户的个人信息，这些信息包括他们的性取向、职业、爱好和其他兴趣等。大多数人（57%）表示非常或有些担心在线约会服务商会收集他们的数据，而年龄较大的在线约会者比年轻人更担心。在对隐

---

① 范旭、胡艺玲:《近四成女性曾遭遇网络骚扰 超200位杰出女性联名向平台喊话》,《红星新闻》2021年7月2日。

私的关注上,在线约会者之间的性别差异也很小,女性比男性更关注隐私。

拥有更好的在线约会体验的用户更有可能说他们理解算法,对在线约会对约会和人际关系的影响持较乐观看法的用户也是如此。诸如性别和年龄之类的人口统计信息与数字配对过程的知识并不紧密相关。在相信在线约会对约会和人际关系产生积极影响的用户中,大约67%的用户表示对服务商采集使用数据这一过程的了解非常多,而相比之下,有43%的用户表示在线约会对约会和人际关系有负面影响。

社交恐惧，未必是矫情和"戏多"

这样的情况你碰到过吗？明明就坐在隔壁工位，却偏偏习惯在微信上沟通工作；路上遇到熟人不敢打招呼，悄悄躲开；聚会吃饭，总是低头玩手机；没有自助结账的超市尽量不去……这并非矫情，而是越来越多的人开始不再习惯线下社交，反而更愿意在线交流。以我个人有限的职场观察，随着更年轻一代步入职场，办公室里愿意起身走到同事跟前，面对面沟通的人越来越少，大家更愿意窝在格子间里，噼里啪啦地敲击键盘隔空"喊"话。一如前面提到的，互联网可以形成传播学中指称的拟态环境来替代线下的社交场景功能，有时候，线上沟通也确实比线下来得更高效，但这种替代并不完整。在线下沟通中，由于双方的情绪、情感以及一些非语言性信息会更丰富，对话双方更容易达成理解。尽管网络平台上有一些面部表情符号，能够帮助人们理解情绪，但这些符号不足以替代真实的情感表达。过分依赖甚至被网络聊天工具绑架，会使很多真实、丰富的情绪信息被过滤掉，导致人们无法在现实中更充分、更高效地沟通。

线上沟通正在快速侵蚀线下交流的领地。2012 年，中国青年报社会调查中心通过北京益派市场咨询公司和民意中国网，对 1721 人进行的在线调查显示，84.6% 的受访者感觉当下青年缺乏真实沟通。调查中，针对"青年缺乏真实沟通还有哪些表现"的问题，48.6% 的人认为是"线上沟通顺畅,线下真实沟通次数匮乏",41.8% 的人选择"与人沟通时,常常拿出手机,发短信,刷微博等",35.7% 的人认为是"与人沟通时,害怕眼神交流",还有 32.2% 的人选择了"与人沟通时,常常冷场"。

对于那些渴望线下社交的人来说,"世界上最远的距离,不是生与死,而是我在你身边,你却在玩手机"。这不是段子,而是日常生活中极为稀松平常的一幕。

江西南昌 90 后学生王立曾对《中国青年报》记者讲述了他的一段真实经历,他曾与一名同样爱好音乐的朋友在 QQ 上聊得十分愉快。"但后来见面,立刻感觉很不习惯,不知道说什么。"憋了几秒钟,他终于开口说话:"哦,你是……"对方回答:"是,你好。"接着,两人陷入尴尬,匆匆结束了见面。之后,他们在网上的对话越来越少,变回了陌生人。

北京某银行职员刘飞也有过类似经历,一个网友约他见面谈如何才能进入银行工作。见面后,对方简单咨询了几个问题,就开始掏出手机,拍餐桌上的菜,发微博,然后评论、回复……忙得不亦乐乎,把刘飞晾在了一边。百无聊赖下,刘飞也掏出手机发短信。那顿饭 40 分钟就结束了,两人对话不超过 5 分钟。刘飞抱怨:"这根本就不叫沟通!他完全沉浸在自己的世界里。就算不知道聊什么,也不能把我撂一边吧?太没有礼貌了!"[①]

这种在线依赖,在校园里已经发生了。很多大学生吃饭不去食堂排队,选择点外卖,不与人交流,默默吃完一餐。事实上,吃饭

[①] 洪欣宜、黄冲:《网聊热见面冷 84.6% 受访者感觉青年缺真实沟通》,《中国青年报》2012 年 3 月 8 日。

是门槛最低的社交活动，长时间不跟人交流，沟通能力会退化，抑郁的风险可能会增加。

2018年中国社会科学院"中国大学生追踪调查"研究了全国18所高校的在校大学生和毕业生的生理和心理健康状况，结果显示，点外卖频率越高的大学生，其自评身体和心理健康测量得分越低，抑郁得分也越高。调查显示，大学生成了网络服务的重要客户群。72.1%的大学生使用过网络约车服务，60.3%的大学生在网络平台获得过免费知识服务，21.6%的大学生使用网络平台获得过知识付费服务，24.5%的大学生在网络平台预订过民宿，13.5%的大学生在网络平台预约过美容美发、洗衣、搬运等生活服务。

就连小朋友们，也是独自上网居多。由台湾政治大学传播学院教授黄葳威牵头发布的"2018台湾青少儿上网安全长期观察报告"显示，56%的台湾青少儿经常独自上网，和朋友或同学一起上网的占25.4%，与兄弟姊妹一起上网的占13.4%，仅3.9%的青少儿会和父母一起上网。根据报告内容，智能手机普及后，青少儿学生每周收看电视13.68小时，而使用手机多达26.39小时，运动却仅8.05小时。70.4%的青少儿每天上网，且上网时段多在晚间10时以前。[1]

人人都是低头族，只顾埋头用手机而忽略了身边朋友，这样的事情不仅仅发生在中国。专门关注英国贵族礼仪的期刊 *Debrett's* 的培训主管路易斯·瑞尔说，英国人的行为举止曾一度享誉全世界，但是近期研究却显示，当代科技正威胁着英国人这项殊荣的延续。*Debrett's* 在2013年针对一组公司高管的深度访谈发现，80%的受访者认为，在最近20年，英国人基本的社交技巧培养在走下坡路。访

---

[1] 张文馨:《家长注意! 研究发现"56%青少儿经常独自上网"》,《联合报》2018年10月30日。

谈还显示，大部分雇主认为在职业发展中，社交技巧通常比专业成就更重要。在访谈过程中，很多高管都提到了一个最棘手的问题：员工在工作时间不断查看手机并通过手机登录脸书和推特。几名高管形容他们员工的书面表达和书写能力差得惨不忍睹。其中一名高管表示，很多人过于依赖电脑输入以及拼写错误检查功能，他们甚至完全不会写字了。①

全球千禧一代似乎都在遭遇线下社交能力退化的问题，其肇因之一可能是无处不在的数字化。德勤发布的《2019 德勤千禧一代年度调研报告》，针对全球 42 个国家和地区的 13416 名千禧一代的调查发现，千禧一代对社交媒体又爱又恨，71% 的千禧一代积极看待自己对数字设备和社交媒体的使用。但超过半数表示，社交媒体总体弊大于利。近 64% 的千禧一代表示，如果减少用在社交媒体上的时间，那么他们的身体会更健康。60% 的千禧一代表示他们会更快乐。

在线社交的副作用比想象中大。加利福尼亚大学洛杉矶分校在 2014 年进行的一项研究发现，数字化媒体降低了儿童了解其他人喜怒哀乐的能力。

研究人员首先对一群六年级的学生进行了测试，对他们了解其他人情绪的能力有了一个基本的了解。研究人员让学生看照片和没有声音的录像，然后要求参与测试的学生，根据照片和录像中人物的面部表情和非语言线索推断他们的情绪。之后，参与测试的学生被划分为两组，一组被送到一个野营地，他们接触不到数字化媒体，这些学生参与传统的野营活动——徒步、射箭和学习与自然有关的

---

① 杨丹：《调查：手机革命导致英国人社交能力下降》，BBC 中文网，2013 年 9 月 5 日。

知识。对照组学生的活动则与平常无异,可以正常地接触数字化媒体。5天后,两组学生又参加了一次测试。结果显示,野营组学生了解其他人情绪的能力有了大幅度提升,对照组的学生只是略有提升。研究人员由此得出结论:面对面交流的增加能提高青少年的社交能力。[1]

这也部分地解释了近年社交恐惧症患者为何日益增多。据美国焦虑与抑郁症协会统计,近 1500 万名美国成年人患有社交恐惧症,它是美国第二大常见的焦虑症确诊形式。

社交恐惧并不等同于害羞、内向。从医学上分析,社交恐惧症是一种对任何社交或公开场合都感到强烈恐惧或忧虑的精神疾病。患者对于在陌生人面前和可能被别人仔细观察的社交或表演场合,有一种显著且持久的恐惧,害怕自己的行为或紧张的表现会引起羞辱或难堪。在心理学上该情况被诊断为社交焦虑失协症,是焦虑症的一种。

根据美国《精神障碍诊断与统计手册(第 5 版)》(DSM-5),社交恐惧症有以下几个诊断标准:

个体面对可能被他人审视的一种或多种社交情况时,产生显著的害怕和焦虑。

害怕自己的言行或呈现的焦虑症状会导致负性的评价。

社交情况几乎总是能够促发害怕或焦虑。

主动回避社交情况,或是带着强烈的害怕或焦虑去忍受。

这种害怕或焦虑与社交情况、社会文化环境所造成的实际威胁

---

[1] 竹子:《数字社交比你想的可怕:严重影响人的社交能力》,搜狐 IT 频道,2014 年 8 月 27 日。

不相称，通常持续至少 6 个月，引起有临床意义的痛苦或社会功能的损害。

但社交恐惧症在中国，似乎被认为只是年轻人的矫情和"戏多"。国家卫生健康委员会在 2019 年 7 月发布的《健康中国行动》中指出，中国公众对常见精神障碍和心理行为问题的认知率仍比较低，更缺乏防治知识和主动就医意识，部分患者及家属仍然有病耻感。

中国科学院心理研究所发布的中国第一部心理健康蓝皮书《中国国民心理健康发展报告（2017—2018）》显示，有 11%～15% 的人心理健康状况较差，可能具有轻度到中度的心理问题；2%～3% 的人心理健康状况差，可能具有中度到重度的心理问题，社交恐惧是其中的表征之一。中国科学院心理研究所所长傅小兰表示，中国已进入信息化、网络化时代，人们的生活和工作节奏加快，生理和心理上的压力大大增加，国民的心理健康问题已呈现出比单纯的躯体健康问题更突出的态势。①

另一项调研也证明了社交恐惧症的流行。世界卫生组织的调查显示，全球精神障碍终身患病率约为 25%。最新流行病学调查显示，约 16.57% 的国人受各类精神障碍和心理问题的困扰。北京大学第六医院黄悦勤教授团队开展的全国精神障碍流行病调查发现，在我国，以焦虑症、社交恐惧症为代表的焦虑障碍，以抑郁症、躁郁症为代表的心境障碍，在过去 30 年的发病率翻了四番，双双超过了 4%。

---

① 刘峣：《健康中国在行动：让"心病"不再"潜伏"》，《人民日报》（海外版）2019 年 8 月 13 日。

值得注意的是，这一现象正在向儿童青少年群体蔓延。北京儿童医院精神科主任崔永华说，国内儿童青少年的抑郁症患病率达3.1%，其他精神障碍和心理问题出现的比例也在攀升。①

据《广州日报》2015年的报道，当年30岁的小芳（化名）有过一段不堪回首的经历：在25岁那年，她因为不敢出去与人交往，不得不辞掉工作，天天宅在家中，没有朋友，没有同事，没有工作，这样的日子有4年之久，直到2014年，她找到心理医生咨询治疗后，认识到自己的问题所在，她决定参加2015年的团体心理治疗，经过治疗，她开始逐渐摆脱社交恐惧症。②

一如雪莉·特克尔所说，我们时常感到孤独，却又害怕被亲密关系束缚。数字化的社交关系和机器人恰恰为我们制造了一种幻觉：我们有人陪伴，却无须付出友谊。但事实却是，我们已经为之付出了难以衡量的代价。

美国作家珍妮·马丁内特在《融入的艺术》一书中，给职场中的社交恐惧症患者提出了一些建议。

选择"壁花"练习社交。没错，先是打量表情跟房间里其他人格格不入的人。选择这种人往往因环境而异，都是相对的。有时候，某个人会一声不吭地独自站在那里；有时候，也许会有两个人表情看起来有些失落，似乎踌躇不定。也许有人着装不合时宜，至少看上去搭配得不那么好。大多数时候，你可以从别人脸上羞怯的表情或者拖曳的脚步瞧出端倪。不管怎样，你必须选定第一个人，或者

---

① 陈芳、屈婷：《16.57%国人受"心病"困扰 我们应如何守护"心"健康？》，新华网，2019年11月25日。
② 严建广：《女子患上"社交恐惧症" 辞工作"宅"家里4年》，《广州日报》2015年4月17日。

某个小圈子当你练习的对象，就当是初步测试你的社交能力。

"以貌取人"。其一，很多人的性格都能从衣着打扮上来判断。其二，跟性格相近的人交谈，总是比跟性格迥异的人交谈容易（虽然谈话的内容可能不那么有趣）。因此，如果你选择衣着品位跟你相似的人，或者选择衣着打扮是你心头所好的人，聊天时你会觉得很舒服，甚至很有趣，这有助于提高思想交流的层次。因为你刚刚开始跟他人交际，会很紧张，选择第一个对象并能够顺利交流至关重要，如果不是这样，那你还没融入圈子，可能就打退堂鼓了。

注意身体语言。注意身体语言能帮助你发现某个或者某群愿意接纳你，愿意跟你交谈的人。采用流露出自信的肢体语言或充满力量的站姿。研究表明，充满力量的站姿能增强自信，使人更加舒服。充满力量的站姿包括开脚站立，双手叉腰，或把手放在脑后，这标志着开放和健谈。

"人多好办事"。当你思量再三，决定接近哪个圈子的时候，记住社交界一条最简单也最古老的法则：人多好办事。不管你是想不露声色地接近某个圈子，还是想大张旗鼓地融入进去，从统计学的角度看，选择人多的圈子保准没错。情况不外乎这两种：一是你一进入那个圈子，所有人就都注意到你了，因为在人很多的情况下，有些人（无论如何，至少会有那么一个人）会很礼貌；二是所有人都没留意你，给你足够的时间倾听他们谈话，慢慢体味不同人的性格，选择一句合适的开场白，或许还可以全身而退，重新开始。

生活中真正的"社恐"患者，恐怕没有那么多，更多的情况可能是，在某时某刻，"沉默"是最好的选择。

过劳时代，不忍责备"恐恋"

生活中的"社恐"，男性似乎比女性要多些。男女之间存在巨大差异，一如美国知名两性情感专家、作家约翰·格雷[①]那本书的标题："男人来自火星，女人来自金星。"这一比喻也成为约翰全部实践活动的理论支撑点，即男人和女人无论是在生理上还是心理上，无论是在语言上还是情感上，都是大不相同的。

在著名心理学家约翰·格雷看来，男人重视力量、能力、效率和成就，他们的自我价值是通过所获得的成就来定义的。能否实现预定的目标或独立完成要做的事情是他们能力的表现，所以男人最不愿意别人告诉他该如何做事。他没要求你就主动去帮助他，是对他的不信任，不相信他能独立完成要做的事情，这是对他的冒犯，男人对此非常敏感。女人则重视感情、交流、美和分享，她们花很多时间在相互帮助和相互安慰上。她们的自我价值是通过感觉和相处的好坏来定义的。只有分享和交流才使她们感到满足。当别人谈话时，她们从来不提供答案。耐心地倾听别人的谈话，理解别人的感受，是她们爱和尊重别人的方式。

在数字时代的在线讨论上，两性之间原本存在的巨大鸿沟又被进一步放大为"男人来自金星，女人来自木星"。

[①] 约翰·格雷，心理学博士，1951年12月28日生于美国，是世界公认的美国首席婚恋情感专家，人脉关系管理专家，婚恋关系教授导师，被誉为"自助心理学之父"。

知乎上曾经有个热门问题,"现在的男性是否普遍不再对女性展开追求了?为什么?"其中获得三万多赞的高赞回答这样写道:"说真的,我很同情现在的小伙子。本人80后,我那个年代追女孩子,无非就是送她回家,送她点小礼物,然后跟她多聊天,逗她开心之类。坦率地说,我们那个年代追女孩子找女朋友,并不是一件烧钱的事。"这位知乎用户把"现在的男性普遍不再对女性展开追求"这一现象归结为"现在女性多拜金",如过节要送口红、包包、化妆品,吵架了要承认错误转账"1314"等。

另一个高赞回答则持完全不同的观点:"那么多的回答推送过来,大部分意思其实都是差不多的。①追求女生和维护恋爱关系的成本太高,成功率太低,而且还面临被'渣女''作女'各种反杀的风险;②好的爱情是不用拼命追求的,而是相互吸引、水到渠成,费尽心力的追求往往没有好结果。我补充一句,在假设以上两点都对的前提下,应该怎么做?追求内心强大的女生——足够忠厚又足够聪明。这个答案可能很快会沉下去,但我希望大家帮忙点赞,我一定会把这个理念传播开去。不建立在独立而平等的人格基础上的爱情是很难健康、长久的。但是独立要求内心足够强大,能够自己肩扛风雨,这样的女生就算不是特别优秀,也会特别扎实,有思想,有主见,能够捕捉他人的情绪,体谅和理解他人的不容易,这样的人往往带有忠厚和聪明的特质,一般都会是一个群体中相当优秀的女孩……与优秀的人相处往往是简单而融洽的,有问题也好解决;与不优秀的人相处才充满难题。如果追求平庸的女生比追求她们还要艰难,那为什么要费尽心力去追求女生?"

而当代女青年对男青年的偏见也不小。2014年,天涯社区出现了一条热帖——《现在上海马路上明显女的比男的高一个档次,有图有真相》。为此,《广州日报》专门做了一次调查,在不到 24 小时就收到了 1259 名网民的答卷。其中男性 487 人,占总调查人数的 38.68%;女性 772 人,占 61.32%。调查结果显示,中国的男性和女性对"中国男人形象上配不上中国女人"这一观点有近乎相反的看法。68.38% 的男性不认为"中国男人配不上中国女人",其中完全不赞成的达到了 43.12%。而女性受访者中,有 56.61% 的人觉得"中国男人配不上中国女人",其中非常赞成的有 25.39%,仅有 2.2% 的女性完全不赞成这一观点。

这份调查显示,中国女性形象接轨世界是因其就业率高。管理咨询公司贝恩公司《2013 年中国奢侈品市场研究》报告显示,在中国,近 70% 的女性拥有有偿工作,远远高于全球 53% 的平均水平。担当高管的中国女性的人数也高于全球平均水平。受访者在化妆品、美容保养以及服装购置上花费的资金普遍低于月收入的 40%。在男性受访者中有 86.5% 的人表示此项花销仅占月收入的 0%~20%,而女性受访者中选择此项的为 43%,另有 37% 的女性受访者此项花销占到了月收入的 20%~40%,还有 14% 的女性占到了月收入的 40%~60%,甚至有接近 2% 的女性受访者买衣服等扮靓支出占月收入的八成以上。在接受《广州日报》记者采访时,上海社会科学院研究员邵建为男同胞叫屈:只调查中国男人在外表上配不配得上中国女人,但又有多少数据调查过中国男人在这个社会转型期承担了多少工作、家庭及育儿的责任和压力?[1]

两性间的巨大差异,叠加快节奏的现代生活,使相当一部分人

---

[1] 薛琳、谢琦珊、贺涵甫、胡岑岑:《中国男人配不上中国女人?》,《广州日报》2014 年 7 月 26 日。

在向往爱情、追寻爱情的同时，产生了恐惧恋爱的心理。珍爱网在2016年"5·20"前夕，对全国9000万名会员进行了抽样调查，发现"恐恋"情况在其会员中非常普遍：超八成单身男女有"恋爱恐惧症"，在"恐恋"族群中，54%的人因糟糕的恋爱经历而"恐恋"，36%的人是受身边人失败婚恋例子的影响，10%的人因父母离异或对家庭亲情寡淡而"恐恋"。

调查还发现，67%的男性认为"恐恋"族群最主要的表现是"受过伤，对爱怀疑"，而73%的女性则认为"恐恋"主要表现在"怕付出无回报"。糟糕的恋爱经历是导致"恐恋"的主要原因。超五成的男女不能接受"单方面付出，对方一味索取"的恋爱状态，超四成男女不能接受平淡无味的鸡肋式爱情状态。备受关注的是，北上广深一线城市的男性最反感另一半要求过高，女性则最不满男性的大男子主义态度。如今的都市女性普遍优秀，她们想找与自己相当或比自己更优秀的男士当人生伴侣，对另一半的要求颇高。"恐恋族"常用说辞中，六成北京"恐恋族"是"享受单身"，七成上海"恐恋族"是"没空恋爱"。①

单身、找不到另一半渐渐让人产生对自我的怀疑。比恋爱恐惧症更可怕的是"爱无能"，他们对于深刻的爱，或者其他深层的需要相互交流的情感不感兴趣，或无所适从。"爱无能"者觉得自己无法去爱，这往往是因为他们内心深处太过在意爱。

知名心理知识传播机构"知我"曾做过一次调研，结果发现，52.6%的受访者有比较高的"爱无能"倾向，而26.2%的受访者是"爱无能"。调研中，一名29岁的男性受访者说，"对于深刻的情感，

---

① 朝晖：《520调查超八成男女患恋爱恐惧症：你中枪了没？》，《新闻晨报》2016年5月17日。

我是无所适从的。我不知道怎么去表达爱，不愿意承诺，也害怕承诺。我觉得我的内心一直有一个声音在说：你不配。最近的一次经历，是我曾经暗恋过的一个女孩，来到我工作的城市，我们一起吃饭、看电影，她还主动邀请我和她一起去看她喜欢的话剧。晚上看完话剧送她回家，她竟然还提前给我准备了生日礼物。她有过几次明显的暗示，我也能感觉到自己对她的好感。按道理我应该顺水推舟和她表白的，但不知道为什么，我就是无法说出口，我又再一次陷入了那种不知所措的状态。更要命的是，我发现单身久了会上瘾，害怕身边突然多个人，不知道怎么处理。不论在职场上，还是在生活中，我都自认为能快速地培养自己需要的能力。可唯独爱的能力，我觉得自己越来越弱，恐怕要彻底丧失了"。[1]

许多韩国年轻人无意恋爱了。根据韩国卫生和社会事务研究所（KIHSA）的统计，2018年韩国绝大多数20～44岁的人都是单身。在这个年龄组中，只有26%的未婚男性和32%的未婚女性处于恋爱关系中。在那些没有对象的人中，51%的男性和64%的女性表示自己是主动选择保持单身的。

除了懒得谈恋爱，韩国现在的年轻人不再热衷于参加别人的婚礼。《参考消息》援引韩国《中央日报》的报道，上班族金艺林（35岁，女）参加工作十几年期间，收到同学或公司同事的婚礼邀请函无数次，但仅参加过两次。金艺林表示，"从小时候开始，每次去参加亲戚的婚礼都要和不认识的人打招呼，很没有意思。过了20岁之后，就在想'去这种地方干什么呢'，带着没有祝福的心情鼓掌，吃着一样的自助，千篇一律的30分钟很没有意思"。韩国《中央日报》

---

[1] 大霸：《我们都是爱无能，但这恰好是我们彼此吸引的原因》，腾讯新闻，2019年2月2日。

在首尔市厅附近以随机方式对 36 名二三十岁的路人进行了采访,从大多数人的回答中,采访者感受到了现在的年轻人对于婚礼或葬礼的不同看法。总结来说,这些年轻人如果不喜欢的话就不去参加婚礼或葬礼,他们并不执念于礼尚往来。[①]

囊中羞涩固然是其中一个原因。这些放弃恋爱、结婚、生育的年轻人,在韩国被称为"三抛世代"。在韩国卫生和社会事务研究所做这份调查的 2018 年,韩国就业人口增幅创 9 年来最低,失业人口总数为 107.3 万人,为 2000 年以来最高值,也是韩国失业人口总数连续三年超过 100 万人。韩国青年失业率自 2016 年以来持续走高,韩国教育部发布的一份统计报告显示,2017 年韩国高校毕业生就业率为 66.2%,大学生就业形势不容乐观。

更重要的一个原因是,恋爱并非"刚需",而且参加工作不久的韩国年轻人普遍"过劳",也无暇恋爱。

韩国是经合组织公布的世界上过劳死现象最严重的国家之一。经合组织对全球 38 个国家的分析显示,韩国是发达国家中工作时间最长的,人均工作时间超过同样勤勉的德国人 50%,在经合组织国家中排名第二,仅次于墨西哥。韩国平均每个劳动力每年工作时间长达 2069 小时,比加班文化浓厚的日本人还要多 300 个小时。根据国际劳工组织的研究,通常是低等和中等收入国家的人工作时间比较长,但是韩国似乎打破了这一规律。这可能与以下因素有关:韩国劳动人口中自雇者比例较多、工资低、工作不稳定以及文化因素等。2018 年 7 月,时任韩国总统文在寅提请国会立法将法定的工作时间从每周 68 小时降低到每周 40 小时,并称此举是为了让忙碌的

---

① 《嫌浪费时间和金钱 韩国年轻人拒绝参加别人婚礼》,参考消息网,2019 年 5 月 5 日。

韩国人从加班中解放出来，多出点时间陪陪家人。①

过劳不仅仅是韩国青年的烦恼，如今，全世界的劳工们的劳动时间，比起三四十年前都有显著延长，在大城市工作的年轻人尤为突出。

2008年，国家统计局组织开展了我国第一次时间利用调查。2018年5月，国家统计局开展了第二次时间利用调查工作，北京调查总队抽样调查了1700户居民家庭，调查对象为15周岁及以上常住成员，实际调查4238人。调查结果显示，与10年前相比，北京居民的平均日工作时间有所增长，2008年上班族平均工作时长为7小时38分钟，2018年为8小时34分钟，增加了56分钟。对比10年间北京的人口变化可以发现，北京的上班族人口占比有所下降，但工作时长增加了。工作时间延长的同时，上网时间也成倍增长，2008年，北京市居民的上网时间为25分钟，2018年上网时间达到了3小时6分钟，其中移动互联网使用时间占据了上网时长的75%。② 那么，留给谈恋爱的时间呢？

对于恋爱、结婚的热情，英国年轻人的情况也没好到哪里去。虽然在威廉王子和凯特王妃大婚那年，英国结婚率有了回升，但是相较于1972年共有约42.6万对新人结婚而言，2012年的26.2万对新婚数量就显得微不足道了。

如今在英国，20多岁的年轻人只有一半会结婚。英国国家统计局2019年发布的数据显示，自2008年以来，英国已婚男性的比例下降了1.8个百分点，从53.3%降至51.5%。已婚女性的比例目前已

---

① 严玉洁：《哪个国家工作时间最长？你可能意想不到》，中国日报网，2018年5月9日。
② 陈雪柠：《国家统计局：北京上班族比2008年每天多工作56分钟》，《北京日报》2019年4月9日。

低于50%，从2008年的50.8%降至2018年的49.5%，降幅为1.3个百分点。总体而言，英格兰和威尔士16岁及以上的已婚人口比例继续缓慢下降，降至50.5%，略低于2017年的51%。结婚率在下降的同时，单身也越来越受欢迎。英国国家统计局的数据显示，从2017年到2018年，16岁及以上单身且从未结婚的人数增加了近37万人，总数达1670万人，这相当于英国成年人口的35%左右。

无论是恋爱还是婚姻，都需要投入相当多的精力去维护，对于生活在快节奏、高压力城市的打工人来说，"恐恋"不是没有意愿去构建一段亲密关系，而是无力，"不工作、没人管、一个人"可能已经是他们能想到的最好的快速镇痛方案了。

一天 24 小时，走不出 App 丛林

"男（女）朋友可以做的，App 也可以。"不知你有时会不会也有这种想法冒出来。这年头，似乎没有在 App 里搞不定的事情：饿了，在美团、饿了么点外卖；想出门了，在滴滴、高德叫个车；想看个电影，打开腾讯视频、爱奇艺；想了解最流行的眼妆，打开小红书……如果在这个 App 里得不到想要的东西，那总有另一个 App 可以满足你的需求。

21 世纪 20 年代的线上生活，对于许多网民来说，基本就是在智能手机上数十个 App 之间的注意力游荡。每个中国网民的手机里至少都安装了几十个 App，就连那些"银发族"也不例外。

中国互联网网络中心发布的第 45 次《中国互联网络发展状况统计报告》显示，截至 2019 年 8 月底，15～19 岁的手机网民用户群体手机里的 App 数量最多，平均达 84 个；其次为 20～29 岁手机网民用户群体，人均手机 App 为 65 个；就连 60 岁以上的手机网民用户群体，人均手机 App 数量也多达 37 个。其中最流行的数十款 App 覆盖了即时通信、搜索引擎、网络新闻、支付、购物、外卖、网约车、旅行预订、视频、教育、理财等日常高频应用。

App 可能是当下全世界最流行的商品，而且大部分都是免费的。据 Annie 统计，自 2016 年以来，排除重新安装和更新量，全球 App 下载量在 3 年内增长了 45%，其中在新兴市场的增长尤为迅猛，中

国增长了 80%，印度增长了 190%，各种 App 的全球下载量达到了 2040 亿次。全球网民 2019 年在应用商店的支出达到 1200 亿美元，是 2016 年的 2.1 倍，其中中国仍是全球最大的 App 支出市场，占全球总开支的四成。约会交友和在线视频在 App 订阅服务方面获得了巨大成功，其中 Tinder、奈飞和腾讯视频在 2019 年非游戏 App 用户支出榜单上遥遥领先。

App 不但成为我们日常生活中不可或缺的一部分，而且也对我们的生活方式产生了潜移默化的影响，最典型的就是旅行方式。2018 年 3 月，马蜂窝旅游网联合 BeautyCam、Keep、微信读书、沪江小 D 词典、沪江开心词场五大品牌，以马蜂窝平台大数据、各品牌用户行为数据、在线问卷调查获取的抽样数据为基础，发布了《旅途中 App 使用行为分析报告》。该报告显示，App "支配"了中国年轻人的旅途，旅行者对 App 严重依赖：超过 85% 的人会在旅途中一直使用手机，日均使用时间超过 6 小时，主要花在使用各类 App 上。

"下车拍照、上车修图"的旅行风气也得到了数据印证：这份报告显示，90% 的旅行者会在同一个地方乐此不疲地拍照，直到出现一张满意的照片才会离开。71% 的人会选择摆拍，8% 的人甚至会为了提高 "出片率" 而不停变换姿势。为了得到满意的照片，47% 的人会为旅行准备多套穿搭，而不同性别的人在这一点上没有任何差异。自拍是仅次于摆拍的第二大拍照模式，67% 的人表示会在旅途中自拍，其中 41% 的人不能接受不带美颜的自拍，而愿意不修图 "原片直出" 的人仅占 19%。报告还发现，越爱旅行的人也越爱自拍，对照片质量的要求也越高，年均出游 4 次以上的旅游达人，爱自拍的人数占比达到了 68%。此外，68% 的人在旅途中会使用各类

App 拍照，而非手机自带的相机；有 42% 的人会使用一个以上的软件修图，修图时间在 30 分钟以上的人占到了 20%。

当 App 参与到我们旅行的全过程时，一个奇妙的悖论出现了：旅行原本是为了自我愉悦、放松心情，但结果是，对很多人来说，让旅行"看起来美好"甚至比旅行本身更重要。一个最典型的例证，就是到哪儿都要留影佐证"到此一游"，拍照三分钟，修图三小时，然后发布到朋友圈、微博，坐等点赞，从而遭遇了一种新的焦虑，即为"看起来"的旅行和朋友们的点赞焦虑，而非过去人们旅行中常有的为未知而焦虑，乃至忘记了为何旅行。

在一些大学校园里，离开了 App，生活也变得寸步难行。据《光明日报》报道，有的高校，打热水一个 App，发学分一个 App，跑步一个 App，联无线网络一个 App，刷网课一个 App……原本为方便师生、提高效率的信息化手段在实际管理和运营中却出现了过度倾向：一个个打着"智能便捷""强制使用""学分挂钩"旗号的手机 App 逐渐编织成一张网，将许多大学生裹挟其中。面对高校里 App 泛滥的情况，21 世纪教育研究院副院长熊丙奇投书《光明日报》替学生吐苦水："有的 App 粗制滥造，追求表面的信息化、现代化，为了体现所谓的信息化而信息化；有的 App 背后存在利益问题，通过和学分挂钩等方式，强制学生安装，然后把 App 作为运营广告的平台，向学生发布商业广告；还有的 App 泄露学生的隐私，成为学校（商家）获取学生隐私的渠道。"[1]

工作方式也在被 App 改变，甚至出现了形式主义的苗头。据《新华每日电讯》报道，浙江省相关部门在明察暗访时了解到，某

---

[1] 熊丙奇：《遏制高校 App 泛滥需建立负面清单》，《光明日报》2018 年 11 月 23 日。

乡镇一些干部的手机上普遍装有七八个工作App，每天若要认真完成App上的"留痕"任务，要耗费两个小时左右。同时，各地政务App过多现象也普遍存在。为此，浙江省专门出台意见，要求给基层干部减负。这篇报道建议，要解决这种"指尖上的形式主义"，一方面要压缩"留痕"考核；另一方面要加大工作整合，一个App能解决的问题就用一个，内容相同的就不需要重新打卡，让基层工作不被手机"绑架"。①《大众日报》也曾刊登文章批评一些地方的形式主义，其中就有谈到对App的高科技依赖：各地政务App过多现象普遍存在，要求基层人员打卡学习、积累学分。有的扶贫干部下村，变成了"留影式"帮扶，拍个照片传到群里，或者传给领导，就万事大吉。"键对键"代替了"面对面"，接地气的调研没有了，面对面的心理沟通消失了；速度加快了，温度降低了。手机App确实有利于提高工作效率，但不能过多过滥，成为基层新负担。②

除了这些被迫安装的App，还有更多人在更多时候，是不由自主地沉浸在App的世界中，特别是那些更晚接入互联网的地区。腾讯应用宝发布的《2019年移动App洞察报告》显示，由于移动互联网的普及，以及快手、拼多多等App对下沉市场的渗透逐渐加深，四、五线城市用户开始拥抱更多的App，从App人均下载量来看，按城级呈凹形曲线分布，下沉市场持续释放增长红利。

95后可能是App最大的用户群体，他们在全球总人口中占比接近32%，也就是说生活在今天的每十个人中，就有三个人出生在1995年及之后。Annie发布的《2020年移动市场报告》把95后称作

---

① 裘立华：《政务App打卡留痕："指尖上的形式主义"》，《新华每日电讯》2018年11月23日。
② 马清伟、李檬：《理上网来 | 杜绝"蠢事"，须根治这六种"依赖症"》，《大众日报》2020年4月23日。

"移动原生代",这份报告显示,95后的App参与度非常高,热门App的人均打开次数比年长群体高出60%。90后每天使用各种App的时长超过3.8小时,月均每个App(除游戏之外)的打开次数达到了150次,大约相当于每天每个App会打开5次。

酷鹅用户研究院在2018年发布了《兴趣导向:95后内容消费洞察报告》,总结了95后在使用App时的一些有意思的特征。

爱尝鲜。95后是伴随着互联网成长的一批用户,"爱尝鲜""紧跟潮流"是95后在互联网产品使用上的典型特征。

兴趣导向。崇尚"宅"文化的95后,宅在家里打游戏、看视频、睡觉是他们普遍的放松与娱乐方式。在内容追求上以"娱乐至上""兴趣导向"为宗旨,对于正经严肃的内容并不买单。

社交媒体重度偏好。95后用户每天使用的App中最高频的是社交类应用,社交媒体是95后获取感兴趣内容的主要渠道,内容获取社交化,社交传播的影响对于95后用户下载新的App起关键作用。

短视频爱好者。2017年以来,短视频成互联网新风口,95后尝鲜一族也是短视频产品的重度用户,95后用户主要在抖音、哔哩哔哩观看感兴趣的短视频。

自我个性表达。95后在内容追随上愿意为自己的兴趣买单,非"大V"至上,更看重颜值与才华;乐于分享,注重个性化的自我表达,喜欢弹幕这种有趣个性的互动方式。

App流行,也在改变年轻一代的世界观和价值观,这并非耸人听闻。正因为App与我们的日常生活工作无缝连接,每一款App都对应一种问题的解决,所以很容易让人产生一种错觉,即任何问题都是有一套解决方案的，没有什么问题是 App 解决不了的。

工具万能这种思维最初滥觞于程序员的"代码改变世界"的信仰。处于数字世界底层的代码，确实改造了我们的世界。克莱夫·汤普森曾在《程序员：新族群的诞生与世界的重构》一书中写道："代码的影响力可能远超所有人（包括编程人员）的预料。"

二进制打孔卡是人类发明的第一行代码，甚至比计算机的历史更早，1725 年，法国纺织工人布乔发明了一种纺织设备，能够根据送入的打孔纸调整纺织图案。有孔代表"1"，无孔代表"0"。虽然在此之后发生过无数变化，但这种基本的代码构建单元从未改变：1961 年年末，一群麻省理工学院的年轻学者用代码开发出了一款飞船游戏，运行了半个世纪，从来没有崩溃报告，且时至今日仍在正常运行；1965 年，一群编程人员决定开发一套正式的命令系统，用于发送、接收以及显示这些短小的数字消息，从此开启了电子邮件的时代；1971 年，麻省理工学院甚至收到历史上第一条垃圾邮件，即一段反越战信息；1982 年年初，温哥华证券交易所发布了一项电子股票指数，基准定为 1000 点，两年之内，跌到了原始值的一半，但当时股票市场的涨幅相当强劲，因此人们感到大惑不解。一项调查显示，相关代码使用了"floor（）"而非"round（）"，并导致命令中的指数计算存在错误；到了 20 世纪 90 年代，出现了一种单行代码病毒，它会一遍又一遍自我复制，直到耗尽计算机的全部可用内存并导致系统崩溃；2008 年，比特币让代码成就了一种前所未有的新型货币形式；2009 年，脸书公司通过"点赞"按钮，帮助用户获得了一种向全世界表达个人喜好的方式。但实际上，它同时也在利用我们的认知偏见与设计之力。具有讽刺意味的是，时隔十年，2019 年脸书开始测试隐藏点赞数。①

据美国知名市场研究机构 IDC 统计，2018 年全球软件开发人员数量增长到了 2230 万人。但这群改变世界的人，也有无奈之处。代码并非万能，起码在爱情面前，程序员们也常常束手无策，世界这么大，适合他们的另一半大概是迷路了。

极光大数据在 10 多个城市进行了一次程序员现状调查，通过对回收的 1684 份有效问卷的研究，生成了一份《2018 年中国程序员研究报告》。该报告显示，七成程序员未婚，其中四成程序员依然是单身。具体看：22～30 岁的程序员中，19.3% 的人已完成结婚生子的人生大事，在主要职业群体中占比最低，42% 的人目前仍处于单身状态；女性程序员已婚比例低于男性，相比女性程序员，男性程序员更期望在短时间内结婚；受访程序员更为关注对方的颜值、兴趣爱好和学历水平，但不太在乎其经济水平、家庭背景、工作性质、身高和户口。

在代码世界里游刃有余的程序员，在美剧里常常被设定为社交恐惧症或恋爱恐惧症患者。在《生活大爆炸》里，程序员拉杰被设定为患有"选择性缄默症"，如果没有喝酒，就没办法与异性正常谈话，他每任前女友几乎都曾被他的贴心所打动，但每段感情都无疾而终。《生活大爆炸》的编剧查克·罗瑞和比尔·布拉迪曾谈起这部剧的起源，他们讨论了两个点子：一是关于正要开启成年生活的女人；二是 20 世纪 80 年代的那群程序员——布拉迪也曾是其中之一。于是他们想，如果把这两个点子结合会怎样？就这样，女主角佩妮

---

① 二因斯坦、王健飞：《取消点赞功能，社交网络会更健康吗？》，腾讯研究院官网，2019 年 11 月 29 日。

与四位宅男的故事由此诞生。

虽然《生活大爆炸》里的每一个人最终都各归其好,但生活中却总有无数的破镜难圆。

宁看屏幕，可舍爱人

我们有多么依赖 App，就有多么离不开手机。2007 年 1 月 9 日，苹果公司联合创始人史蒂夫·乔布斯在第一代 iPhone 的发布会上说："今天，苹果改造了手机，iPhone 将会是一个革命性的商品。"

此言不虚。十年后的 2017 年，美国摄影师埃里克·皮克斯吉尔拍摄了一组名为《删除》(Removed) 的摄影作品，他将照片里人们手中的手机、电子设备等，通通都涂抹掉，结果照片里的人看起来都好像孤单地活在自己的世界里。这也是乔布斯所说的"革命性"的其中一面。

手机对人们日常生活无处不在的渗透，正是皮克斯吉尔在这组照片中想要传达的主题。手机让我们对周遭的人和事选择性"失明""失聪"，当你忙着在手机上听音乐、玩游戏、刷朋友圈时，却看不到旁边关心你的爱人；下班回家，难得的闲暇时光，世界很安静，却难再听到曾有过的小鹿乱撞的心动声；睡前，背对背，宁愿和手机恩爱，也不愿与爱人互道衷肠，两人同床共枕，却同床异梦。即使两人修成正果，走进婚姻的殿堂，恐怕也不过是这样：你想和全世界分享你的幸福，却忽视了身边那个相守的人。孩子们不会像你的童年一样，和小伙伴们在操场踢球，在田野嬉戏，也不会做调皮的事情，他们那么安静，看起来那么乖，却没有了生机，少了很多该有的快乐体验。

当艺术家们用摄影来表达对手机的担忧时，科技公司则开始量化手机对我们日常生活的具体入侵程度。美国互联网公司 Dscout 在 2016 年做了个调查。他们从样本库中选了 94 位用户接受测试，被测用户的手机上会安装一个 App，用以监测他们日常使用手机的行为，比如点击、解锁屏幕、使用什么 App、用了多久等。Dscout 在选择被测用户的时候考虑到了样本的多样性，不同性别、年龄、受教育水平、家庭状况、工作状况、收入水平的人都有涉及。大部分用户接受了连续 5 天、每天 24 小时的监测。

Dscout 这次调查的结果是惊人的：每人平均每天点击手机 2617 次，手机屏幕亮着的时间累计是 145 分钟；如果把使用频率排前 10% 的人叫作重度手机依赖症患者的话，那这部分人群平均每人每天点击手机 5427 次；另外，87% 的人会在凌晨 0∶00～5∶00 看手机；使用了一段时间而不是只看一眼手机的行为叫作 "session"，被测用户每人平均每天有 76 个 session，其中重度依赖症患者有 132 个；在超过一半（52%）的 session 中，用户只看一个 App，看来人们在不干正事儿的时候还是比较专注的。用户行为聚焦于社交网络和短信功能，在美国，人们点击最多的 App／页面前三名是脸书、短信和主屏幕。

Dscout 还把调查结果告诉了每一个调查者，41% 的人表示参加这个调查对自己以后使用手机的行为并没有影响，反正都"病"成这样了，自己开心就好。

人们的阅读主场，也从印刷品转向了手机。中国新闻出版研究院 2019 年发布的第十六次全国国民阅读调查结果显示，2018 年，我国 38.4% 的成年国民更倾向于"拿一本纸质图书阅读"，比 2017 年的 45.1% 下降了 6.7 个百分点；40.2% 的国民倾向于"手机阅读"，比 2017 年的 35.1% 上升了 5.1 个百分点；有 12.8% 的国民更倾向于"网络在线阅读"；有 7.7% 的人倾向于"在电子阅读器上阅读"；0.8% 的国民"习惯从网上下载并打印下来阅读"。[①]

手机已经完全赢得了人们的"时间票房"。移动数据和分析公司 App Annie 发布的《2022 年移动市场报告》显示，2021 年全球共有 12 个国家或地区的用户平均每天使用各种 App 的时长超过了 4 小时（其中印尼、巴西和韩国超过 5 小时），而在 2020 年，"5 小时"榜单上只有 4 个国家。[②] App Annie 的首席执行官 Theodore Krantz 表示，移动设备是有史以来最伟大的发明，也是未来的首选设备，在几乎所有的数据类别中，移动设备都在持续打破纪录，包括使用时长、下载量和收入等。

智能手机正在变成"时间的黑洞"，而青年人的注意力尤其容易被其吞噬。英国近 1/4 青年手机成瘾。通过对 4 万多名 20 岁以下英国青年的调查分析，伦敦大学国王学院研究人员发现，23% 的研究对象出现"成问题的智能手机使用"迹象，与上瘾表现一致，即不能使用手机时感到焦虑、不能掌控手机使用时间、过度使用手机或因使用手机而对其他活动造成不利影响。参与这项调查的研究人员说，这些上瘾表现关联手机使用者的其他问题，包括情绪低落、感觉压力巨大、缺觉和在校表现较差等。研究人员尚不清楚，是智能手机本身还是手机应用程序导致使用者上瘾，但应提醒家长关注孩子使用手机的时间长短。

手机创造了许多浪漫爱情，同时也粉碎了许多亲密关系。一项

[①] 孙山：《成年国民手机接触时间最长 人均每天 84.87 分钟》，《中国青年报》2019 年 4 月 18 日。
[②] 此处统计的是用户在移动设备，比如手机、平板电脑上使用 App 的时间，并非所有的上网时间。

调查研究发现，每 20 名女性中就有 1 个说太喜欢智能手机了，晚上睡觉的时候也依偎着它们。研究调查了 3583 名超过 30 岁的女性使用手机的习惯，结果发现，76% 的被调查女性每个小时都要看下手机，一半的被调查女性必须时隔 15 分钟就查看下手机，69% 的被调查女性说在卧室时会把手机放在床上，39% 的被调查女性在浴室的时候也查看手机。调查显示，有 71% 的被调查女性回答说不愿意回到网络出现前的时代。①

波士顿咨询公司在 2015 年做过一项范围更大的调查，从 2014 年 9 月到 11 月，历时 2 个月，波士顿咨询公司的研究人员调查了美国、德国、巴西、韩国和印度等国家共计约 7500 名被调查者。调查发现，在性和手机二选一的问题上，近 1/3 的美国人表示，他们宁愿在一年内放弃性生活，而不是他们的智能手机。德国人也像美国人那样，愿意为了手机而放弃性。超过 3/5 的韩国人也做了同样的选择。而只有 1/4 的巴西人说自己愿意做出这样的选择。大约 2/3 的印度人表示，他们宁愿在一年中放弃每周两天周末中的一天，而不是自己的手机。②

在中国，当前的家庭聚会已不仅仅是人与人之间的相聚，反而更像是"人＋智能手机＋人"的聚集，人们围坐在一起，却纷纷低头摆弄手机，甚至推杯换盏、觥筹交错之际也难免被手机的震动打断。中国全国妇联、《婚姻与家庭》杂志社 2015 年 5 月 1 日发布的《中国家庭幸福指数与移动电子产品关系调查报告》显示，移动电子产品与家庭幸福指数息息相关，过度使用移动电子产品已成为影

---

① 《eMarketer：48% 的女性看待智能手机比性生活更重要》，199IT 网，2013 年 12 月 13 日。
② 《波士顿咨询：超 60% 的韩国人愿意为智能手机放弃一年性生活》，199it 网，2015 年 1 月 16 日。

响夫妻关系、亲子关系和个人健康的"大敌"。这次网络问卷调查，共有 31344 人参与。55.6% 的被调查者来自中国东部发达省市，平均年龄 28 岁，以大专和本科学历为主，已婚人士和单身群体基本各占一半。被调查者中，家庭月收入在 5000 元及以下的占 25%，5000 元至 10000 元的占 32%。

这次调查显示，每个家庭至少拥有一部智能手机，大多数家庭拥有 2~3 部智能手机，半数家庭拥有平板电脑，73.3% 的被调查者的智能手机 24 小时开机。调查还显示，与配偶相处时，人们难以放下手中的移动电子产品：47.2% 的受访者表示下班和另一半相处时，仍会使用智能手机或平板电脑；已婚人士中，60.1% 的受访者感到配偶玩手机或平板电脑的时间过长。陪伴配偶时使用移动电子产品的被调查者，婚姻幸福感显著低于陪伴配偶时不用或偶尔使用移动电子产品的被调查者。晚上玩移动电子产品的频率越高，婚姻满意度就越低。①

20 世纪末上映的好莱坞电影《美国派》里青年躁动的荷尔蒙，如今也被手机中和了许多。美国圣迭戈州立大学的心理学教授简·M.腾格发现，在现今这些没有父母陪同就不愿意出门的青少年心目中，无比吸引前几代年轻人的独立并没有什么分量。这个转变令人震惊：2015 年的美国高三学生比 2009 年的初二学生还不情愿外出，而这中间只隔了 6 年。如今的青少年也更少外出约会，在 2015 年，只有 56% 的高三学生外出约会，而婴儿潮一代和"X 世代"的这个数字是 85%。约会数量的减少也带来性行为的减少，数据显示，自 1991 年起，美国性生活活跃的青少年数量减少了 40%，"i 世代"

---

① 乔阳：《全国妇联呼吁每天关机一小时：多与家人相处》，《生活晨报》2015 年 5 月 6 日。

青少年平均第一次发生性行为的时间为高二春季,这比"X世代"晚了整整一年。青少年性行为减少对近年一些正面的趋势有所贡献:2016年,美国青少年生育率比1991年现代社会的顶点低了67%。[1]

---

[1] Jean M.Twenge,*Have Smartphones Destroyed a Generation?*,The Atlantic,September,2017.

平台的"救赎",时间的黑洞

人们如此离不开手机,以至于手机厂商和科技公司也开始出手"拯救"用户。2018 年 2 月,谷歌、脸书、Mozilla 等科技巨头的部分前员工,组成了非营利组织人文科技中心(Center for Humane Technology),并和 Common Sense 共同发起了"科技真相"(The Truth About Tech)运动,旨在"扭转数位时代产生的注意力危机,使技术与人类最大利益保持一致"。

2018 年,苹果首席执行官库克向媒体"吐槽",说出来他自己都不信,他发现甚至连他自己每天都会拿起手机"大约 200 次"。他说,"我原本以为我拿手机的次数不到这个数字的一半"。2018 年,苹果在发布 iOS 12 时,上线了屏幕时间的功能,苹果官网上这样介绍这一新功能:"屏幕使用时间可以协助您了解自己和孩子在 App、网站等内容中花费的时间。这样,您就可以更加明智地使用设备,并根据需要设置限额。"不过即便在开始注意到屏幕使用时间之后,库克后来还是会每天使用手机数小时,但是一个积极变化是,推送通知在减少,拿起手机查看的次数也在减少。

继苹果之后,谷歌也为安卓系统加入了屏幕时间管理功能,还推出了一整套"数字健康"计划。在 2018 年的 I/O 会议上,谷歌发布了新的工具来帮助用户管理他们的屏幕使用时间。安卓官网中写道:"在某些手机上,您可以查看自己的手机使用时间的相关信息

（例如，手机的解锁频率和各个应用的使用时间）。您可以参考这些信息，以更健康的方式使用数字产品（例如，您可以设置应用定时器以及设定显示屏明暗变化的时间）。"

不久，谷歌首席执行官桑达尔·皮查伊在2019年的年度信函中呼吁人们合理使用手机，他写道，谷歌设计产品的初衷是想为用户节省时间。他提到了谷歌翻译、Smart Compose等功能，有了这些工具，用户撰写邮件的速度会加快。"如果你需要，可以与技术切断联系，比如有了WindDown之类的数字健康功能，晚上可以提醒用户早点睡觉，有了FamilyLink，你可以管理孩子使用屏幕的时间。"[1] 谷歌移动服务（GMS）协议显示，该公司现在要求所有在2019年9月3日之后发布或升级到Android Pie或Android 10的设备都要有"数字健康"解决方案。

尽管如此，人们的在线时间仍在不断延长。由社交媒体管理平台"互随"（Hootsuite）和数字营销机构"我们擅长社交"（We Are Social）公司创建的《数字2019》报告发现，全球网民平均每天上网时间为6小时42分钟，其中一个有趣的趋势是，在网上花时间最长的互联网用户主要来自发展中国家和中等收入国家。

根据《数字2019》报告，菲律宾人以平均每天上网时间多达10小时零2分钟拔得头筹，巴西网民以9小时29分钟的互联网使用时长位居第二，之后是泰国（9小时11分钟）、哥伦比亚（9小时）和印度尼西亚（8小时36分钟），美国人的平均上网时间为6小时31分钟，而中国是5小时52分钟，英国是5小时46分钟。在受调查的国家中，日本人的上网时间最少，平均每天只有3小时45分钟。

---

[1] 德克:《谷歌CEO发表年度信件：我们想帮你！》，新浪科技，2019年6月20日。

毫不令人意外的是，社交媒体占据了人们上网的大量时间。在菲律宾，人们平均每天在社交媒体上花费 4 小时 12 分钟，而全球平均为 2 小时 16 分钟。同样，社交媒体使用率最低的是日本，日本人平均每天只花费 36 分钟浏览网页，对社交媒体和社交平台的依赖程度远低于其他国家。

在线时间延长并不一定代表大规模的网络成瘾。伦敦政治经济学院媒体与传播系教授索尼娅·利文斯通认为，在互联网上花费大量时间，可能反映出的是"政府或社会在多大程度上实现了网络化"，例如预约系统、旅行信息、上下班打卡以及雇员与雇主之间的沟通等。而且，现在许多人的工作完全是在网上完成的，有些甚至必须在 App 上进行。

风险投资基金 KPCB 的《2018 年互联网趋势报告》统计发现，2017 年，平均每个成年人每天在数字媒体上花费的时间长达 5.9 个小时，是 10 年前的两倍。其中 3.3 个小时来自移动端，包括手机和平板电脑。人们使用移动设备的时间增加非常显著，而在 2008 年，这一数字只有 0.3 个小时。KPCB 的报告说，移动互联网消耗时间最多的分别是社交网络、视频和游戏。2018 年中国网民用于移动互联网媒体娱乐的总时长比上一年增长了 22%。

不过，也有些大人物对手机有着惊人的克制力。知名投资人沃伦·巴菲特曾说过，"当时我去了加利福尼亚，蒂姆·库克非常耐心地花了几个小时试图让我玩转他们的全新 iPhone……当我走出去时，我转向蒂姆，然后说，'对了，什么是应用程序？'"言下之意，库克几个小时的"耐心指导"并没有收到效果。不过在采访中，巴菲特也对库克表达了赞扬，他说："这是有史以来最伟大的经理人之一，他的生意真是令人难以置信。""他被低估了一段时间，但现在他的真实面目被人们看到了。"①

全球畅销书《人类简史》的作者尤瓦尔·赫拉利,是一位对全球历史和未来侃侃而谈的学者,他最近几年几乎都不使用智能手机。2018 年,赫拉利来中国时曾对媒体说,"太占用时间了……不过我老公用智能手机的!"②在中国的一次公开演讲中,有读者问他:"面对这些挑战和惨淡的未来时,我们这些普通的民众,到底应该做什么?"赫拉利回答说:"你应当少接收一些信息。"

是否在校园禁用手机曾在各地引发了争议。据 BBC 报道,英国超过 90% 的在校中学生拥有手机。伦敦经济学院于 2015 年在调查了英格兰四座城市的学校后发现,禁用手机的学校的学生成绩,比不禁用手机的学校高出 6% 以上。研究者波兰德和莫菲表示,这项措施尤其有利于提高来自低收入家庭和学习较差学生的成绩,因为尽管现代智能手机里搭载的高科技颇有益处,但同时也会造成课堂走思、学习效率低下的后果。这次调研还发现:"越是来自低收入家庭而且成绩越差的同学,就越容易受到手机的影响而上课走思。"越是学习好的同学,"受手机影响的可能性反而越小"。③

法国则走得更远,已经着手立法禁止手机进入校园。法国国民议会在 2018 年 8 月通过法案,禁止幼儿园、小学和初中学生在校园内使用手机。法案规定,除残障学生特殊需要、校外活动或教学目的外,3～15 岁的学生在教学活动中不得使用手机、平板电脑及智能手表等可联网的通信设备,高中学生可自愿执行全部或部分禁令。该法案于 2018 年 9 月正式生效。法案还将为学校限定使用手机

---

① 汐元:《巴菲特:库克曾花好几个小时教我用 iPhone,但收效甚微》,it 之家,2020 年 5 月 1 日。
② 金姬:《写〈未来简史〉的人 不用智能手机,靠冥想》,《新民周刊》2018 年 11 月 30 日。
③ 孙晨:《禁用手机 "提高学校考试成绩"》,BBC 中国网,2015 年 5 月 17 日。

的场所及没收手机等行为提供法律依据。有调查数据显示，法国的未成年人通常从 10~11 岁起就拥有了自己的手机。另据 2016 年的一项统计，法国 12~17 岁的学生中，93% 的人配备了手机，而校内 30%~40% 的处罚均与上课期间使用智能手机相关。①

但这一措施如何落实却是一个大问题。此前，法国在 2010 年颁布的《教育法》中规定，禁止幼儿园、小学和初中学生在教学活动期间或在学校有规定的地方使用手机。虽然法国政府 2010 年就把校园手机禁令写入《教育法》，但执行的效果并不太理想。法国教育机构工会主席菲利普·图尔尼耶援引民调结果称，30%~40% 的学生没有这么做。课堂上，他们一直在偷偷使用手机收发短信、互相拍照，甚至考试的时候还用它来收发信息作弊。新法实施意味着，数十万名法国中小学生不论年龄大小都要等待严格检查，届时所有拿着手机的学生，在进入校门时，就不得不和自己的手机分开。在全法国手机普及率达 80% 的今天，此项政策引起了家长联盟与教师工会的热议。

---

① 葛文博：《法国将禁止中小学生在校园内使用手机》，《人民日报》2018 年 8 月 29 日。

"离线"乌托邦，回不去的"不插电"生活

普通人真有可能抛下手机，回到"离线""不插电"的生活吗？在过去几年，一些离线、断网实验，试图给出答案。

2016 年 3 月，《时尚先生 Esquire》实验室与腾讯新闻联合发起了"黑镜实验"，该实验要求自愿参与实验者屏蔽包括手机在内的一切电子屏幕，脱离互联网，并将自己的生活在腾讯网 7×24 小时向公众直播。时任《时尚先生 Esquire》主编李海鹏解释进行这场实验的初衷："我们希望能够通过这个实验找到一个答案，脱离屏幕人到底是一种什么样的感受，是愉快的还是不舒适的？从而发现某种本质性的人生感受，这也是最重要的。"

"黑镜实验"要求打造一个完全脱离电子屏幕的环境。实验为期一周（24 小时 ×7 天），周期内室内（家/办公室）可接触到的一切电子屏幕必须 24 小时保持电源切断状态，包括但不限于智能手机、iPad、电视、电脑、kindle 等所有有电子屏的视听设备和家用电器。室外活动必须尽最大可能回避进入视线的电子屏幕（如街头电子屏广告、地铁电视等），必要时拿眼罩遮挡。进入"黑镜实验"前，实验参与者被允许列出自己需要的"鲁滨孙清单"，挑选陪伴自己度过 7 天"黑镜荒岛"的物品。唯一被允许使用的电子设备是一部由实验室提供的老式黑白屏手机。实验参与者在实验期间一旦接触到电子屏幕，实验即刻终止，并宣告失败。

第一期实验者是著名编剧、策划人史航，他描述自己是"恨不得把手机植入身体"的重度网络依赖症患者。他将在位于北京的家里，与他的 11 只猫一同完成实验。史航的"鲁滨孙清单"是一部字典、一本修心日历、一个香炉和一些香、一个笔记本、一本字帖、一支钢笔、一部黑白屏旧手机、若干信封和信纸、一支录音笔。这七天里，他写信、读诗、逗猫、出门聊剧本，当然也有无聊和焦躁的时候——清明节当天他宅在家里，不停地整理书架。有一天晚上，在例行回答网友提问的"树洞时间"里，有人问他有没有认真思考人类和电子产品的边界在哪里，他说："唉，朋友，你多大了？还把自己凌驾于人类之上思考？人类一思考，上帝就发笑，你让我思考，我会被别人笑的。"

实验结束后，史航曾对媒体说，那 7 天他最大的一个感受是，"每天晚上临睡前有了两三个小时的时间，是以前没有的，可以用来专心地读书，而不是刷微博。我本来跟这个世界也不是联系很紧，所以脱节不脱节的感觉不明显"。而这个经历也让他的生活产生了一些改变："我会更多地猜测我在乎的人或者我喜欢的人在做什么，因为我无法直接去问他们在吗，忙啥呢。我不能评价这是好或坏，你说我们接触一个人，可以打电话，可以看照片，我不知道哪一种是更好的接触，我只能说这种不行我就换另一种，我不能停止接触。实验结束之后，微博会刷得少一点，依然作为摘抄和分享的工具，直接跟人家过招的时候会少，因为毕竟会词穷，也毕竟会乏味。"①

"黑镜实验"是最近十年影响力比较大的一次实验。同一年，美国知名电商网站 eBay 也进行了一个实验，测试用户在没有手机 App

---

① 王皎：《猫奴、话痨和网瘾史航：我想任性地度过一生》，《青年周刊》2016 年 5 月 11 日。

可用的情况下会怎么样。

eBay 从员工中邀请了 200 名重度依赖智能手机的用户来进行实验，测试为期 4 日，这期间，他们被禁止使用 4 种软件：社交网络 App、照片共享 App、导航 App 及天气 App。测试结果显示，1/3 的人表示难以度过这 4 天，甚至有人不使用 App 就像戒烟一样困难。这次测试还调查了禁止使用 App 对心情的影响，结果发现，没有 App 使用时，有用户表示自己有时会感觉无法掌握情况；有人感觉自己"赤裸裸，没有安全感"；有人感觉在这 4 天里像完全与外界隔绝。而重新使用 App 后，55% 的人感觉更开心；40% 的人认为自己的工作效率更高；39% 的人心情更平静；32% 的人不再感到沮丧。①

两年后的 2018 年，好奇心日报组织设计了一个为期 7 天的实验，他们邀请了 4 名记者在 7 天内，以 iOS 12 屏幕时间管理工具作为主要的测试工具，自己选择各种办法减少对手机的依赖。具体的规则是，7 天实验开始前，实验者分别统计自己的手机使用时长、拿起手机的频率，并且找到自己需要解决的问题。最终的目的是在 1 周后显著减少使用手机的时间，方法不限。

7 天之后，一名实验者表示，实验前他每天使用手机 6 小时，使用期间平均每 4 分钟拿起一次手机；实验后每天使用手机 4 小时，使用期间平均每 6 分钟拿起一次手机。在实验开始的第一天，他卸载了包括豆瓣和照片墙在内的社交应用。"接下来几天我并没有感到太多不适，就好像关闭了朋友圈你还是会点'发现'最上方的按钮，'上瘾'症状发作的我也会在写稿间隙打开豆瓣原来所在的位置，然后才意识到那里没有这个应用了。"但另一个坏消息是，参与实验期

---

① 卡路士：《eBay 员工实验！禁用手机 App 4 天之后》，《流动日报》2013 年 7 月 11 日。

间，他发现自己每天使用 iPad 的时间也在 3 个小时左右，基本抵消了在手机社交网络上所做的努力。其中消耗时间最长的是与视频有关的应用，如奈飞和人人影视。"睡前我会看几集美剧，所以时间还挺长的。"他说。

另一名实验者报告称：实验前他每天使用手机 6 小时 48 分钟，使用期间平均每 2 分钟拿起一次手机；实验后每天使用手机 5 小时 20 分钟，平均 1.32 分钟拿起一次手机。"这期间我没有对刷朋友圈上瘾，也没有因为不能刷朋友圈而感到焦虑、空虚，只是每次习惯性地想刷刷朋友圈时，发现微信'发现'的第一栏已经变成了'扫一扫'，没有了朋友圈入口。没有就没有了吧，反正刷一刷也不会有什么收获，我是这样想的。除此以外，生活一切照旧。但我最终只坚持了 4 天，周二因为发了条朋友圈，把朋友圈入口打开了，之后就没有再关上了。原因是我这一周处于休假状态，对时间的利用要求没有工作时那么高，会比工作时更关心朋友在做什么，想了想，还是把朋友圈打开吧。"

从实验的总情况来看，每一名实验者都在手机使用时间、拿起手机频次上有了显著改善。但这并不意味着实验者摆脱了手机的控制，也不意味着生活更美好。

越来越多的人发现，网络就像空气、水、食物一样成了我们日常生活密不可分的一部分，但网络真的是人类的刚需吗？深圳的一名 90 后视频制作人朱思达每天使用手机超过 8 小时，带着"网络给我带来了什么，又让我失去了什么"的思考，他在 2019 年做了一次断网实验，并把这段经历剪辑成一部名为《断网 48 小时》的纪录片放到了网络上。

进行断网实验的第一天上午，朱思达先是买了部诺基亚功能机，准备了 500 元现钞。在地铁上，他很快就感受到了没有网络的焦虑，半个小时车程过去看三条短视频就能打发，这次让他度日如年，但好处是不会坐过站。第二天早上他打开手机，没有任何应用的推送通知，也没有了赖床的理由，生活仿佛变得简单了许多，但也没法及时知道昨晚足球比赛的结果，看不到朋友圈动态，由于家里的电视机也是联网的，于是电视也看不了。朱思达忽然不知道该如何打发时间，于是下午又驾车约几个朋友见面，由于没有地图导航，他还绕道了。晚上，他决定去家里楼下的生态公园玩滑板，虽然在这里住了两年，但这还是他第一次来到这个公园。经过两天的断网实验，朱思达发现，断网无法缓解自己的焦虑，同时他意识到"网络给我的生活带来了巨大的便利，我们或许无法逃脱网络，但还是要时刻保持清醒"。

截至 2020 年 6 月末，朱思达的断网纪录片在视频网站哔哩哔哩上，有 1.5 万次的点击量，89 条留言。一位名为"雪女 De 庇护"的网友留言说，"现在的生活越来越离不开手机，既然无法逃离，那么可以培养自己的自律性和信息筛选能力。减少看段子看短视频的欲望，把这些欲望转换成看自己感兴趣的东西，比如科学短视频、趣味科普视频等。手机越来越黏手，比起'放下手机你能体会更好的生活'这种主观道德绑架，不如多思考规划使用手机的方式，防止被手机玩而不是玩手机"。

艺术家们也在思考这个问题。2017 年夏天，音乐人陈鸿宇在自己的家乡内蒙古额尔古纳的草原上盖了一座通体黑色的立方体建筑，并命名为"众方纪"，用来体验独处——一个人、不带手机、不会见客人，就那么待着，看看能与时间发生什么样的化学反应。

"众方纪"在微博是这样介绍的，这将是一次你与我们共同完成的公共艺术项目，它以"失联"的方式存在，却恰恰讨论"关系"，与他人、万物和自己；同时这也是一次浪漫主义式的迎向自我的冒险，是一次脱轨、一段失序。它将会给你带来什么？我们满怀激动和谦卑。请仔细阅读长图，我们在此静候，孤独而美妙的一切，等你开启。

2019年年底，"众方纪"落成后，陈鸿宇邀请仅有一面之缘的民谣歌手张玮玮入住。没有手机、没有社交，甚至没有进食的张玮玮，独自在小黑屋里与世隔绝了三天三夜。

"我不知道陈鸿宇为什么会邀请我，但他没找错人，收到信息后我立刻就答应了。"张玮玮在一篇文章中回忆这段经历。住在"众方纪"的三个日夜里，草原彻夜不息的风声让他又回到了西北的冬天，回到18年前他到中俄边境买手风琴的日子："2001年的秋天，我曾经去过呼伦贝尔草原。当年接待我的海拉尔朋友，早已失联多年，我连他长什么样儿都想不起来了……2019年的秋天，我又站在了海拉尔的街上，它已经变成了中国的又一个复刻城市。18年转眼就过去了，当年我那么想有台好手风琴，现在家里的意大利琴却落满了灰尘。你曾经渴望的会成为困住你的，生活用它的手法完成了一个循环。"

张玮玮这样描述自己进入"众方纪"的感受："站在房间里我突然有些不知所措，这黑房子的情境感太强了，我像上错舞台的演员一样，入戏出戏都不是……这三天谁都不会进来，我将独享这片草场……第二天醒来正是日出，我喝了杯咖啡就出去了。从'众方纪'到草场东边的边界，有条盖房子时货车留下的小路，我就顺着那条路跑步。朝东跑的时候迎着日出，往回跑的时候迎着'众方纪'，像是在现实和超现实之间切换……外面在刮风，草原上的风来势汹汹，从下午就一直盘旋在屋顶上，发出凄厉的哨声……房间里空空的，大脑里也是空空的，我觉得自己就像个不停换台的收音机，终于固定在一个频道上了……傍晚风停了，我坐在'众方纪'门口，草原上特别安详……最后一天上午，我写完了南极的冒险故事，这三天我竟然手写了一万两千字……我到厨房，拿出牵挂了三天的饺子，放进了滚水里。三天来的第一顿饭，饺子进嘴的时候，真是好吃哭了。"

离开"众方纪"后，张玮玮给陈鸿宇发了条信息："什么都会让你烦恼，干燥的午后，苍蝇在飞，风声在窗外呼啸。一切都没有改变，我们还是纷乱的人类，并不是手机让我们纷乱，手机只是迎合了我们的纷乱。"[1]

还有的断网实验只是定向戒除、不使用一些超级科技巨头所提供的服务，转而采用第三方的开源服务作为替代，这和当下流行的Web 3.0[2]浪潮多有交合。美国科技媒体 VICE 的新闻编辑丹尼尔·奥伯豪斯曾尝试过一次行动，在6个月内摆脱所谓的"五大"科技巨头的任何服务或产品，即完全不使用亚马逊、苹果、脸书、谷歌和微软，而使用开源或独立软件。他这么做的原因，只是不想再被大科技公司薅羊毛："五大巨头中，除了微软和苹果，其他几家的财富并不是通过销售广受欢迎的产品来建立的，而是通过收集大量的用户数据来更有效地向我们兜售商品。与此同时，这些数据也遭到

---

[1] 张玮玮：《住进陈鸿宇家草场的三天三夜》，澎湃新闻，2020年6月20日。
[2] Web 3.0，即第三代互联网，是由 DLT（分布式账本技术）支援、基于区块链的去中心化的网络世界，也将是驱动元宇宙的基础建设技术。与 Web 2.0 相比，Web 3.0 世界的拥趸们更强调网络的主导权在用户而非平台手上，他们主张所有权及掌控权均是去中心化的，建设者和用户都可持有 NFT 等代币而享有特定网络服务。但 Web 3.0 能否在可见的将来成为主流，仍是个未知数。

了滥用。对于大多数人来说，放弃自己的数据被视为拥抱便利的代价——毕竟谷歌和脸书是'免费'使用的。"[1]

丹尼尔先是把手机更换为 Galaxy S3，并成功刷机，用 Sailfish OS 取代安卓系统。在剑桥分析公司（Cambridge Analytica）丑闻之后，丹尼尔就删除了他的脸书账号。在为了此次实验而告别的所有公司中，脸书及其子公司是最容易放下的一家；告别苹果也相对容易，丹尼尔一生中只有过两个苹果的产品，一个是 120G 的老式 iPod 经典款，另一个是他在 2010 年买的 iPhone 4，一年半以后他就换成了安卓手机，而且再也没有换回去。他不喜欢苹果的原因在于，一方面他在 Windows 的环境中长大，不喜欢学习新的操作系统；另一方面，随着年龄的增长，他还发现苹果设备生态系统的"围墙花园"方式犯了众怒，此外，他觉得苹果产品售价过高。

在开始此次实验的时候，丹尼尔有一个亚马逊的高级会员账号，但实际上他只用亚马逊定期购买三种东西：书、猫粮和猫砂。在此次实验期间，丹尼尔决定去附近的宠物商店购买这些货物，但将它们从几个街区外搬回家让他累得够呛，更糟糕的是，线下宠物商店的同款猫粮价格是亚马逊的两倍多。之后，丹尼尔还是回到了线上，从 Chewy 等网站上购买需要的宠物用品。有一天，丹尼尔想制作一种需要松子的点心，他发现家附近的三家杂货店都没有卖，只有一家被亚马逊收购的全食超市有高价松子卖。于是，丹尼尔意识到，虽然去当地的商店购物，或去其他网购平台是告别亚马逊的一种选择，但有些亚马逊的子公司更难以替代，因为它们是独一无二的。

---

[1] Daniel Oberhaus：*How I Quit Apple, Microsoft, Google, Facebook, and Amazon*, VICE, December 14, 2018.

丹尼尔第一次见到微软的系统，还是 5 岁那年，Windows 95 的开机画面深深地留在他的脑海之中。在此次实验之前，丹尼尔使用 Linux 的唯一经验是建立一个加密货币挖掘平台，运行一个专门为挖矿而设计的名为 EthOS 的自定义操作系统，但他基本就是一个菜鸟。实验期间，他在笔记本电脑和台式机上运行 Linux 还比较顺利，但对于绝大多数习惯了图形界面的用户来说，使用 Linux 并不容易，"Linux 违反了让人们使用科技的第一条规则：它根本不应该让你觉得你在使用科技"。除了最初使用终端的痛苦外，丹尼尔使用 Ubuntu 的 Linux 体验非常愉快：Windows 系统上的所有程序你都可以找到开源软件来代替。例如，LibreOffice 可以完美地代替 Word、Excel 和 Powerpoint；GIMP 可以替代 Adobe Photoshop 进行业余的照片编辑；Pidgin 是一款出色的即时通信应用程序。

对丹尼尔来说，谷歌是最难摆脱的公司，因此它也是最有必要摆脱的一个：在他个人的生活和工作中，从安卓系统、文档、日历、服务器到云盘、地图、浏览器、安全软件，几乎一切都依赖谷歌的产品。最后，丹尼尔用 Protonmail 取代 Gmail 的邮箱服务，但替换谷歌云盘则颇费周折，他只能将就使用 Piratepad 的文档，然而，每当他"尝试将 Piratepad 中的文章复制到 VICE 的内容管理系统时，格式就完全变了，所以重新格式化文章会造成发布工作的延迟"。用 MapQuest 取代谷歌地图的日子也是一片混乱，他骑着自行车走了很多弯路，因为 MapQuest 无法告诉他哪条街道有自行车道。放弃 Chrome 比任何事情都更令丹尼尔烦恼，替代品 Firefox 也不尽如人意。他还使用 DuckDuckGo 取代谷歌搜索，前者是 TOR 网络的默认搜索引擎。"虽然我很欣赏这些功能，但是我会情不自禁地拿它和谷歌作比较，结果却发现搜索结果质量显著下降。"丹尼尔也不得不暂别 YouTube，转用 Hooktube，在使用 HookTube 的时候，用户不会经过谷歌的服务器，也不会给 YouTube 贡献视频观看次数，或看到任何广告。

当 6 个月的时间结束后，丹尼尔立即恢复了几乎所有谷歌产品的使用。这主要是他作为记者的工作性质所致，他需要访问公司的 Gmail 账号，并通过谷歌文档与同事合作写文章。在个人生活中，他也仍然在继续使用谷歌地图、谷歌云端硬盘和谷歌搜索，但尽量把个人搜索限制在 DuckDuckGo 中。他也继续使用 Linux 系统，但仍然在为 Windows 10 付费；至于亚马逊，他有时仍然使用，但终止了高级会员，并尽可能地在本地商店或其他网站购物，生活质量没有受到影响。现在，丹尼尔仍继续停用脸书，同时也关闭了个人的推特账号，"脱离了社交媒体，我的压力更小了，而且也有了更多的空闲时间。我宁愿把时间花在读书和我喜欢的兴趣爱好上，而不愿意无休止地滚动屏幕"。

不过，丹尼尔认为，从某种意义上看，此次实验失败了，因为他必须在实验期间妥协，例如访问托管在亚马逊云科技上的网站或使用 AOKP 版本的安卓系统而不是 Sailfish。"很难说此次实验可否扩展成为可持续的方式。这次的成功主要在于我可以利用开源软件来代替五大科技巨头提供的所有服务，失败之处则在于它带来了略微的不便，并经常导致仍然使用五大科技巨头服务的其他人的负担加重，比如我的编辑。"

全然抵制手机，做一个数字时代的"义和团式"用户固然不可行，但如何平衡好线上和线下生活依然需要我们去探索。人类的智慧不只体现在科技发明上，更应体现在把握好与科技的和谐相处上。

第 4 章 "唯我": 现代人的自恋密码

支配数字交流的并不是博爱,而是自恋。数字技术不是博爱的技术,它更多地表现为一种自恋的自我机器。毕竟自恋者们上网并不热衷于扩大视野,与他人建立真正的关系。

——韩炳哲[1]

---

[1] 韩裔德国哲学家,曾先后任教于巴塞尔大学和卡尔斯鲁厄建筑与艺术大学,近年来颇为多产,连年出版有《爱欲之死》《在群中》《精神政治学》等批判哲学小册子,是当下哲学家中少有的对数字社会进行系统性批判的学者。

从模糊的"我们"到大写的"我"

互联网原本为连接而生,却在无意中帮助网民打造了一个更清晰的"我",而"我们"则成了一个说不清的概念。

1985年,美国音乐排行榜 Billboard Top 100 排名第一的歌曲是《我们是世界》。20多年后,世界已经大不同,2007年,内尔·富尔塔多演唱的《献给我》(*Give It to Me*)成为当年的榜首。

美国肯塔基大学的心理学教授分析了 1980—2007 年的热门歌曲,发现表达自我的歌曲的歌词与社会上越来越多的自恋存在关联。

流行乐坛之变也折射了时代心理之变。心理学一般认为,个人主义和单数的第一人称(我、我的)相关,集体主义则与复数的第一人称(我们、我们的)相关。个人主义强调个体的能动性和独立的自我建构,而集体主义则更强调个体与他人之间的关系和互依的自我建构,因此,两类代词的使用频率经常被用来当作研究个人主义和集体主义取向的工具。

除此之外,还有许多指标显示,过去几十年来,随着全球化的推进,美国对个人价值的推崇也在加速外溢和扩张,全球范围内都存在一种个人主义上升、集体主义下降的趋势。这种趋势同时存在于传统的集体主义和个人主义国家,同时表现在集体水平和个体水平,以及各种不同的心理现象和过程中。

个人主义强调个体的独特性,这一点从许多国家的父母更愿意给自己的孩子起个标新立异的名字可以看出来。

美国圣迭戈州立大学心理学教授简·M. 腾格在2010年进行的一项研究发现，在1880—2007年出生的3.25亿名美国新生儿的名字中，常用人名自1950年以来逐渐减少。例如，1950年，30%的男孩会使用十大常用名字，而2007年，只有不足10%的男孩使用。

腾格指出，人们取独一无二名字的方法五花八门，利用普通名字的拼写起独特的名字就是其中一种。例如，在美国，很流行的名字"Jaxson"，原本来自50大常用名字，但却使用一种非同寻常的拼写，而在英国，给孩子起一个由两部分组成的复合名字则成为时尚。

这种趋势似乎并不限于盎格鲁-撒克逊文化圈。另一项研究中，研究者分析了一个德国城市中孩子的取名情况。他们发现，1894年，32%的名字独一无二，即它们在样本中没有重名。到了1994年，77%的样本在当年独一无二。

日本的一项研究发现，2004—2013年出生的孩子，其父母会将传统汉字和不常见的发音组合起来为他们取名。在过去，日本人命名基本用汉字。女名常用与衣服有关的字，如绢代、绫子、香织等。

清华大数据产业联合会发起的《2016大数据"看"中国父母最爱给宝宝取什么名》的报告显示，二十世纪五六十年代出生的中国人，叫建国、建军、建业的比较多，这反映出那个时代强烈的集体意识。二十世纪七八十年代出生的一代人，重名最多的名字是：张伟、王伟、王芳、李伟、李娜、李静、王静、刘伟。而2016年新生儿中最常见的男婴名字变成了：浩然、子轩、皓轩、宇轩、浩宇。这份报告发现，流行文化、影视剧对中国年轻父母给新生儿起名的影响不容小觑。2015年引人注目的起名现象，还有"若曦同款"。女孩百名榜中，排名第14位的若曦、第20位的若溪、第26位的若熙、第 94 位的若汐,都让人联想起当年的热播剧《步步惊心》中的女主角之名"若曦"。而 2015 年最大的黑马名"诺伊",则备受同期综艺节目《爸爸去哪儿 3》的影响。2014 年,这个名字还仅仅处于女孩名榜第 2489 位,2015 年就一跃上升到第 95 位。

兰卡斯特大学社会学家简·皮尔彻认为,"名字是我们身份的核心标志,它还关乎重要的法律身份,决定着国家和政府怎样识别我们,名字也是我们社会文化认同的一个组成部分。它们还是我们的性别、种族等方面的标志。美国文化越来越倾向于个人主义,父母希望给孩子取的名字能帮助他们脱颖而出,这意味着独一无二的名字更多,常用名更少"。日本和德国的研究人员也都得出类似的结论:我们都想与众不同。

今天,个人主义兴起已是一种全球性现象。和传统的集体主义社会相比,在当今社会,人们更可能离婚、独居或拥有小的家庭;更可能拥有一个独特的名字,使用"我"和"我的"等第一人称单数代词;更可能拥有个人主义的价值观(比如独立和自主),更多个人主义的人格特征(比如自恋),更少集体主义的人格特征(比如同情);更可能通过尝试错误的方式学习,表现出抽象的、非情境化的思维而不是具体的、依赖于情境的思维;更可能接受新事物、新观念,拥有更多私有的而非集体的自我知识;更可能表现出世俗和非服从的行为;更可能脱离宗教、做出非常规的行为;更可能把自主和独立作为养育孩子的目标;更可能体验到负性消极情感并把情感寄托于个人因素而非外在环境因素等。

腾格等人曾对谷歌数据库中美国的出版书籍进行分析,发现 1960—2008 年,书中第一人称单数的使用频率上升,而第一人称复数的使用频率则在下降;1984—2005 年,挪威报纸上第一人称单数代词的使用在增加。国内学者分析了谷歌数据库中 9 种语言的图书资料，发现其中 8 种语言（美国英语、中文、法文、德文、希伯来文、西班牙文、俄文、意大利文）的图书中第一人称单数代词的使用量在增加；有的学者研究了中国 20 世纪 70 年代以来流行歌曲的歌词中两类第一人称代词的变化，也发现了类似的现象。

来自滑铁卢大学的亨利·C.桑托斯通过大数据的方式，对世界范围内 78 个国家的民众 1960—2011 年的个人主义倾向变化展开了调查，结果发现，在全世界范围内，无论是行为表现还是价值观，个人主义的倾向都增长了 12%。[1]

具体来说，行为表现包括居住房子大小、是否单独居住、是否离婚等，而价值观包括朋友和家人的重要性、孩子独立性、自我表现偏好等。以往研究发现：个人主义的人，在行为表现上，倾向于居住小房子、一个人住、会选择离婚；在价值观上，倾向于不重视朋友和家人、喜欢教孩子独立、喜欢自我表现。根据这些内容，研究者得到了个人主义的两种指标，即行为表现和价值观，一个人在这两方面的表现越符合，就越倾向于个人主义。

但席卷全球的新冠肺炎疫情会让人们意识到集体主义的重要性。限制人们与群体外的人联系，这在一定程度上降低了感染疾病的可能性，而且那些居住在感染性疾病多发地区的人们更倾向于集体意识。

新冠肺炎疫情肆虐时，国人的态度出现了许多转变，他们更清楚地意识到他人的贡献。荷兰民意调查机构 Glocalities 于 2020 年 1~3

---

[1] Santos, H. C., Varnum, M. E., & Grossmann, I.（2017）. *Global Increases in Individualism*. Psychological Science.

月通过线上问卷的形式进行了抽样调查，结果发现：人们更加重视礼节；更多人认为个人主义行为是不可接受的；对秩序和结构的渴望更大；对教育和机构的信任与日俱增；更懂得感谢他人的奉献。Glocalities 研究总监兰伯特发现，新冠肺炎疫情的肆虐造成的伤痛可能导致全球民众重新调整态度。他说："在孤立的时代，人们更珍视同胞，尤其是那些在这场危机中身处前线奋斗的人们。这种模式很可能是普遍的，适用于大多数受影响的国家。"[①]

英国剑桥大学公共政策教授戴安娜·科伊尔题在世界报业辛迪加网站发表的一篇文章中提到，"人类从来就不是原子化的个体，而是社会性的存在，每一个决定都影响他人。而今，新冠肺炎疫情鞭辟入里地说明了这个基本道理：我们每个人都要为自身举止对他人构成的感染风险承担道义责任"。[②]

[①] 邹宗翰、杨威廉：《调查：疫情让中国人民更感恩》，德国之声中文网，2020 年 3 月 24 日。
[②] 《英国专家文章：新冠疫情与个人主义的终结》，参考消息网，2020 年 5 月 7 日。

自恋大流行，是浮夸的开始

个体主义的流行必然会强化人们的自我关注，但是否会导致普遍的自恋呢？

"美国文化对于自我欣赏的关注，已经导致整个社会开始逃离现实，去追求浮夸的幻想。"简·M.腾格和基斯·坎贝尔在其合著的《自恋时代》[①]一书中断言，美国的自尊文化存在巨大缺陷，在这种文化中，父母称赞每个孩子都是"特殊的"，其结果是，自恋作为一种流行病正在扩散。

2008年，腾格和坎贝尔对3.7万名大学生使用自恋人格量表（NPI）进行自恋分析，他们还对比了1982年时的类似调查结果，发现自恋型人格特质的增长速度同肥胖症不相上下，其中女性的自恋情况增长尤其明显，而大学生的自恋分数明显提高，比20世纪70年代的平均值高出30%，那些认为自己领导力超常、对自身智力的自信心和社会自信心超常的学生人数增长比例也很大。

自恋人格量表由加州大学伯克利分校人格评估与研究中心的罗伯特·瑞斯金和霍华德·特里在20世纪80年代编列，最常见的形式就是给出40组自恋与非自恋的陈述，要求测试者选择与自身最为相符的选项。当然测试者事先并未被告知这是一项测量自恋程度的

[①] Jean M.Twenge & W.Keith Campbell, *The Narcissism Epidemic: Living in the Age of Entitlement*, Atria Books.

测试。腾格曾经对媒体说:"人们普遍认为自尊是成功的关键,但事实并非如此。然而,年轻人完全相信,要取得成功,他们必须相信自己或一路自恋。"①

无论如何,腾格和坎贝尔的研究把自恋这样一个重要的社会现象变成了一场公众热点。

英文中的"自恋"(Narcissism)一词源自希腊神话人物那喀索斯(Narcissus)。按照柯林斯英语大词典的释义,自恋是对自己有着超乎寻常的关注、欣赏和爱慕,尤其是在外貌体态上。

在古希腊神话中,河神刻菲索斯娶了水泽神女利里俄珀为妻,生下一子名叫那喀索斯,神启示说"不可使他认识自己"。那喀索斯长到十六岁时,成了一个翩翩美少年,但他并不知道自己的模样。一天他到林中打猎,在一片清澈的湖水中看见了自己的影子,他竟然看上了倒影中的那个人。于是,他在湖边流连,频频望着湖中的影子,茶饭不思,过了一天又一天。他不吃也不喝,痛苦异常,最后死在水畔。

和那喀索斯一样,自恋的人满脑子想的都是自己,自以为是,爱吹牛,只喜欢倾听自己的声音,或者自认为是个传奇人物。腾格和坎贝尔在书中写到,许多自以为是的混蛋都是自恋者,还有不少看似圆滑、光鲜、迷人的人也是以自我为中心的、不诚实的自恋者。

许多研究和新闻报道也指向了腾格和坎贝尔的发现并非孤例。心理学家纳森博士和他的研究团队发现,自 20 世纪 80 年代以来,"流行音乐当中有大量自恋倾向和敌对意识"。心理学家肖恩·伯格曼发现,"千禧年代出生的人群当中,自恋倾向要高于历史上任何一

---

① Douglas Quenqua, *Seeing Narcissists Everywhere*, The New York Times, Aug. 5, 2013.

代人"。斯坦福大学精神病学和行为科学临床教授、《虚拟的你：电子人格的危险力量》一书的作者埃利亚斯·阿布–贾乌德说："过去被认为是自恋、虚荣和以自我为中心的行为，现在已成为社会的指导准则。"

研究表明，家境、学历更好的人确实更容易有自恋倾向。英国贝尔法斯特女王大学的研究人员发起了一项国际合作研究，他们从三所意大利学校选出340名成人学生参与调查，这340名大学生和他们的439名家庭成员分别填写了一份关于自恋、生活满意度、性格特质的问卷。结果显示，相比年长者，在青少年和年轻群体中，自恋与生活满意度的关系更大，特别是在26岁以下的受访者中，自恋者的生活满意度和幸福感都更高。

俄亥俄州立大学的组织和领导领域的心理学家表示，有些研究指出自恋是天生的，有些则表示，父母的行为、家庭收入水平，以及工作中发生的事都可能促成自恋。那些出生在社会经济地位高和高收入家庭中的人往往更容易自恋。而且，在这些家庭里，父母会倾向于过度鼓励孩子自信，因而导致自恋。

尽管腾格和坎贝尔的研究在美国仍然存在争议，比如克拉克大学心理学研究教授杰弗里·詹森·阿内特认为："我认为她在很大程度上误解或过度解释了数据，并且具有破坏性。她正在被一群已经存在负面定型观念的人嘲笑。"[1] 还有批评声音认为，腾格和坎贝尔收集的样本主要来自研究型大学，这些学生中的精英的自恋无法代表整个一代人的精神状态。但一些主流媒体倒是赞同腾格和坎贝尔的看法。

---

[1] Douglas Quenqua, *Seeing Narcissists Everywhere*, The New York Times, Aug. 5, 2013.

在美国《时代周刊》看来，答案是肯定的："20世纪50年代，大多数美国家庭会摆放夫妻的结婚照、学校集体照，或许还有家人的军装照。如今，美国一般中产阶级的家里到处摆的都是户主自己及宠物的照片。"美国社会保障管理局的数据也显示：眼下，越来越多的美国父母想给孩子取个不同寻常的名字；20世纪80年代，40%的男孩用的是10个最常见的名字，但今天用这10个名字的男孩比例只有不到10%。

中国人的自恋程度也有所抬升。中国科学院大学学者在2012年使用大样本网络调查数据发现，年轻、独生子女、家境富裕、居住在城镇的个体，普遍比年纪大、非独生、家境一般、居住在非城镇的个体的自恋程度更高[1]，这表明，在过去几十年中，随着中国经济社会的发展，人们的自恋程度可能在上升，受过高等教育的中国年轻人尤其如此。

---

[1] Cai, H. J., Zou, X., Feng, Y., Liu, Y. Z. & Jing, Y. M.（2018）. *Increasing Need for Uniqueness in Contemporary China: Empirical Evidence*. Frontiers in Psychology. 9, 554.

如何辨别自恋狂

弗洛伊德在1914年第一次系统地论述了自恋,并将自恋归于精神分析范围。随后,不论是临床领域的病态自恋还是非临床领域的自恋人格,都受到了研究者极大的关注。

随着对自恋问题的深入研究,自恋是一种人格特质的观点被越来越多的人接受和认可。学术研究领域普遍认可的自恋结构有两种:一种是自恋的"连续体说",另一种是自恋的"两形式说"。自恋的"连续体说"是指自恋是一个连续体,没有绝对的自恋和非自恋之分,每个个体都有不同水平的自恋倾向;自恋的"两形式说"则认为,中等水平的自恋是常态的自恋,处于极端水平的自恋才是病态的自恋。

健康适度的自恋,是建立在有充分的自尊和自我价值感上的,既能热爱自己、接纳自己、认识自己、接受自己与他人的不同,也能爱他人、接纳他人和关心他人。健康适度的自恋者在展示自己的自恋时,比如玩自拍、各种秀时,能做到有节制,对他人不同的评价不在意,更不会被激怒甚至破坏性地报复。精神分析认为,如果不是某些心理障碍原因的话,并非所有的自恋都会发展到病态的程度。

美国《今日心理学》杂志指出,真正自恋的人往往怀有强烈的天生优越感、自我膨胀的幻想,以及对赞赏的渴望,但很多时候,正是这些特质促使他们走向成功。"具有自恋型人格障碍的人可能雄心勃勃、自信满满、专注于自我，并且能够充分利用周围的人和环境获益。具有表演型人格障碍的人则可能擅长吸引和控制他人，因而在建立和发展商业关系上得心应手。"[1]

自恋狂之所以极端的以自我为中心，是因为他们在童年时期，无法从外界客体中区分出自我，他们缺乏这种能力。当我们发现某人过于自我欣赏，尤其沉迷于自己的外表时，我们称其为自恋狂，也称之为自恋型人格障碍。

根据美国精神病学协会的说法，人格障碍有10种类型，每种类型至少会影响以下因素中的两个：

一个人如何看待自己和他人。
一个人在情感上的反应。
一个人如何与他人联系。
他们如何控制自己的行为。

自恋型人格障碍与自我中心主义密切相关，自我中心主义是一种人格特征，人们将自己、自己的兴趣和观点视为真正重要的东西。

《新一代心理学家》杂志总结了自恋狂（自恋型人格障碍）的七大特征：

责怪他人。自恋狂总是自言自语，自始至终佩服自己，所以他们不认为自己会做错什么，也不认为自己会犯错。因此，你会看到

---

[1] 贾晓静：《自恋让年轻人更优秀？》，《青年参考》2017年6月21日。

自恋狂总是责怪别人，而不论当时的情况如何。他们永远不会承认自己的错误。

缺乏共情。共情是指一个人能够感受他人的情绪，或是能够设身处地为他人着想，理解他人的问题和事情。自恋狂的一个显著特征是他们完全缺乏共情能力。因为他们沉迷于和自己争斗，他们不能设身处地地理解别人的经验。他们就是不能共情他人。

贬低别人。自恋狂表现出的另一种行为特征是让别人难堪。他们渴望获得别人钦佩的方式令人不适——往往以某种言语或行为贬低别人，从而让自己显得更高大（看起来更令人钦佩）。基本上，他们通过贬损别人或别人的成就来衬托自己。

肤浅的魅力。媚俗肤浅，是自恋狂普遍的人格特征。首先，他们渴望钦佩，这就是为什么他们会不断表现出造作的魅力；其次，正是因为他们从泛滥肤浅的魅力中赢得了赞赏，于是导致了一种固定习惯的习得，这种习惯的本质是自恋的人格特质。你会发现，自恋狂通常会责备或批斗自己的家庭成员，以及他内在圈子里的人，他们以这种东施效颦的方式，来反衬自己在外部世界表现出来的媚俗陋形。

权利与愤怒。自恋者认为自己很特别，他们认为无论走到哪里，都应该受到每个人的特别对待。他们认为自己有这样的"权利"，这成为他们人格中积重难返的特质。因此，在没有得到他们自认为应得之物的时候，他们就会勃然大怒。自恋狂的特点是脾气暴躁，甩帽子就走人！

期待感恩。自恋狂常常以自己的观念评价周遭的人物和事件，他们认为自己是完全正确的，并且以不切实际的夸大标榜自己，以获得他人的尊敬和感谢。他们总是将自己排在他人之前，欣赏过度膨胀的自己，并以此为标准渴望他人的赞美和感恩。

错误的世界观。虽然大多数自恋狂往往是自我牺牲和傲慢的人，但许多自恋狂也会显得沮丧，甚至对这个世界充满愤恨。他们认为世界并没有意识到他们的重要性，也没有给予他们应得的赞赏。这就是为什么一些自恋狂也很沮丧和痛苦的原因之一。

洛杉矶加州州立大学心理学的助理教授吴嘉曾经总结了自恋者在社交网络上的十种典型行为特征：

看眉毛。自恋者的眉毛比非自恋者的眉毛"更浓密"，他们借助一抹浓密的眉毛搏出位。

看推特更新频率。对于千禧一代来说，那些喜欢发推特的人比喜欢发脸书的可能会更自恋。

看帖子下面的评论和点赞。真正的自恋者很难赢得朋友们热烈的评论和点赞，特别是在熟人圈子里。

从内容看，自恋者更喜欢分享美食和健身内容。

频繁地更新自我状态，也就是那些朋友圈疯狂刷屏的人。

相比普通人，自恋者更喜欢讲些"荤段子"，或者带有性暗示的语言。

自我介绍页面内容特别哗众取宠。

那些频繁发布自拍照的男性（注意，仅限男性）大概率很自恋。

在装扮和不装扮的情况下判若两人。

日常穿着像是随时准备上舞台的。[①]

英国自恋型人格障碍专家泰尼森·李博士曾在《诊断与统计指南》里列举了诊断自恋型人格障碍的九项指标，如果满足其中五项基本就可以诊断为罹患自恋型人格障碍：妄自尊大，对自身的重要性有恢宏的幻想；对功名权力有不切实际的幻想；深信自己独一无二、鹤立鸡群、超凡脱俗；对来自他人的崇拜、赞赏渴求无度；莫名其妙的优越感、特权感，比如所谓的"公主病"；习惯指使、支配、操纵和盘剥他人；缺乏同理心；对他人极度嫉羡；态度和行为傲慢、霸道。

自恋型人格障碍并非罕见病。美国国家酒精滥用和酒精中毒研究所在《临床精神病学杂志》上发表了一项研究成果，该研究发现，一生中有 7.7% 的男性和 4.8% 的女性会患自恋型人格障碍。研究人员还发现，黑人、西班牙裔妇女、年轻成年人以及不婚者、离异者、丧偶或分居者中的自恋型人格障碍发生率要高得多。如果采用《诊断与统计指南》里的指标评估，那美国 6% 的人属于自恋型人格障碍患者。

这项研究还显示，患有自恋型人格障碍的男性的血液中皮质醇水平更高。皮质醇是一种压力激素，即使压力水平较低，自恋型人格障碍患者的皮质醇水平也可能较高。高血皮质醇与罹患心血管疾病的更大风险有关。美国伊利诺斯大学心理学教授布兰特·罗伯茨发现，自恋型人格障碍症状会随着年龄的增长而减弱，这种逆向关

[①] Karen Wu.10 *Surprising Ways to Spot a Narcissist on Social Media*, Psychology Today, June 16, 2019.

联走势十分明显,也就是说,年长的人比年轻人较少自恋,这一点得到无数专业研究"反复的、令人信服的证实"。

无论在工作场所还是家庭中,与自恋型人格障碍患者共处,都不是件让人愉快的事情。一如泰尼森·李所说,自恋特征的表露事实上会给他们周围的人带来痛苦,令人无法忍受。

英国贝尔法斯特女王大学的研究人员针对三所意大利学校的340名成人学生的调查结果显示,比起那些表现谦恭的同学,自恋的人学习成绩反而更好。女王大学心理学教授考斯塔斯表示:"自恋在业内一直被认为是人们的'暗黑三人格'之一,剩下的两种是马基雅维利主义(Machiavellianism)与精神病态(Psychopathy)。"本次实验主要针对的是"亚临床"或者说"正常"的自恋者,也就是说他们也具备自大、权力欲、控制欲和优越性的特点,但还没有发展到"病入膏肓"的地步,自恋程度尚在可控范围内。

当代人的那喀索斯之镜

现在让我们回到每天面对最多的东西——屏幕,手机、平板电脑的一块块屏幕,就是当代人的那喀索斯之镜[①],不少人每天花数小时拍照、咬文嚼字,为的就是打造一个理想的线上形象。

自拍是线上自我偶像化的第一步。"昨天,我精心制作了一个完美的照片墙故事:我拍了几张有角度的照片,制作了一个小视频,还写了一个俏皮的标题,添加了一些表情符号,然后我坐下来欣赏了整个视频。接着,我再次观看它,试图像关注列表里的好友那样从第三方的角度查看这个视频,寻找缺陷之处。然后,我情不自禁地看了一遍又一遍。到今天结束时,我翻阅了近十遍这个视频,对每个新评论和点击量都感到振奋。"

Cosmopolitan 的美容报道副总监克洛·梅茨格发现自己在照片墙待得越久,就越不可遏制地沉迷于自己在数字世界所塑造的自我。她在一篇文章中如是描述她在照片墙的生活:"在我的照片墙生活中,一切都是完美的,没有每周 70 小时的工作时间,也没有一连串的焦虑、哭泣、悲伤、失落,只有名人、自拍、饼干和口红。谁不想花时间去重新享受那段快乐的照片墙生活,尤其是在现实生活很烂的时刻?"

---

① 那喀索斯之镜指自恋者的镜像。

但是相比另一位大网红，克洛·梅茨格的行为可能就不算什么了。1996 年出生的艾哈迈德，在照片墙的账户有 5 万粉丝，他每天平均会上传 200 张自拍照到照片墙。而且，他还精心策划上传的时间段，以期达到最多人点赞的频率。如果一张照片没有获得 600 个赞，那他就会删除它。通常，在一张照片发出后的一两分钟就会获得 100 个赞，这会令他感觉出奇的好。艾哈迈德说，由于他太热衷于自拍，为此不免跟家人和朋友产生摩擦。有时在跟家人一起外出吃饭时，家人总是说你就不能不拍照吗。他则直接说："不能，我不能白花了 3 个小时准备。我为什么不能照相呢？"

当然，有时他也会受到负面评语的影响，虽然现在已经好多了。但是，要想拍出好照片也是要付出代价的，为此他还进行了整容。比如，他的牙齿、下巴和脸颊等都是经过修整的。迫于社交媒体的压力，他承认自己的相貌已不像过去那样自然，因为需要不断转变自己。不过，艾哈迈德坦诚社交媒体上看到的东西并不总是真的。"如果使用得当，社交媒体可以很好玩。但是不要单纯追求在照片墙塑造一个不真实的自己，因为那样的话就不值得了。"艾哈迈德最后对采访他的 BBC 记者忠告说。[①]

从照片墙到脸书、推特，这些社交软件都有一个共同目的：让用户永不停歇地进行自我表达。这无疑给那些现实世界中的自恋者提供了一个近乎完美的舞台，他们可以比在线下更便利、快捷地展示自我，博取点赞、关注和转发。

韩国梨花女子大学研究者在 2016 年针对该国 212 位活跃的照片墙用户做了一个在线调查，结果表明，自恋程度较高的人更倾向于

[①]《迷恋自拍：每天 200 张自拍照算多不算多》，BBC 中文网，2018 年 2 月 27 日。

张贴自拍照和展示自己的照片，更频繁地更新个人资料照片，并在照片墙花费更多的时间。他们还对自己照片墙的个人资料照片进行评分，认为它们比现实中的自己更具吸引力。

自拍堪称证明自我存在感的最佳方式。美国一家牙齿美白产品公司针对1000名千禧一代的调查显示，年轻人一周平均拍9张自拍照。而66%的人表示，自拍的主要目的是在社交媒体上和亲朋好友分享。63%的千禧一代表示，旅游景点是自己最常自拍的地方，其次是海边（43%）、演唱会（25%）。进行该项调查的公司的共同创办人兼执行长布朗表示，瞄一下各大社交媒体的账号内容，便可证明千禧一代喜欢以自拍照来记录生活，尤其喜欢和亲友分享。布朗同时指出，其实不只千禧一代，大部分人度假或与亲友庆祝特殊日子时，也都会自拍，"不自拍，好像某件事情没发生过"。

这项调查指出，超过一半的年轻人会在自拍前收拾发型，53%的人会先照镜子检查服装仪容。另有47%的人承认，会先练习脸部表情再自拍，42%的人会化妆。因为这些准备，拍一张自拍照要花7分钟。调查结果显示，年轻人一周平均拍9张自拍照。以此计算，一年要为自拍花3276分钟，超过了54小时。参加调查的大部分年轻人表示，只要把自拍控制在适当范围，就是可取的。不过也有人认为自拍会助长自恋和自满。根据调查，只有10%的年轻人认为他们自拍成瘾或有机会就非自拍不可，而会使用自拍杆的人仅占27%。

在中国，随着社交网络这数十年的发展，自拍已从标新立异的文化现象，逐渐变成了部分国人日常生活的一部分。见证了中国自拍热潮的美图公司在其发布的《2019，那些关于自拍小秘密——美图年度自拍趋势数据报告》中称，中国年轻人的自拍审美从"网红磨皮"进入"生图"时代。研究者在调研时发现，21世纪00后已不知不觉间形成不同于 20 世纪 80 后、90 后的自拍风格和习惯，他们更偏爱巧妙地挡脸自拍，如用小表情、贴纸等遮脸自拍，以及半张脸的自拍照。同时，相比前辈们偏爱的一键美化、一键套模板等"懒人式"修图，00 后尤其是 05 后更偏爱 DIY 涂鸦手动修图，通过个人风格更强烈的方式完成影像美化。

随着全民审美水平的不断提升，自拍变美不再是女性专利，也逐渐成为男性共识。美图年度自拍趋势数据报告显示，图像行业用户中，男性比例从 2017 年的 30% 提高到 2019 年的 35%，并呈现出继续向上的趋势。这也让影像处理软件开始挖掘并满足男性用户需求，上线更有针对性的图像处理方式，如"P 腹肌"等。对 00 后男生而言，超五成会常发自拍，晒鞋、发型、包等已不仅是女性专享，也成了新一代"小鲜肉"的社交日常。不过，刚刚迈入自拍大军的男性，"业务熟练度"与女性相比还稍显逊色，他们更偏爱俯瞰镜头的固定姿势。除去旅游拍照外，检查脸部问题成为大部分男生主动自拍的第二大理由。

过分迷恋自拍也会带来伤害。英国伯明翰大学在 2018 年调查了英国 10 所学校的在校生，了解 13～18 岁青少年对脸书、推特、照片墙等社交媒体的态度。研究者在分析了约 1300 份回复后发现，最受女性追捧的身材是像美国明星金·卡戴珊和詹妮弗·洛佩兹那样的"细腰丰臀"。而自拍的盛行引发人们对身材的关注，这让一些青少年对自己的外表不满，产生压力。相关的在线调查中，超过 46% 的在校生表示，自己在浏览了社交媒体的内容后改变了与健康有关的习惯。这份报告刊发在了《体育、教育和社会》杂志上，研究人员引述一名调查对象的话写道："同伴压力可能是比网络暴力还严重的问题，因为网络暴力更容易被发现。"[1]

因自拍而丧命的不幸消息亦屡见报端。2019 年 11 月，法国一名男子到泰国苏美岛游玩时，看见南门瀑布时为之震惊，便不顾"禁止靠近"的警告，前往悬崖边欲自拍，不慎脚滑失足坠落至 80 米深的瀑布，以头下脚上"倒栽葱"的方式身亡。此前一名 26 岁的西班牙游客在 7 月时也曾在此地试图自拍，不幸滑落身亡。地方政府早已设立"禁止闯入"的标语，但仍有游客擅自闯入，发生意外。[2]

一份来自全印医学科学学院、刊登在印度《家庭医学及基层医疗期刊》的报告《自拍：福兮祸兮》显示，2011 年 10 月至 2017 年 11 月，全球共发生了 259 起由"作死自拍"引发的死亡事件，包括自拍时不慎从高处摔落、溺亡，还有人因在枪案现场自拍而遭流弹击中身亡。而在同一时期，被鲨鱼咬死的人数为 50 人。"自拍死"问题在印度尤其严重，在 2011 年至 2017 年，有 159 人因自拍而死。为此，印度部分城市已划出"不准自拍"区域，单在孟买便有 16 个。除印度外，"自拍死"最多的国家还有俄罗斯、美国、巴基斯坦等。

研究人员在分析了来自世界各地英语国家的剪报，并查阅了每个受害者的性别、年龄和死亡原因后发现，自 2011 年以来，平均每年有 43 人死于危险自拍，其中溺水是最大的元凶。研究表明，"作死自拍"中，男性占了 70%，而那些年龄在 20~29 岁的毛头青年，又占了死亡人数的一半，10~19 岁的青少年则占 36%。在死因中，溺水、事故及跌落是最常见的案例，同时也有触电、枪支等少数案例。

---

[1] 乔颖：《年轻人自拍成瘾　但你知道它的危害吗？》，新华社，2018 年 1 月 27 日。
[2] 许立颖：《又一自拍丧命！　男子硬闯禁区坠 20 楼高瀑布爆头惨死》，中时电子报，2019 年 11 月 19 日。

研究人员说，一段时间以来，自拍导致的意外死亡事件并没有得到充分重视。例如，如果一个人在驾驶过程中因摆拍造成车祸进而丧生，则通常只会被官方记录为"交通事故"，而非自拍意外死亡。"在所有因自拍意外死亡的事件中，年轻人和游客占比最高"，一名研究人员对媒体表示，"这可能是因为他们更追求刺激，并且乐于将这些'挑战极限'的自拍照上传到社交媒体上，以便获得更多的点赞和评论。"自拍本身并无害，是人们的危险举动使其变得危险。"拍客必须知道在哪些地方自拍是危险的"。为此，研究人员建议，应在旅游区，特别是在山顶、水体及高大建筑物的屋顶等处设立"禁止自拍"的警告牌。

这份报告发布后，印度一些受欢迎的旅游景点开始实施自拍禁令。2017年1月，印度马哈拉施特拉邦警方将该邦境内29处区域列为危险自拍点。与此同时，其他各地方邦警方也陆续采取措施，加强自拍意外死亡案例的宣传警示教育，提高拍客的防范意识。印度《经济时报》称，早在2016年年初，印度政府就向各地方邦建议设置"自拍危险"警示牌。2015年晚些时候，卡纳塔克邦政府还在当地社交媒体上发起了"自拍危险"的宣传活动，受到了广泛好评。该邦旅游部长普利亚克·卡拉吉对媒体表示，"我们已经在登山站、瀑布等处放置了警告牌，尽管我们不能保证随处可见，但政府在尽最大可能向旅行者提示在哪些地方自拍可能会有危险"。[①]

《麻省理工商业评论》(*MIT Technology Review*)曾报道，美国匹兹堡大学专家发明了一个软件，该软件能够帮助人们预防那些在自拍时出现的致命悲剧，比如这一软件会在人们自拍时对可能发生的

---

① 胡博峰：《七年间，全球近三百人因自拍丧命》，《环球时报》2018年10月8日。

危险情况进行通知，如交通密集情况、不良的天气情况以及可能从高处坠落的风险等。如果这一软件发现严重危险状况，那用户的智能手机将被强制关闭，直到用户到达安全地带。①

英文的"自拍"（Selfie）一词诞生于2002年，当时澳大利亚的"博士卡尔自助科学论坛"上，一名刚满21岁的青年发布了自己庆生饮酒的照片，并配文"这是一张自拍"。2003年索尼爱立信推出型号为Z1010的手机，第一次设置了用于自拍的前置摄像头。2005年，摄影师吉姆·克劳斯开始使用"自拍"一词，但"自拍"真正成为一种风尚，还要等到十年之后。

牛津大学出版社把"自拍"一词评选为2013年的年度词汇。据牛津大学出版社统计，2013年，英语世界对"自拍"一词的使用量增长了170倍，《牛津词典》同时也收录了这一流行词汇，并将之定义为"通常由智能手机或网络摄像头拍摄并上传到社交媒体的照片"。《牛津词典》编辑总监朱迪·皮尔索尔表示："社交媒体帮助推广了该术语，#selfie主题标签早在2004年就出现在照片共享网站Flickr上了，但直到2012年左右才广泛使用。"②这一年，《牛津词典》还新增了几个词汇，如"数字排毒"（Digital Detox），指的是人们花在脸书和推特上的时间。

人类历史上的第一张自拍照是由摄影先驱罗伯特·科尼利厄斯于1839年拍摄的，据推测这张自拍照之所以能成形，也是因为当时的相机非常迟钝，按下快门后，相机大概需要一分钟或者更长的反应时间，摄影师罗伯特就利用这段时间走进镜头内，摆好姿势，给

---

① 朱佩：《外媒：自拍时或丧命？ 这款软件来帮忙》，环球网，2016年11月22日。
② "Selfie" Named by Oxford Dictionaries as Word of 2013，BBC，November 19，2013.

自己拍了一张照片，但这张照片是否真的是自拍照尚有争议。历史学家英国皇家摄影学会首席执行官迈克尔·普里查德博士说："他可能有一位朋友或助手来进行实际的曝光。第一批自拍照很有可能是在稍后拍摄的。带有自拍功能的相机最早在19世纪80年代后期推出，能够延迟5秒到10秒让摄影者进入取景范围自拍。有些相机还释放了很长的电缆，使拍摄对象可以远距离按下快门。"[1]

这里有一份《北京晨报》刊登的自拍成瘾度的测试题，可以供读者诸君自我参考：

阅读下面的20条表述，用1~5分给自己打分，5分代表强烈同意，1分代表强烈不同意。

1. 自拍让我感觉很好，让我能更好地享受周围的环境。
2. 分享自拍会在我的朋友和同事间产生健康的竞争。
3. 通过在社交媒体上分享自拍，我引起了极大的关注。
4. 我可以通过自拍减轻压力。
5. 自拍时，我感到很有自信。
6. 当我在社交媒体上分享自拍照时，我在同龄人中获得了更多的认可。
7. 通过自拍，我可以更多展现自我。
8. 不同自拍姿势能提高我的社交地位。
9. 当我在社交媒体上分享自拍照时，我觉得自己更受欢迎。
10. 拍更多的自拍照能够改善我的心情，让我感到快乐。
11. 自拍时，我变得更加积极。

---

[1] *Self-portraits and Social Media: The Rise of the "Selfie"*，BBC，June 7, 2013.

12. 通过自拍，我成为同龄人中重要的一员。

13. 自拍能让我对某场合和经历记忆更深。

14. 我非常频繁地在社交媒体上发布自拍照，为的是获得更多的点赞和评论。

15. 我希望通过发布自拍照，得到朋友的评价。

16. 自拍能够立刻改变我的情绪。

17. 我更喜欢自拍后私下自己看，这样能够增加我的信心。

18. 如果我不自拍，那我会觉得在同龄人中格格不入。

19. 我把自拍当成未来回忆的"纪念品/战利品"。

20. 我使用照片编辑工具来美化我的自拍，让自己看起来比别人更好。

判断标准：

0～33 分边缘型。

34～67 分急性。

68～100 分慢性。[1]

如果您的得分超过了 68 分，那可以试着控制下手机的屏幕使用时间。远离手机，自拍成瘾的症状可能就会大幅减弱。

---

[1] 陈小丹:《自拍成瘾是病 自恋原是缺自信》,《北京晨报》2018 年 1 月 25 日。

互联网并没有制造更多的自恋狂

作为一种自我表达和传播的方式,自拍也有积极的社会意义。《自拍的一代》(*Selfie Generation*)一书的作者艾丽西亚·埃尔,将自拍比喻成一把双刃剑,既能赋予权利,又能表达弱势,是数字时代的特征。在埃尔看来,自拍在为女性、有色人种、同性恋人群、移民和难民等边缘群体赋予权利方面发挥着关键作用。埃尔说,大众媒体触手可及,人们有机会接触到各色各样的人群,新一代个体不会因与众不同或特立独行而感到恐惧。

早在 2013 年,埃尔就写了一篇题为《自拍呈现的女权主义政治》的文章,重点探讨了有色人种中的女性与自拍。而 Jezebel 女性博客也曾发表过一篇关于自拍的文章,认为一大堆媒体报道带有偏见,自拍是一种求助呼吁,埃尔的文章是对后者的回应。"事实上,我们能不能谈一谈自拍对于从来无缘登上主流媒体的人意味着什么呢?"同年 11 月,女权主义漫画作家米基·肯德尔在推特上发此一问。虽然公开发表自拍这一行为本身将自拍人推向煽动性言论和仇恨言论的风口浪尖,但也实现了他们与全球范围内潜在支持力量的联结。随着自拍的兴起,曾经一度与主流无缘的边缘人群已经变成了偶像人物。[1]

---

[1] 德文·万·豪敦·马尔多纳多:《自拍如何成为社会正能量》,英伦网,2018 年 1 月 31 日。

自拍只是自恋这一社会潮流的表征。如果你一有几秒钟的空闲时间就漫不经心地滑动照片墙或者脸书,那么你就一点儿都不会寂寞。但是你有没有想过,所有那些其他人的身材外貌,不管是你朋友的度假照片还是一位名人的健身房自拍,都可能会影响你对自身外貌的看法。

澳大利亚悉尼麦考瑞大学博士后研究员法都莉表示,"人们会把自己的相貌拿来跟照片墙(或者随便哪一个他们在玩的平台)的照片和视频作比较,并常常认为自己比较差"。一项调查曾访问了227名女大学生,受访女性表示,自己在浏览脸书时往往会在与同辈和名人的相貌对比中产生负面情感,但不会与家人相比。涉及外貌,她们最爱比较的对象是关系疏远的同辈人或认识的人。

另一位研究者,布里斯托西英格兰大学副教授斯莱特在2017年发表了一项研究成果,在这项研究中,160名本科在读女生浏览了照片墙主题标签 #fitspo(英文健身激励的简写)下的图片,或自我欣赏的话,或者两者都浏览,这些图片和话语都来自 IG 上的真实账号。只看过 #fitspo 图片的女孩在自我评价方面分数较低,但浏览自我欣赏话语(例如"你现在这样就很完美")的女孩自我感觉较好,并且比较满意自己的外貌和身材。

多伦多约克大学副教授米尔斯让本科女生用 iPad 自拍并将其上传到脸书或者 IG。其中一组女生只可以拍一张照片,而且不能修图,另外一组则可以随自己意愿自拍多张照片,并可以使用应用程序修照片。米尔斯及其同事发现,相较实验初期,所有自拍者在发布自拍照后都感觉自己的吸引力和信心下降了,即便是那些可以修照片以使自己称心如意的女生。她说:"尽管她们可以让最终结果更'好看',但她们仍然对自己相貌的不讨喜之处耿耿于怀。"

米尔斯说:"这就像坐过山车一样,先是焦虑,然后从别人那儿得到安慰说,你看上去还不错。但这很可能不会一直持续下去,那么接下来你就会再来一张自拍。"研究人员在2017年公布的研究当中发现,花费大量时间来完善自拍,可能是此人对自身外表不满意而纠结不已的迹象。目前,大部分研究工作都集中于年轻女性,因为从传统上来讲,她们所处的这一年龄段最容易对自己的外表形象患得患失。但是,将男性包括在内的研究也开始显示,男性并非不受影响。例如,一项研究发现,那些经常观看男性#fitspo内容的男性表示,他们拿自己的相貌与别人比较的次数较多,并且对操练出肌肉比较在意。①

但自拍到什么程度才算是一种病态? 2014年7月,美国精神病学协会将"自拍成瘾"定义为强迫症,其特点是常常想恶搞并将照片上传至社交网络,以弥补现实生活中自尊心的缺失。美国精神病学协会将这一精神疾病分为三个层次:第一个层次为情景自拍型,一天自拍至少三次,但并不上传至社交网络;第二个层次为严重自拍型,一天自拍至少三次,并上传自拍照至社交网络;第三个层次为长期自拍型,抑制不住想自拍的冲动,一天上传自拍照至少六次。

作为主流自拍人群,浸泡在社交网络里的千禧一代是否比上代人更自恋?"与上一代人相比,当下的年轻人更加自恋……"这一论点最知名的支持者是美国圣迭戈州立大学心理学教授简·M.腾格。在过去15年里,她一直在研究这一趋势。腾格认为,自恋主

---

① Kelly Oakes:*The Complicated Truth About Social Media and Body Image*,BBC,March 12,2019.

义抬头的根源在于文化变革，尤其是过去一二十年间个人主义的膨胀。不过，腾格在 2013 年为《纽约时报》撰写的一篇文章中，把社交媒体称为"自恋狂促进者"，但同时她也承认，很难找到社交媒体引发自恋情结的确凿证据。大量数据表明，拥有自恋型人格的人会发更多自拍，但这并不意味着发自拍会让人更加自恋。事实上，有证据证明，一个人越是性格随和，心情愉悦，就越喜欢玩社交媒体。

性格研究专家布伦特·罗伯茨和他的同事比较了 20 世纪 90 年代、21 世纪 00 年代和 21 世纪 10 年代进入美国大学就读的 5 万名学生的"自恋数据库"。与之前的大多数研究不同，罗伯茨的团队并没有单纯研究自恋数据，而是同时研究了虚荣心、权力欲和领导欲等性格特征。虽然不同时代的学生会以不同方式解读题目，但研究者仔细研究了数据后发现，自恋程度在代际之间并没有出现巨大差异。罗伯茨称，年纪较大的人可能已经忘记了自己年轻时曾经自恋过；随着时间的推移，自恋情结会慢慢消失。"我们会失去很多记忆，"他说，"所以会忘掉我们年轻时也曾经一样自恋。"

在美国新闻博客网站赫芬顿邮报的一篇报道中，美国范德比尔特大学历史学教授伊丽莎白·卢贝克表达了她对年轻人自恋情况的看法："大家都说年轻人是最自恋的，自拍等行为被视为典型的自恋表现，但回顾过去，你会发现人们一直都在记录自己，只是使用的方式不一样而已。"

由赫尔辛基大学马库斯·乔科拉领导的研究小组分析了 1962—1976 年出生的近 50 万名军队新兵，数据采集时，这些新兵的年龄介于 18 ~ 19 岁。乔科拉及其同事称，随着入伍时间的顺延，新兵的外向型性格特征（例如社交能力强、精力充沛）得分，以及责任感特征（例如恪守职责、努力实现目标）得分越来越高。①

互联网也许并没有制造更多的自恋狂，但它还是直接鼓励了自恋文化的膨胀，一如以色列籍学者山姆·瓦宁所说："对于自恋者来说，互联网是游乐场和狩猎场的诱人和不可抗拒的结合，是众多自恋供给潜在来源的聚集地。"

斯坦福大学教授埃利亚斯指出，互联网上的活动让人们变得更加自恋了。除了一些社交媒体让自恋者有机会展示自己之外，也有大量的资源能够为自恋者提供帮助。

如何发现互联网中的自恋者？互联网心理学家格雷厄姆·琼斯曾给出一个方法：你只需要查看特朗普的推特账户，即可看到其中包含"我，我，我"的重要级别。自恋型人格的关键指标之一，是这个人在交流中有效地说："我爱自己，我知道你也爱我。"在特朗普的推特活动中，这种情绪很明显。②

研究表明，使用脸书以及其他基于视觉的平台比如照片墙、Snap 等的人，随着时间的流逝会变得越来越自恋。一项研究表明，社交媒体平台和自恋之间存在差异性关联，脸书和推特在促使其使用者自恋方面有所不同：那些具有"优越感"的人更喜欢推特，而那些"自恋感"高的人则更喜欢脸书。

维尔茨堡大学在 2016 年针对 25000 多名脸书、推特和照片墙用户的研究表明，用户的自恋情况与社交媒体活动之间存在弱到中等的联系。这种自恋的形式具体可以表现为，他们认为自己是非常有才华、杰出和成功的人，他们喜欢向他人展示自己并寻求他人的认

---

① 克里斯蒂安·杰莱特：《千禧一代年轻人是否更加自恋？》，英伦网，2017 年 12 月 12 日。
② Graham Jones, *How to Spot an Online Narcissist*, January 29, 2018.

可。典型的自恋者比普通用户在社交网络上花费的时间更多，并且表现出特定的行为模式。这项研究的负责人之一马库斯·阿佩尔说："像脸书这样的社交网络是这些人的理想平台。"①

个性化推荐技术也推波助澜了线上自恋潮流。通过对过往浏览数据的分析，从 YouTube 到 TikTok，视频网站会给用户推荐他们喜欢的视频，比如一个美食爱好者点开 YouTube 页面时，就要做好接受美食博主们的视频轰炸的心理准备；如果你是一个重金属音乐爱好者，那么从 Spotify 上，你会受到超越任何一家唱片店的海量音乐的洗礼；新闻网站更不必说，同类信息推荐的回音壁效应已经被无数论文讨论。

网络上的个性化推荐无处不在，以至于我们甚至可能不知道自己缺少什么。韩裔德国哲学家韩炳哲说，支配数字交流的并不是博爱，而是自恋。数字技术不是博爱的技术，它更多地表现为一种自恋的自我机器。毕竟自恋者们上网并不热衷于扩大视野，与他人建立真正的关系。

---

① *Narcissism and Social Networking*，University of Würzburg，April 18, 2017.

塑料爱情泛滥，谁之过

从自拍到自恋，其共同特点是缺乏同理心，而具备同理心往往是伴侣走入婚姻的重要基础之一。

伦敦布鲁内尔大学领导的研究小组测量了包括非洲、东南亚、南欧和中东在内的 11 个世界地区 50 多个国家的 3 万人的自恋人格量表的得分，调查了自恋与跨文化短期性策略的多种指标之间的联系，发现世界范围内的模式与西方的样本相似，即高 NPI 分数与积极追求短期交配和性侵犯有关。自恋者还表现出两种与性相关的人格特质——外向性和开放性。

这项调查还发现了出轨和自恋之间的关联：不忠的已婚者的自恋程度明显更高。这项研究将那些结婚一年以上、没有婚外性伴侣的人归为"忠诚"的人。自称"不忠"的人在世界各地的比例差别很大，例如，北美为 26%，中南美洲为 8%，非洲为 27%，东亚为 5%。此外，自恋者比非自恋者更有可能挖别人墙脚（吸引别人的伴侣）。对"你有没有试过为了维持一段短暂的性关系而去吸引一个已经和别人确定恋爱关系的人"这一问题，他们的回答大部分是肯定的。

一般认为，在很多情况下，一个具有自恋人格的人也往往是自信的、在社交上有主见的人。在不同的文化中，他们在主观幸福感方面得分较高，这表明他们在情感和认知上都享受着高质量的生活。

另外，自恋者也倾向于剥削他人、操纵他人、极端好胜、以自我为中心，并拥有一种权利意识，这种意识往往会侵蚀友谊和恋爱关系。

在一段浪漫关系中，自恋者可能在约会早期阶段表现出激情，但这种激情可能只是我们的一种想象，自恋者会把这段关系看作一种游戏，他们的目标是获得胜利。他们精力充沛、情商高，能够管理好情绪，这有助于他们操纵并赢得对方的爱和钦佩。他们还吹嘘自己得到尊重、爱戴和满足。但随着亲密度的增加，或者他们已经赢得芳心，自恋者很可能就会对这段关系失去兴趣。

《自恋时代》一书的作者腾格和坎贝尔强调，"许多与自恋者的关系都有一个美好的开始以及悲惨的结尾"，主要原因在于，自恋者人格特质至少能在短暂的人际关系中，散发出风趣与自信的一面，能一时迷倒身边人，可是关系一旦延长，被利用的条件不再满足，必换来撕裂与冲突，在自恋者的潜意识中，替换一个人犹如换个物件，并无本质的分别。

由于自恋者的自我中心、贪慕虚荣，他们会利用伴侣达到功利目的，例如男自恋者需要一个能充当"花瓶"的女人，这样他会觉得自己更有权力和魅力，更能受到众人注目，一旦对方不能维持双方的地位和魅力，便会立即结束关系，以其他可以满足条件的女人代替。

腾格和坎贝尔认为，自恋流行病在恋爱关系中的文化层面的表现就是毫无承诺的关系的流行，如一夜情、床伴等没有感情的关系，这些关系正是自恋的产物，很多人甚至把一夜情等看成争夺控制力的自恋游戏。《自恋主义文化》一书的作者、美国历史学家与社会心理学家克里斯托弗·拉什了解到，自恋者喜欢那种不动感情的交往，自恋的人常常"决意去操纵他人的感情而同时又竭力保护自己的感情不受伤害",在这样一种心理机制下,不论男女都形成了一种保护性的浅薄感情。

自恋者之所以难以获得持久、高质量的爱情,很大程度上还是因为,即便在一段浪漫关系中,自恋者迷恋的对象依然是自己,所以最终只能获得一段脆弱的塑料爱情。

第 5 章　掘金单身：从一人食到一人游

黄油饼是甜的，混着的眼泪是咸的，就像人生，交杂着各种复杂而美好的味道。

——汪曾祺

单身不经济，商家笑开颜

从财务角度看，单身并不是一个经济的选择。1981年，诺贝尔奖获得者、芝加哥大学经济学教授加里·贝克尔首次把经济学方法引入对婚姻行为的分析，并据此创作了《家庭论》一书。加里在书中写道，婚姻双方的各种选择行为，在很大程度上遵循了经济学关于"成本—收益"的分析逻辑。也许婚姻的当事人并非真正地按照所谓"成本—收益"的测算来作选择，但是很多选择背后的思考逻辑，的确非常吻合经济学关于"成本—收益"的分析框架。对于男女双方来说，婚姻的互补效应十分突出，比如，男性可能不仅仅是丈夫，他还是家庭中的水电工、园艺师，而女性也不仅仅是妻子，她还是高效的厨师、采购员等。按照贝克尔的看法，男女双方从婚姻中所得到的收益，应该远远大于他们独自生活的收益，所以婚姻当然是一件非常合算的事情。

美国经济学家杰伊·扎戈斯基曾在美国做过一个调查，在20世纪20代、30代和40代早期的受访者中，"单身受访者积累净值的速度较慢，而相比之下，已婚受访者的净值比前者高77%"。婚后，夫妇身家"平均每年增长16%"；对于离异的受访者，他们的资产在离婚前四年就开始减少，平均会损失掉财产的77%。扎戈斯基的调查还发现，女性比男性更易受到离婚的伤害，但就百分比来看，两者之间的差异"相对较小"。

结婚之所以可能会让人们更富有,原因大概有以下几点:已婚夫妇打算长长久久地过日子,为了孩子、为了买房子、为了未来的退休生活,他们就会比单身或同居情侣更加重视财产储蓄和投资;已婚夫妇会共同分担很多开销,如住房、车及生活用品,比如车,夫妇两人都可以使用,还不会让车变得更贵;此外,夫妇二人能共同分担生活,如一人主内,一人主外,主内的人可以让主外的人无后顾之忧,发挥其最大优势创造财富,即使一方不再外出工作,家庭也不会承受太大损失。因此,扎戈斯基给出了玩笑似的建议:"要想增加个人财富,就去结婚,然后不要离婚。"[1]

美国老牌交友网站 Match 曾在 2019 年委托研究人员调查 5000 多名二三十岁的成年人,以完成"美国单身人士"调查。结果显示,约 33% 的人因为没有钱约会而单身,21% 的人认为寻找爱情需要先提高收入。依据调查报告,美国千禧一代中,20.4% 的家庭年收入在 1.5 万~2.9999 万美元(约合 10.4 万~20.8 万元人民币),18.8% 的家庭年收入在 3 万~4.4999 万美元(20.8 万~31.2 万元人民币),家庭年收入不足 1.5 万美元的占 16.4%。Match 的另一项调查显示,美国单身人士平均每月用于约会的开销大约为 60 美元(416 元人民币),而这笔开销通常由男方承担。男性调查对象中,51% 的人每月用于约会的开销超过 100 美元(694 元人民币),29% 的人每月约会支出超过 150 美元(1040 元人民币)。女性调查对象中,66% 的人每月约会支出低于 50 美元(347 元人民币)。[2]

但单身社会可能成为未来接近主流的生活方式,这迫使人们不

---

[1] 《婚姻经济学:结婚的人更富有》,中国日报网,2018 年 8 月 16 日。
[2] 乔颖:《最新调查显示三成美国年轻人因没钱约会而单身》,新华社,2019 年 8 月 4 日。

得不思考该如何安排一个更为经济的单身生活。

《中国统计年鉴 2018》的数据显示，在抽样的 95.3 万名 15 岁及以上人口中，未婚人口合计 11.7 万人，占比 12.3%，其中男性 10.5 万人，女性 1.2 万人。[①] 而 15 岁以上人口占抽样人口的 76.6%，据此推断，2017 年中国未婚人数约为 1.31 亿人，但事实上，如果扣除未成年及高龄人群的基数，国内中青年单身比例可能远高于这一统计值。而同期美国、日本、韩国等国家单身人口占比分别为 45%、32.4%、23.9%。随着经济的发展，个人经济实力的增强，离婚、晚婚、单身主义的持续发酵，中国的单身人口比例后续可能会进一步增加。因此，单身消费者已成为主流消费群体之一，并有进一步扩大规模的趋势。

美国传统观点认为，一个社会中如果太多人单身，那对经济发展是不利的，因为单身的人节省了大量育儿开支，日常消费也更少。

美国知名调研机构盖洛普在调查了 13 万人后发现，"已婚美国人的每日平均支出为 102 美元，离婚美国人为 74 美元，单身和未婚者为 67 美元，丧偶者为 62 美元……已婚者的支出要高于其他婚姻状况的人"。究其原因，部分在于收入的高低。哈佛大学的席尔瓦和弗吉尼亚大学的社会学家莎拉·科斯采访了美国 300 多个中产阶级的男女，以确定他们希望在结婚前实现什么样的财务里程碑。结果发现，大多数人将财务稳定定义为完成学业并找到可以维持他们生活的工作。但是，他们并不是在寻找任何临时工作，"他们想要一份有福利和退休计划的永久性工作，"席尔瓦说，"他们想要一份职业，

[①] 张宇：《解运亮：单身潮来临，老龄化也在加剧》，《经济观察报》2019 年 8 月 8 日。

而不是打份临时工。"①

但是美国的情况和中国并不相同，生活在中国大城市里的中产单身群体被认为拥有较高的消费能力，起码在我的朋友圈里，单身的朋友消费起来顾虑更少，而成家的朋友往往要预留出下一代的教育所需。阿里巴巴2017年发布的《中国空巢青年图鉴》显示，中国的"空巢青年"群体已经超过半亿人，且单身人口多分布于高薪职业，其中金融、互联网、教育位居前三，这表明大部分孤独人群具有较高的消费能力，其典型特征为：住在十几平方米的出租房，孑然一身，挤着两小时的地铁，三餐外卖，四季淘宝，五感正常，六点下班，七点健身，一天平均点击手机1000下。

2019年2月，智联招聘联合珍爱网发布的《2018年职场人婚恋观调研报告》显示，参与调研的职场人中，68.33%处于单身状态。在单身人群中，单身时长在三年以上的最多，占比52.62%，其次为单身1～2年的人群，占比14.58%。从城市来看，海口的单身率最高，87.5%的职场人是单身。四大一线城市中，深圳单身率最高，为77.23%；广州次之，为74.52%；上海第三，为70.8%；北京第四，为66.9%。

根据速途研究院数据，单身群体中每月可支配收入3000～6000元、6000～10000元、10000～20000元的人群占比分别为29.7%、42.8%、16.9%。相对两人以上家庭而言，单身人群背负债务的比例较少，这使其实际可支配收入高企。据珍爱网统计，单身租客中"房租占工资比例10%以内"的人群占比为48%，而"房租占工资

---

① Jana Kasperkevic：*Why Single People are Hurting the Economy*，The Guardian，October 30，2013.

比例 30% 以内"的人群占比高达 90%，剥离较低的住宅成本后，单身群体有大量闲置资金可流入消费方向。

这些大城市的职场单身族，也正是无数商家紧盯的目标。"单身经济"这一概念，最早由经济学家麦卡锡于 2001 年在《经济学人》杂志中提出，只是当时他将单身经济的群体锁定为女性。麦卡锡认为，独身且收入不菲的单身女性是广告、娱乐等行业最理想的客户。如今，随着单身人口与日俱增，这一群体早已不再局限于单身女性了。现在的"单身经济"更多指代由非常注重生活质量、崇尚高消费生活的单身人群所带来的种种商机。

"双十一"在中国最早是民间"光棍节"，然而在阿里巴巴的带动下，这个原本纪念单身的节日，如今蜕变成一年一度最疯狂的电商打折日。在商家看来，单身人群由于抚养压力较小，在憾失部分家庭生活乐趣的同时可以追求相对高的生活品质。从小额消费的宠物、游戏、偶像、健身卡，到大额消费的高档餐厅一人食、高档酒店一人躺、度假胜地一人游，中产单身消费者的消费特点绝不仅仅是一人份。更重要的是，中产单身族喜欢有个性有特色的商品和服务，愿意为更好的品质而购买更贵的产品或服务，他们对于价格反而不敏感，因为他们相信物有所值。

全球化监测和数据分析公司尼尔森在 2020 年 5 月发布的《中国单身经济报告》显示，仅约 1% 的单身者面临养老和子女教育等方面的压力，这显示出单身群体有着更强的消费意愿，他们花钱更为取悦自己，并且更倾向于购买品质更好的商品。调查数据显示，42%的单身消费者为悦己而消费，高于非单身消费者 27% 的占比。

该报告总结出单身人群在消费方面存在的几大典型特征，例如，单身人群更"爱便利"、注重自我投资、需要陪伴，以及单身者都是

"夜猫子"等。在数据上表现为，52%的单身消费者消费是出于方便省时，这高于非单身消费者的39%；便利店购物人群单身占比从2018年的30%增长至2019年的39%；线上购物的便利性促使97%的单身消费者选择网购，62%的单身人士倾向于点外卖，而爱网购的单身人群更易受到KOL的影响，这一占比达48%。

单身人群对生活和自我的期望更高，在对未来一年的消费意愿方面，16%和14%的单身消费者更愿意在自我提升和运动健身上多花钱。其中，22%的单身消费者期望未来一年抽出时间读书，18%的单身消费者希望学习新技能，17%的单身消费者希望培养兴趣爱好，均高于非单身消费者的13%、11%、14%。28%的单身消费者将闲钱花在外出就餐上，非单身消费者仅为20%；26%的单身消费者愿意为户外娱乐买单，高于非单身者消费的23%。单身人群还花钱寻找安慰，社交与养宠需求旺盛，他们将情感转移到了爱宠身上。40%的养宠人群为85后和90后，养宠人群中有57%的人未婚，宠物经济成为单身消费的代表。

尼尔森中国区总裁贾斯汀·萨金特的观点很能代表商业力量对单身族的期许："单身经济升温的背后是单身者消费意识的觉醒，是他们追求品质生活的体现。随着单身群体的不断壮大，单身经济将为品牌商和零售商带来新的发展机遇。"

屏幕之外的孤独美食家

独居生活据说最难受的是一个人吃饭,因为一个群居动物的社交行为,被简化为了一个纯粹的生理需求的满足过程。

日本漫画家久住昌之和谷口治郎在20世纪90年代创造了一个日本漫画中颇为经典的人物形象——孤独美食家,从1994年到1996年,《孤独美食家》在《月刊PANJA》杂志上连载,2012年又被改编为同名电视剧,到2021年已经播出到了第九季。

在剧中,井之头五郎独自经营一家杂货店,虽然不是实体店,却接到不少客人的订单。每次接单他都亲自登门拜访客户,但总是带着游山玩水似的雅兴,只要肚子咕噜叫了,他就会秉持着"完全饿不得,吃饭事最大"的信念,杀进周遭的餐厅大快朵颐。他也因此发现了隐藏在城市各个角落的美食。

他最享受用餐时不被人打扰、细细品尝料理的美好时光,喜欢在内心自言自语品评滋味。香喷喷的烤鸡肉串、热辣的无汤担担面、一个人的美味烤肉、入口即化的静冈关东煮、香脆可口的炸猪排套餐等,每当沉浸在一个人享受美食的过程中,井之头五郎内心除了美味心无旁骛,填饱肚子后烦恼也一扫而光。

在快节奏的日本,男主角非但没有被职场、家庭、健康三座大山压得喘不过气,反而过着一种世外桃源般的生活,优哉游哉地拜访客户,寻找美食。剧中的井之头五郎,没有妻子、没有同事,只有一个人的饥肠辘辘,一如这部电视剧片头的独白:"不被时间和社会束缚,幸福地填饱肚子,短时间内变得随心所欲,变得'自由',不被谁打扰,毫不费神地吃东西的这种孤高行为,是现代人都平等地拥有的最高治愈。"

与其把《孤独的美食家》看作一部日剧,不如把它当作一部纪录片,剧中的饭店,在日本都是真实存在的,不过这里面基本没有米其林这样的高级餐厅,而是以路边小餐厅为主,这样一种对平民美食的定位,也收获了大众的关注。就像这部剧的主演松重丰所说,"不需要米其林星级餐厅,就算是街角一家不起眼的小店,即使一个人也能毫不尴尬地、从容地、认真地、讲究地对待食物"。

"我习惯依不同的季节吃不同种类的食物,或是依照不同的心情来选择料理,完全视当下的情绪而定,"松重丰说,"从拍摄的前一天晚上到当天的早餐及午餐,我都禁食不吃,当剧组用餐时,也只能在一旁流口水。等到下午两三点要拍摄的时候,我早已经饿到不行,看到什么都想吃,什么东西都好吃,当吃下热腾腾食物的瞬间,真的觉得是人间美味。"

可能是年轻时在中国餐厅打过工的原因,松重丰对中华料理尤为钟爱:"仿佛有一种魔力,无论身体状态健康或疲惫,都能轻松下咽,吃起来相当美味,马上就能恢复元气……我真的很想把酸菜白肉锅介绍给日本人,它会让我的胃变成无底洞,再多都吃得下,酸本身就开胃,吃多也不会腻,随着时间的推移,每口的味道都不一样,而且还会越煮越多变化。"①

---

① 陈幸芬:《"大家都觉得我吃相很香,那是因为我真的很饿"——专访〈孤独的美食家〉松重丰》,《潮人物》2020年5月1日。

在澎湃新闻拍摄的一部纪录片里，原著漫画家久住昌之说，"我创作《孤独的美食家》最核心的一个工作就是探店，为了能更好地完成漫画和发掘更多的素材，我时常会和作画老师去同一家饭店吃上好几次。尽管胃口很小，但也要坚持吃完所有的食物，我认为这是对一家餐厅和料理人的尊重。每次出去踩点，我最喜欢那种能够让人感受到特别气氛的小餐馆。如果是私人开的饭馆，那一定藏着那个人的故事，特别耐人寻味"。

　　不过，久住昌之也有翻车的时候，"你问我有没有碰过壁？那当然有，尤其是在不熟悉的地方找饭店，我觉得应该好吃但是进去吃了却发现很难吃，这样的事情有过很多次。嗯，我感觉就是自己输了，毕竟运气的成分也占不少。但因为我是个漫画家，遇到这种情况觉得可以成为反转的素材，让大家会心一笑，虽然自己吃了不太高兴，但也是很有趣的一件事"。

　　久住昌之曾到访过上海，在淮海路的街角里弄体验中国的"苍蝇馆子"，但他也发现了一个难题："中国餐馆和日本料理店最大的区别是，中国菜每一道量都很大，如果只点一个菜，那也很奇怪，所以说一个人吃中华料理，还是挺麻烦的。另外，既然点了菜，就一定要吃完，留下剩菜的话对餐厅也挺抱歉的，如何有技巧地点菜，可能是最大的学问了吧。"

　　私密主义据说也是人类进食的另一种本能，也就是说聚餐这一行为本身的历史并不悠久。人文地理学家段义孚曾经在《逃避主义》一书中写道："进食对于人类来说是非常必要的也是非常愉悦的一件事，但是一旦我们停下来思考自己正在做什么，一种不自在的感觉就会油然而生。这种不自在的感觉是否普遍存在于人类当中？它是否意味着人类隐藏的敏感性在适当的情况下会暴露出来？那这又将会是怎样的一种情况呢？或许，最普遍的情况就是当我们注视着他人进餐或他人注视着我们进餐的时候。在人数众多的公众场合进餐，是一件美妙的事情。进餐过程通常伴随着一系列的餐桌礼仪，但是进餐本身并不具有公开性。人们认为进餐是动物性的行为，因而也是非常私密性的行为。人们为进餐创造相对独立的空间，以免进餐时受到他人的注意与打扰，从而确保进餐的私密性。"

井之头五郎一个人觅食进餐，却收获了数亿人的围观。《孤独的美食家》在中国也颇受欢迎，其中仅第八季在视频网站哔哩哔哩的总播放量就超过了 4400 万次，在豆瓣网评分达 9.3 分，也影响了一代中国人对美食、对生活方式的思考。①

蔡雅妮曾在上海《第一财经周刊》担任了五年的图片编辑，"每周至少得熬两个通宵来工作。那时我刚过三十岁，在媒体业待了十年，青春全耗在这儿了"。如同许多自由职业者的故事那样，蔡雅妮在三十岁那年决定离职。离职那阵子，蔡雅妮手握 iPhone 4，把旅行里吃什么、看什么全拍下来，生活作息脱离过往常轨，经常一人煮食、一人进食。"以前和同事吃饭，再好吃的食物摆在面前，大家谈着工作，根本无心品尝。"然而，离职后，一个人吃饭像是"半休眠"状态，无须社交，只要享受酸甜苦辣在嘴里；不是孤独或独身的映照，而是一个人懂得如何安顿好自己的日子。

一次睡梦中，蔡雅妮梦见了"一人食"，醒来后就在微博上注册了"一人食"的账号，开始拍摄中国的"孤独美食家"，于是就有了我们在微博上看到的那些暖心的一幕幕：主人翁熟练地将咸肉、竹笋和豆皮下锅熬煮，剁碎的青江菜配上隔夜饭大火拌炒；严冬里，

---

① 《孤独的美食家》第八季在哔哩哔哩网站的播放数据和豆瓣评分统计截至 2022 年 1 月 24 日。

一口菜饭配上一口滚烫的腌笃鲜，是老上海人最爱的菜式。开盖，热气蒸腾、有菜有肉，忙不迭地送入口中，一股脑儿吧唧入腹，祛寒解饥，肚里什么都有了。隔着屏幕，都能感受到胃里的暖流。每一个故事，都被浓缩在短短三分钟的视频里，买菜、做饭、进餐，一气呵成，把日常的一人一食，拍得有滋有味。①

日本消费社会学家三浦展说，"一个人住的独居者，正成为商业社会的主流消费者"。日本政府发布的《食育白书》中针对3000名20岁以上国民的抽样调查发现，2017年日本国民在一星期中超过4天独自进食的人数达15.3%，相比六年前的10.2%上升了5.1个百分点。

随着单身人群的普遍化，餐饮行业也在掀起一场新革命，十多人的大圆桌、大包间正越来越多地让位于小卡座、小隔间。

日本著名的一兰拉面，堪称社交恐惧症的幸福之地，也是日本第一家专注于鼓励顾客一个人专心吃好面的餐厅，称得上是日本一人食的鼻祖。在这里用餐，全程无须与服务员、其他顾客接触，店面一进门处就设置了名为"食券贩售机"的自助点单机，每一个餐位都是一个独立隔间，服务员从隔间带帘子的小窗口为顾客上餐，不会与顾客碰面。在这里吃面，你不需要顾及旁人的眼光，甚至不需要跟店员有过多交流。

"一人食"在日本并不少见。另一家名为 Gusto 的烤肉店，每个席位完全独立，相当于半封闭的包厢，除了出入口，每个食客都拥有独立空间，三面环板打造超强的隔音效果，无论是打字还是打电

---

① 吕苡榕：《离职小编"一人食"生活日常感动　Airbnb、三得利抢合作》，《今周刊》2019年3月14日。

话，都无须担心影响到别人。每个席位还配有电源、Wi-Fi、餐具盒，各种调味品也都一应俱全。所有席位内的物品完全免费使用，为互联网时代的上班族提供了超强的安全感。

韩国京畿道富川市一家烤肉店中，室内装潢和就餐环境都按照单身顾客的标准布置：餐位就像自习室里的书桌一样，三面设有隔板，避免食客与周围的人产生眼神交流；桌子一角安装有电子屏幕，供客人边吃饭边看电视。考虑来这里的食客往往是独自吃饭，菜单上贴心地设有分量减半的菜品。一人份的生五花肉售价1.1万韩元（约合人民币67元），与普通烤肉店价格相当。据韩联社报道，随着一个人吃饭、喝酒的独食族的逐年增加，便利店、快餐店等在该国明显增多，外送饮食服务也会提前配好一人份的货品。[1]

一个人吃饭、一个人喝酒、一个人看电影的"独自族"已成韩国一大社会现象。韩国招聘门户网站Saramin 2016年9月20日公布的针对1593名20～39岁年轻人的问卷调查显示，52.5%的受访者认为自己是独自族。对于独自进行活动的类型（可多选），95.3%的受访者的答案是一个人吃饭，其后依次为购物（84.3%）、运动（83.6%）、看电影（74.7%）、旅游（59.7%）、喝酒（48%）等。至于成为独自族的理由（可多选），选择"可按自己的方式生活"的受访者最多，占比达75.9%，其后依次为可享受只属于自己的时间（66.4%）、减轻经济压力（36.7%）、不用迁就别人（35.5%）等。调查显示，独自族对自己生活的满意度达73.1%，高于"非独自族"的满意度（64.4%）。对于独自族文化扩散的理由，44.1%的受访者认为是"个人主义价值观深入人心"，其后依次为经济形势不乐观

---

[1] 吴蕴聪：《中日韩有多少"孤独的美食家"》，中青在线，2017年12月8日。

（19.8%）、"不婚族"增加（12.1%）、失业青年增多（8.9%）等。①

国内有不少餐厅开始试水"一人食"模式，一人食火锅、焖锅饭、日料等都已悄然走进大众视野。在微博、抖音等平台可以看到，一人食餐厅高峰期等位不亚于风靡一时的网红茶饮店；不少传统餐饮品牌还专门设置了单人餐饮区，使人们不必面临一人进食的尴尬；购物达人也会发现能够轻松买到一人规格的食品。

中国火锅连锁品牌呷哺呷哺在早期就看到了这一趋势，为了满足单位消费者的个性化需求，他们增设了一人吧台位和小锅模式，合理利用空间的同时还提升了翻台率。乐凯撒一直主打的独立封装的"一人食"，此时也特别符合客户需求。为了配合单人餐的刚需，乐凯撒快速优化了"一人食"团餐。不仅是乐凯撒，其他商家也纷纷推出单人套餐。比如外婆家的"食为天套餐"，就推出了主菜为剁椒牛肉、带鱼、小黄鱼等的多款单人套餐。

高级餐厅也推出了针对单位顾客的服务。2013年6月底，世界上首个只提供单人桌的高级餐厅Eenmaal在荷兰阿姆斯特丹开业。"Eenmaal"在荷兰语中有"一次"也有"一餐"的意思。身为设计师的Marina思索设计的意义时，认为除了将美感带给人们之外，设计应该更为人心设想，因此孤独成了她的主题，她希望翻转人们对于一个人吃饭的坏印象，让从未一个人上馆子的人可以勇敢尝鲜，体验一个人享用美食是多么刺激又美好的事，当然也让平日我行我素的人有个去处，可以光明正大地独自用餐，不必承受其他饕客的异样眼光。这家单人餐厅的原址是一处废弃超市，餐厅里面的每一件物品都是为单人设计的，单人椅、单人桌、单人餐具，一个人享

---

① 《调查：韩国过半80后90后认为自己是"独自族"》，中新网，2016年9月20日。

受餐厅里每一样单人的东西。所有餐桌凌乱分布在各个角落,且尽量避免客人们有眼神接触,有什么心事请对墙壁诉说。Eenmaal 餐厅提供音乐、书籍、灯光、杂志,但不提供网络,甚至连掏出手机都不太允许。店家鼓励客人吃完饭打开书本或报纸,彻底感受一个人在公众餐厅的慢生活。

但并非每个人都能享受一人用餐的孤独。中国青年报社会调查中心联合问卷网,对 1991 名 18～35 周岁青年进行的一项调查显示,一个人出门吃饭时,48.5% 的受访青年会速战速决,37.1% 的受访青年会直接寻找最不显眼的角落入座,36% 的受访青年觉得菜点多点少都不合适,30.2% 的受访青年最讨厌服务员高喊"一位,里面请",12.9% 的受访青年觉得食欲会有所减退。这次调查的受访青年中,单身的占 24.8%,有恋人仍未婚的占 21%,已婚的占 53.2%,其他婚姻状况的占 1%;男性占 50.4%,女性占 49.6%。

调查显示,一个人去餐馆吃饭,67.6% 的受访青年会感到尴尬。女性受访青年感到尴尬的比例(70.6%)明显高于男性(64.5%)。这份调查显示,71.5% 的受访青年认为商家有必要设置单人就餐的空间,其中 21.5% 的受访青年认为非常有必要,其中有受访者建议最好还能专门设置一人套餐,这样单人就餐时既能尝到好吃的菜品,也不会造成浪费。调查中,还有人说,"本来自己不在乎,结果被周围人的反应弄得很尴尬,反而不如在家随便凑合或点外卖吃得自在"。[1]

不断壮大的单身族群也成就了外卖的繁荣。来自美团平台的数

---

[1] 杜园春、伍越:《73.0% 受访者认为年轻人"好好吃饭"成了问题》,《中国青年报》2017 年 11 月 30 日。

据显示，2019年，"一人食"关键词的搜索量同比增长了196%。疫情期复工，安全用餐成为餐饮消费刚需，"一人食"消费进一步加速。美团点评餐饮学院的数据显示，在2020年1月，"一人食"日均销量翻倍增长。尤其随着2月中旬复工，"一人食"日均销量相比2月上旬增长了32.4%。不仅"一人食"菜品销量高于餐饮整体的日均销量涨幅，而且线上平台提供"一人食"相关产品的营业餐厅也在迅速增加。3月上旬，提供单人团购套餐、单人外卖等"一人食"相关产品的餐厅数量环比增长226.8%，高于行业整体营业餐厅数量的涨幅。

经济越发达的地方，"一人食"也越普遍。美团点评餐饮学院"一人食"线上交易的数据显示，"一人食"更偏爱发达城市，分布在一线、新一线和二线城市的"一人食"餐厅数量占比为67%。其中，一线及新一线的19个城市，"一人食"餐厅数量占比达到了45%，将近一半。值得注意的是，新一线和二线城市由于城市数量和经济体量的综合优势，"一人食"餐厅分布数量占比分别达到了25%和22%，均高于一线城市的20%。数量对比的差异，也在一定程度上反映出"一人食"餐厅的下沉趋势。①

在线零售平台也反映了"一人食"的新趋势。《2018京东食力消费趋势年度报告》显示，"一人食"类食品2018年销售额同比增幅超过60%，购买主力是26~35岁人群，江西、上海、福建、宁夏、黑龙江成为"一人食"食品消费金额增速最快的地区。京东超市食品销售数据显示，2018年"一人食"类食品销售额同比增幅超过60%，

---

① 顾立、王浩：《美团"一人食"线上日均销量上涨252.1% 安心消费成餐饮新趋势》，上游新闻，2020年3月25日。

各种"自热火锅""自热钵钵鸡""自热螺蛳粉"等一人份食品受到消费者追捧。

天猫发布的《2019—2020国民味道》报告指出,一人食、健身餐、滋补品、原产地、跨界品和懒人速食将成为2020年六大年度美食趋势。其中,2019年"一人食"的商品销量在天猫同比上涨30%。"一人食"主要包括两大品类:一是方便速食类,包括自热小火锅、拉面、自热米饭等;二是半成品菜类。

独自旅行，寻找在路上的意义

相比独自吃饭，独自旅行似乎更令人向往。作为"垮掉的一代"的"教父"，杰克·凯鲁亚克在18岁读了杰克·伦敦的传记后，就决心当一个冒险家、一个孤独的旅行者。大学二年级退学之后，这个法裔美国青年就开始了一人浪迹天涯的旅途。

从美国南部到东海岸再到西海岸再到偏远的西北部，凯鲁亚克的足迹遍及墨西哥、摩洛哥、巴黎、伦敦，他乘船横渡大西洋和太平洋，在不同的城市遇到各色各样有趣的人。他在铁路上、货船上、深山里工作，在纽约同"垮掉的一代"谈天玩乐，在巴黎巡游教堂和博物馆，生动地展现一个独立自主且受过教育但又身无分文、四海为家的浪子的生活状态。后来，他把这些旅行的经历写成了一篇篇文章，并最终汇总到了《孤独旅者》一书中。

逃离原本就是旅行永恒的主题，旅行也是一种浪漫的离家出走。梭罗也曾赞美过独自旅行的好处："独自旅行的人今天就能出发，但和人一道旅行就得等到对方万事俱备。"

随着单身群体的不断壮大，一个人的旅行正在成为一个独特的细分市场。据英国旅行社协会在2018年度假习惯报告中所称述，2018年，英国约有15%的旅行者独自旅行，这一数字高于2017年的12%和2011年的6%。

旅行网站马蜂窝的相关数据显示，2020年"春节单身游"这一关键词成为该平台热搜，热度上涨了 100%；计划春节一人游的用户中，30 岁以下的人群占比超七成。同程艺龙与同程旅游联合发布的《一人旅行报告 2019》显示，独自出游者最喜欢自由行，占比高达 77.7%，跟团游占比 10.8%，半自助游等其他出游方式占比 11.5%。尽管大多数独自出游者选择了自由行，但他们并不排斥高品质的跟团游，尤其对于目的地定制产品等较为青睐。因此，从传统旅行社到在线旅行预订平台，都开始推出许多针对单身人群的旅行产品。

旅行也是一个人自我确认的过程，对于职业女性来说尤其如此。工作多年后，美国普利策奖获得者艾丽斯·斯坦巴克感慨道："在工作中，我的生活依旧如故。我继续采访有趣的人并写专栏。这是一项极具挑战性的工作，有时甚至是几乎不可能完成的工作，我对此完全投入。我的工作不仅是我所做的事，而且是我的身份。但是有时候，我发现自己在想我是否也为此投入了，有时我觉得我的身份只限于一名记者。我想知道，那个热爱艺术和爵士音乐，冒险念头总是潜伏在心中某个角落的女人发生了什么？我好久没见到她了。她失踪了吗？还是我太忙于写别人的生活而没有关注她？"

作为美国《巴尔的摩太阳报》[①]的著名女记者的同时，斯坦巴克还是一个单身母亲，抚养两个儿子。当儿子们都长大成人，她也有一份稳定收入时，她感到越发难以遏制内心的想法，这个想法就是她在畅销书《无须预订——一个独立女性的旅行》中写到的："我们之中的很多人，曾经不止一次地有一种冲动，要将我们的日常生活和责任都抛下，暂时去寻求一种新的生活。我梦想着可以自由地随心所欲地旅行，不受日程、责任和太多的既定计划所拖累。"这个梦

---

① 《巴尔的摩太阳报》创刊于 1837 年，是美国历史较久的著名日报。——编者注

想"会在奇怪的时间突然冒出，午夜，我会爬起床开始考虑这样一个计划需要多少钱，怎样弄到这笔钱，我花好几个小时在书店里卖旅游书籍的地方寻找可能的目的地。晚饭时，我一边和朋友说笑，一边就会想到在一个陌生的没有朋友的城市里，作为一个女人我会有多大的能力"。

最后，斯坦巴克决定实现她一生的梦想，去巴黎，在塞纳河左岸的小旅馆住上一个月。"我想碰一碰运气，多经历一些冒险，学习少说多听的技巧。看看远离工作的保障、朋友和已经建立起的信誉，我是不是还能闯出一条路。当然，我也想丢掉10英镑，剪一个完美的头发，以3折的价钱买一件阿玛尼的衣服，并遇到伊维斯·蒙塔德双胞胎中的一个，他会深深地、疯狂地爱上我。"

斯坦巴克的这种感受，其实正是女性在生活中会遇到更多"限制性的责任"的反应，所以她们更希望借助单人旅游获得放松。这一点跟女性的各种社会角色有关，女儿、妻子、母亲，几乎每一种身份都会带来或多或少的"不自由"，而一个人出去玩很明显是一个"做回自己"的好机会。事实上，类似斯坦巴克这样的单亲女性大多会向往一个人的自在。调研公司Mintel在2017年的英国单身者报告中就提供了一个佐证：61%的单身女性表示，她们对自己目前的亲密关系状态感到满意，75%的人在过去一年都没有积极寻求亲密关系，这两个数字在男性那里却只有49%和65%。

社交媒体也给了女性独自上路的信心和勇气。美国旅行预订网站Booking.com在2014年发布的《独行旅行报告》显示，网络社交渠道在美国女性的个人旅途中扮演了重要角色，其作用包括"规划旅程"（49%）、"与朋友家人保持联系"（60%）和不可忽略的"从线上交流和观察中获得自信与安全感"（56%）。在社交媒体的促进下，她们之中有 55% 的人，独自旅行的意愿比 5 年前有了显著提升。

女性也正在成为独自旅游的主力人群。英国航空在 2018 年通过调研来自英国、美国、法国、印度、德国、意大利、巴西和中国的近 9000 名 18～64 岁的旅客发现，全球独自旅行的女性数量呈上升趋势，其中 46% 的中国女性选择独自旅行，且有 35% 的女性计划在未来 2～3 个月内独自旅行，在 26～35 岁的女性中有 55% 的人独自前往过另一个国家。

通过调研形成的《全球独行旅客研究报告》发现，65% 的中国女性受访者选择独自旅行的原因是寻求自由和独立的感觉；63% 的受访者希望能够拥有自己的私人空间；61% 的受访者认为独自旅行可以自主选择出行目的地；48% 的受访者是因为想要结识新朋友并拥有独特的体验。此前，携程在对最近一年报名国内游、出境游的用户统计中发现，独自旅行者中，女性游客占到了 58%，"独行侠女"逐渐增多。

单身女性独自旅行还源于日益独立的经济状况。2019 年"三八妇女节"前，天猫发布了一组独立女性消费报告。数据显示，大城市的女性更独立，在独立指数排名中，上海、北京、广州、深圳、杭州没有悬念地排在前五。与此同时，小镇女青年也在崛起，其中，海南三沙市、台湾苗栗县、广东揭阳市的潜力指数最高。

休闲之外，旅行也被女性认为是一种自我提升的方式。天猫数据显示，2019 年，在关于自我提升的商品中，书籍和旅游产品占据了热销榜前两名。飞猪 2019 年的数据显示，80 后女性旅游支出费用最高，而且她们偏爱境外游，最爱去的目的地排名前五的分别是中国香港、日本、泰国、中国澳门和新加坡。与女性独立指数吻合的是，最热爱旅游的女性用户，依然分布在上海、深圳、北京、广州、杭州等大城市。

网络知名旅行博主和女性独行旅行团的组织者赞纳·范迪克评论道："毋庸置疑，现代旅行方式已经发生了巨大的改变，女性希望通过不断探索与发现新事物来度过属于她们自己的时间。我们已不再被传统的家庭度假观念或独自出行的舆论束缚。我经常帮助那些跃跃欲试希望探索独行旅游的游客安排行程。在这里，她们可以遇到志同道合的旅友。我个人最喜欢前往的目的地是肯尼亚、泰国和巴厘岛。因为去这些地方旅行不但很方便，而且还有很多尚未被探索的新元素。"

显而易见的是，女性比男性似乎更看重旅行的意义。携程旅游调研报告表明，82%的女性认为旅行比奢侈品更有价值，更适合减压。女性也更舍得在旅行上花钱：女性旅客最近一年旅行花费在1万元以上的比例占70%以上，比男性高10个百分点。旅游消费在2万元以上的女性占40%。与其他调研国家相比，绝大多数英国男性和女性在50岁以后才开始他们的第一次独自旅行。美国女性独行旅客的数量最少。与美国46%的男性独行旅客相比，女性独行旅客仅占17%。然而，这些独行女性旅客绝大多数会安排6个月以上的行程。报告还显示，中国女性独行旅客在选择目的地时，76%的女性会选择赴东亚旅行，57%的女性独自前往过东南亚和南亚旅行，超过59%的女性前往过欧洲，30%的女性去过美国。此次调查结果还显示，非洲是中国独行旅客探索最少的目的地，只有不到5%的人去过。

女性对自由行产品情有独钟。携程在2019年3月发布的自由行产品订单数据显示，独自旅行者中，女性游客占57%，男性游客占43%，女性独自出游占比更高。女性在出境自由行中的人数占比逐年攀升，2018 年达到了 58%，高出男性 16 个百分点，相当于 10 名中国自由行游客中有 6 名是女性。

但男女在独自旅行方面还有许多共通之处。一人玩景点人群的年龄结构相对更加年轻化，同程艺龙与同程旅游数据显示，以 95 后占比最大，达 24.6%，其次是 85 后、80 后、90 后，分别为 18.3%、16%、15.3%。70 后和 60 后一个人玩景点的比例均低于 10%。不过，除了年轻人，中老年人也加入了"一人游"的序列，携程的数据显示，2019 年，20 世纪 50 后与 60 后的银发一族也加入了独自旅游的队伍，有更多的时间也更愿意花钱自己出行，人均消费分别为 3222元和 2499 元。携程数据显示，在近年热门的非洲旅行路线中，14%的用户选择独自一人出行，在非洲独享一个人的旅行时光。

出游时间方面，同程艺龙与同程旅游数据显示，工作日和双休日出游人群中，一人出游者分别占比 5.5% 和 5.3%，节假日出游人群中一人出游者的比例为 3.9%。这份报告认为，在一人玩景点人群中，尚未进入职场的学生群体占比较大，这是工作日出游占比较高的主要原因。前述英国航空的调查则发现，中国成为最愿意进行长途旅行的国家。数据显示，在中国，54% 的女性旅客进行过时长两周的旅行；59% 的中国女性旅客有过 2~5 次独立出行的经历，她们当中近半数人愿意长途旅行；47% 的人在最近一次国际旅行的过程中乘坐飞机超过了 11 个小时。

热门主题方面，同程艺龙与同程旅游数据显示，一人出游者相对偏爱博物馆、动物园、主题乐园、山岳/河湖、园林/公园、海洋馆等。故宫博物院、成都动物园、上海迪士尼、云冈石窟、华山风景名胜区、西湖、上海海昌海洋公园、拉萨大昭寺、凤凰古城、广州塔等都是一人玩景点的热门选择。

出游花费方面，一人旅行普遍更加注重品质，舍得花钱购买航空意外险、住高星酒店，会预订接送机、机场餐食、贵宾厅等服务。一个人度假国内游的花费大约为 3643.71 元 / 人，出境游的花费大约为 8626.85 元 / 人，相较多人出游人群的花费水平高出了 60% 以上，"打白条"（分期付款）出游成为相当一部分一人出游者的选择。从消费结构来看，一人出游花费占比最大的是住宿费，通常占 50% 以上，其次是交通费。

在目的地玩法方面，一人度假人群相对更加喜欢碎片化的元素，例如本地化的美食、当地民俗文化体验等，对于客流量较大的大众化景点则兴趣不高，深度体验当地文化是他们的最爱。

安全也是单身游客关注的头等大事之一。马蜂窝在 2019 年发布的《单身人群旅游分析报告》称，2018 年全年有关"独自旅行"的相关问答增长了 21%，其中，旅行者最关注的是自身安全问题。旅途寂寞、语言沟通、自拍技巧等问题也受到单身旅行者的关注。马蜂窝旅游研究中心负责人冯某表示，单独旅行的自由固然充满魅力，但安全问题也不容忽视，它对游客的旅行经验、自我保护意识和急救能力，都提出了较高的要求，因此，对于缺乏经验的游客来说，选择与人同行是更为稳妥的方式。女性独自出游尤其是境外游会比男性面临更高的风险。携程 App 全球 SOS 服务系统上线以来，收到中国游客在全球的数千起求助，其中 65% 以上来自女性，82% 的求助发生在海外，最常遇到的紧急情况包括意外受伤、生病、物品遗失、补办证件等。

一人买房，单身族的幸福锚点

无论已婚人士还是单身者，拥有自己的房产都是一件好事。城市的中国人住得都不太宽敞。由贝壳研究院发布的《2018年全国购房者调查报告》显示，2018年，我国购房者中24.3%的家庭，人均居住面积不到20平方米，相当于三口之家住房不到60平方米，而仅有9.3%的家庭人均居住面积在50平方米以上。若以卧室为衡量指标，则可以发现，60%的家庭人均卧室数不到1间，其中2口之家人均1间卧室，3口之家人均0.8间，4口及以上家庭人均卧室仅为0.6间，这意味着人口数越多的家庭住得越拥挤，改善需求越强烈。

然而，住房在中国人心中的地位极为重要，它与社会地位、婚姻、收入间存在着千丝万缕的联系，住房甚至成了一个人的社会地位、婚姻、收入的重要表征之一。

购房是很多人消费的头等大事。58安居客房产研究院联手58同城汽车研究院合作调研并发布的《2019年单身人群居行报告》称，58.7%的单身人群倾向于先买房再买车，单身人群期望在31～35岁拥有第一套房的占比最多，达36.5%。报告显示，单身人群仍普遍认为买房对于婚姻至关重要，有57.1%的调研人群倾向先买房再结婚。此外，超七成的单身人群表示买房是为了日后结婚的需要，另外出于自住考虑而买房的单身人群比例也有近七成，这两点成为单身人群的主要购房目的。调研表明,近半有房贷/车贷的单身人群每月还贷支出多在 3000~5000 元,还款压力不小。

在不同的文化中,人们都常常把拥有自有住房与幸福感联系在一起。英国国家统计局 2019 年发布的《什么在影响我们的生活满意度》的报告称,相比生活中的其他问题,身体健康程度、性别、婚姻状况、经济状况、年龄、住房状况、家庭支出以及是否有小孩等 8 个因素在最大程度上影响到了英国人的生活满意度。其中,住的房子是租的还是自己的,在生活幸福感上确实有着非常大的区别。具体来说,住社会福利房的幸福感最低,然后是那些租房人群。有房人士的生活满意度,较之分别高出 1.25 倍和 1.22 倍。可见租房人群的生活满意度,比起住社会福利房的人高不了多少。

中国也做过类似的调查,由中国人口宣传教育中心等单位发起的《2012 年中国家庭幸福感热点问题调查》显示,现代人的幸福之源在于家庭,影响中国家庭幸福感的主要因素,按相对作用大小依次为家人健康、夫妻和谐、有自己的住房、子女成才和心态好。调查表明,受访者住房状况"很好"的家庭幸福感高。对居住小区评价越高,家庭越幸福。住房条件和社区环境,与家庭幸福感亦有正向相关的关系。能否拥有满意的自有住房,仍在较大程度上影响着中国家庭的安全感和幸福感。

贝壳研究院对不同婚恋状况的人进行的调研发现,94.85% 的人认为住房和幸福相关。2017 年五四青年节前夕,网易房产数据中心发起网络民调。这项调研针对全国各地近 5000 名网友,最终收回有效问卷 4469 份,其中男女比例约为 8∶2,九成受访者为 80 后及 90 后。调研发现,即便房价高企,高达 85.4% 的调查对象仍表示,买房是必需的。

购房与婚姻也存在微妙关联,甚至在某些情况下,先买房再结婚成为一种潜规则。据互联网长租公寓品牌蛋壳公寓联合互联网婚恋网站百合网在 2019 年的联合调查,房子作为婚姻的"起步价",无时无刻不在考验着人们的爱情,"可不可以租房结婚"成了摆在异乡打拼情侣面前的一道难题,调查发现,超四成的男女给出了折中的选择——如果短期内能买房,则可以接受租房结婚。但随着年龄的增长,越来越多人开始在意租房结婚的问题。并且,从地域来看,二线城市不接受租房结婚的比例明显高于一线城市,一线城市对于租房结婚的包容度更高一些。

在是否有房才结婚的问题上,美国人表现得更为豁达些。美国在线房地产服务公司 homes.com 公布的调查结果显示,仅有 35% 的美国人认为,买房必须是结婚的前提。

在日本,近 1/4 的日本人在结婚后依然租房。自 2011 年起,日本三菱综合研究所每年都对 3 万名日本人进行网络问卷调查。2011—2016 年,受访者全体平均租房比例是 30.2%,已婚者的平均租房比例是 24.1%。从最新数据中,我们可以得知,二十几岁的已婚人群中,6 成以上都是租房,自有住房的比例在 40 岁以后才显著提高。这与日本经历过房地产泡沫破灭有很大关系,现在的日本人对房产投资比较谨慎。另外,随着日本少子化、老龄化问题持续,房屋的供应大于需求,买方市场现状加之未来看跌的预测,都造成了日本人并不特别积极地买房。当然,经济能力和年龄达标之后,拥有自己的住房依然是日本人的梦想。但是,社会现状的不同,思想意识的不同,导致了同属东亚文化圈的日本,对"结婚就要准备自有住房"的观念,以及对房子的执着并不如中国人强烈。

不过,观念也在变化,在韩国,七成未婚人士对结婚时应由男方购置婚房的传统观念表示反对。韩国保健社会研究院在 2019 年 3 月发布的《2018 年全国生育力及家庭保健福祉实态调查》显示，在 1140 名韩国未婚男性中，对于"应由男方购置婚房"的观点持反对意见者达 70.2%，其中 15.5% 的男性表示完全反对，54.7% 的男性表示比较反对。而在 1324 名未婚女性中，对该观点持反对意见者也达到了 72.3%，其中 16.3% 的女性表示完全反对，55.9% 的女性表示比较反对。调查还显示，对这一观点表示"完全赞同"的回答者中，未婚男女分别只占总调查人数的 3.8% 和 4.3%。因此有分析称，"购置婚房仅仅是男方的义务"这种观点在韩国已经不再是主流。这份调查的研究团队表示，"这一结果显示人们对婚姻形式看得越来越轻，与此同时更加重视个人判断和决定的趋势正在迅速形成"。[1]

单身群体正在成为购房的主力军。麦田房产在 2018 年双十一购物节期间发布的北京单身族购房报告显示，在北京的单身人士中，26～30 岁买房的人占比达到了一半，其次为 31～35 岁的人，这一阶段正是生活逐渐稳定、事业上升的阶段。而从购房资金的来源来看，除了自有资金外，"啃老"还是很普遍的现象。

从数据统计来看，在购房的单身族中，女性占比 52%，男性占比 48%，单身女比单身男的购房比例还要多出 4 个百分点。从具体年龄来看，28 岁是单身族买房年龄的最高峰，成交占比达到了 10.3%，其次是 29 岁和 27 岁，这三个年龄段的单身族购房成交总占比达到了 26.3%。

报告显示，两居室是单身族的首选，占比达 42%；其次是一居和三居，分别占 31% 和 23%。从面积来看，单身族最倾向于选择

---

[1] 《调查：韩国七成未婚男女反对结婚应由男方买房》，环球网，2019 年 3 月 22 日。

60～90平方米的房子，占比达34%。看来在户型和面积的选择上，单身族还是量力而行的，他们更注重设计合理性及居住舒适度。

从付款方式来看，32%的单身族选择全款购房，低于40%的市场整体水平。单身群体普遍较为年轻，对收入上升预期看好，所以一般更倾向于选择贷款。报告显示，在北京，单身族的成交均价，以600万元以下最多，占到了46%，600万~1200万元占到了38%。单身族一般经济积累有限，很多人在购房时会借助一些家庭资金的支持，购房成本整体要低于市场平均水平。

虽然近来与父母同住的年轻人开始多起来，但搬到自己的房子住仍是很多美国青年的梦想。《今日美国报》曾报道过这样一个故事，1994年出生的道格·桑德斯，以前总以为自己会在结婚的时候买房。大学毕业后，他与父母同住，找到了一份销售的工作，基本没有休闲度假时间，于是存了一些钱。后来，他得到知名啤酒厂商的销售代理工作，薪水上涨大约30%。当存款增加到两万美元时，桑德斯的想法开始变得大胆。"我意识到我有钱买房了，"他说，"我宁愿买房也不愿租房。"2019年10月，在父母的帮助下，依然单身的桑德斯在俄亥俄州小城利马以12万美元（首付20%）买下了一套三居室牧场式住宅。桑德斯说："据说人生有三大决定，即跟谁结婚、买房和职业选择，早点搞定其中一样……确实感觉不错。"

美国人口普查局发现，2018年，美国单身购房者比例达到了创纪录的38.4%。《今日美国报》认为，这一趋势如果持续，可能重构美国楼市，并促使开发商建设为单身人士和首次购房者量身定制且价格更实惠的住房。美国房产经纪机构豪斯公司的调查结果显示，2018年，年龄在18～34岁的美国单身人士比例达到了创纪录的72.3%。这一数字在2008年为67.2%，在1980年为47.6%。豪斯公司首席经济分析师拉尔夫·麦克劳夫林说："人们比以前结婚晚。"[1]

但一些大城市，房价远超出许多年轻人的承受范围，大部分人要工作十多年后才有足够的首付买房。贝壳研究院发布的《2021居住客群消费趋势年报》显示，一线城市购房平均年龄约为37岁。在此之前，租房成为一种更普遍的选择，一批投资者看到了高品质长租市场的巨大需求。

据房地产咨询机构克而瑞估算，2018年，中国房屋租赁人口数量预计为1.9亿人，租赁市场规模已超万亿元，2030年房屋租赁人口数量将达到2.7亿人，整体市场规模将达4.2万亿元。由于90后一代更加强调生活质量，强调个性化和社交化，强调思想和文化的氛围，而传统的租赁市场要么长期忽视、要么无法理解这些需求，所以更不可能有效满足这些需求，这为青年长租公寓提供了可以切入的市场空白点，近年来出现的多个品牌公寓都在不同程度上响应了年轻人的这种新型需求。

目前，一线城市的长租公寓市场已基本普及，北京、上海、广州和深圳的长租公寓入住率分别达到了93%、89%、95%和96%。中国移动互联网第三方数据挖掘和整合营销机构艾媒咨询研究发现，长租公寓受到资本青睐，地产开发商、地产服务中介、互联网资本和酒店服务集团纷纷进驻长租公寓行业，形成泊寓、自如、YOU+国际青年等品牌，但彼此竞争激烈。

单身租房人群也在推动中国房地产市场的商业创新。租房一族多信奉"房子是租来的，生活不是"的信条，对租住品质尤为看重。他们对于租房有自己特殊的要求：Wi-Fi不能缺、居住地周边有便利

---

[1] 卜晓明：《美国单身购房者比例创纪录》，新华社，2020年2月28日。

店是主要考虑的因素,爱干净、单身、好相处等条件成了选择室友的标准。此外,他们还普遍关注交通便利性、安全性、房屋配套等因素。

咸鱼发布的《租房幸福感报告》中,分析了提升幸福感的租房因素,分别是:房租占收入不超过 20%、居住在次繁华生活区、独立卫生间、一年搬家少于一次。此外,调研还发现,少搬一次家,幸福感会提升 30%,不搬家的人比经常搬家的人通常感觉更幸福。

这份报告勾勒了一份完整的青年人租房需求层次图:"有个睡觉的地方就好"是年轻人租房的基本需求,他们没有或只有共用的卫生间,唯一的生活电器是烧水壶;而随着租房需求提升,不论是租住单间还是与人合租,拥有 24 小时热水和冷热空调成了刚需,即想要拥有一个冬暖夏凉的家;在满足基本需求之后,更为丰富的家庭生活体验就成了下一个目标,许多年轻人选择让渡一部分私人空间,在配套更好的小区寻找高性价比的合租房,他们与室友共享客厅、沙发、电视、厨房和阳台,获得更多的生活乐趣;更进一步,在生活私密性上有更多追求的年轻人会想要一个独立的卫生间,于是有一部分人选择搬进单身公寓楼,这种专门为独居设计的小户型里,有可贵的独立卫生间、吸尘器、空气净化器、蓝牙音箱也一应俱全;而随着年轻人在大城市奋斗初有成绩,许多租房一族拥有了在品质小区租下一整套房子的经济实力,于是"一人一居、猫狗双全"便成了年轻人租房的一个里程碑,租用设备齐全的一整套房子,可以在阳台或飘窗前思考人生,也可以在客厅撸猫,去草坪逗狗,安享青年。

随着孤独感愈演愈烈,长租公寓里的单身男女,会演绎出类似美剧《老友记》、国产剧《爱情公寓》里那样的恋情吗?答案是:可能性很小。蛋壳公寓和百合网发布的《租房人群婚恋观报告》称，认为"室友可以变恋人"的男女不超过两成，反倒是认为"恋人可以变室友"的人数占比较高，超八成男女可以接受婚前同居。看来，同在合租屋檐下，虽然室友是单身族的高频交流对象，但也只是日常交流对象而已，发展成为恋爱对象的可能性并不大。

在对待"脱单"问题上，很多租客都比较"佛系"。房地产中介平台贝壳找房联合婚介平台珍爱网发布的《单身租客调查报告》显示，单身租客中，单身时间5年以上的"单身王者"占比高达31%，3~5年的"单身铂金"占比23%，1~3年的"单身白银"占比25%，1年以内的"单身青铜"占比21%。而从地域上看，北京单身租客中，单身5年以上的"单身王者"占比最高，领衔单身时长排行榜，其次分别为广州、重庆、深圳、上海。数据显示，尽管45%的单身租客认为"一个人生活太孤单，渴望尽快脱单"，但在具体的感情生活心态上，"佛系"才是主流，55%的租客选择"对感情顺其自然"。调研发现，对于单身租客们而言，最孤独的时刻莫过于"一个人生病去医院"（34%），其次为"周末独自在家"（31%）和"一个人睡午觉到傍晚"（8%）。而生活中的小确幸时刻分别为"居室整理与装饰"（24%）、"周末睡到自然醒"（22%）和"为自己做香喷喷的饭菜"（14%）。

萌系革命，可爱成为设计刚需

张楚在 1994 年发布的那首《孤独的人是可耻的》，代表了 20 世纪人们对单身的普遍看法，一如歌词所唱："这是一个恋爱的季节 / 大家应该相互交好 / 孤独的人是可耻的 / 生命像鲜花一样绽开 / 我们不能让自己枯萎 / 没有选择我们必须恋爱 / 鲜花的爱情是随风飘散。"

20 多年后，时过境迁，虽然网友调侃"各方人士都盯上了单身人士，除了爱情"。但 95 后、00 后乃至更年轻一代的单身生活，早已不是张楚唱的那样苦哈哈，他们窝在家里独自上网的感觉，更像是视频网站哔哩哔哩的"战歌"《干杯》里唱的："干杯，大笑着送走烦恼。"

在 21 世纪，"萌"战胜了苦，成为人们对抗单身副作用的法宝。"萌"本来是指"草木初生之芽"。20 世纪 90 年代左右在日本动画、漫画及电子游戏的次文化影响下派生出了新义，被用来表达对作品中的虚构角色的强烈喜爱之情，之后派生到可对各种事物表达类似情感。此一词汇透过日本媒体而推行到世界各地，并对日本的文化、经济产生了广泛影响。

彼时，日本 20 世纪 90 年代的经济危机直接导致了财政恶化，社会发展陷入低迷，竞争加剧，工作压力加大。群体社会的崩溃中，传统家庭的功能也逐步丧失，个体在物化的人际关系中彼此疏离，很难在家族和集体中获得归属感，导致了自我的迷失。人们迫切需要寻求解脱和释放,需要消除孤独、恐惧和焦虑。"萌文化"的出现适当其时,它的简单、纯真、可爱,为人们开辟了另一个心灵空间,能消除他们的孤独,抚慰他们的心灵,给予他们一种情感上的满足。

"萌文化"的流行,也是成人心理"儿童化"的一个表征。日本管理学家大前研一在《低欲望社会》一书中感叹道:"日本年轻人没有欲望、没有梦想、没有干劲,日本已陷入'低欲望社会'!"而单身不必承担家庭责任、失去抚养下一代的历练,和社会心理低幼化、低欲望社会之间的因果关系,难以厘清,但不可否认的是这些现象彼此关联。

之后,"萌文化"夹杂着二次元文化、宅文化漂洋过海来到中国,此时也正值中国经济高速增长,人们的劳动强度、心理压力也空前高涨。95后年轻一代也是在线的一代,他们以在线生活为娱乐主体,旨在满足精神需求,而现实生活反而仅仅是娱乐的辅助形式,且"萌"且"宅"。智能设备和无线宽带的普及,使得"随时随地浸入虚拟生活"变得很容易实现。因此,"萌文化"在中国从在线二次元社区破土而出。

"萌文化"最初被成年人认为是幼稚的表现,但随着95后、00后走出校园,步入职场,"萌文化"也突破了"次元壁",渗透进现实生活,随之衍生而来的"卖萌"被用来指扮可爱。

如今中国社会似乎已经进入了一个全民"卖萌"的时代,无论是综艺节目中的明星子女、影视剧中的童星,还是微博上层出不穷的萌宠博主和日益壮大的吸猫党,抑或朋友圈"秀"晒"炫"时的嘟嘴"卖萌",总之颜文字、头上长草、小黄脸等萌物表情包已经进入人们的日常交流系统,"萌"已经作为一种社会文化衍生开来。

主流社会舆论似乎给了"萌文化"相当的肯定。《青少年蓝皮书：中国未成年人互联网运用报告（2019）》中就曾写道："总体而言，'萌文化'在连接未成年人网络文化和社会议题方面，起到了一定的桥梁作用，推进了严肃议题的普及和与未成年人受众的对接。比如，文博会期间，通过萌设计的方案，文博会网站推出卡通朱熹、卡通孔子形象，让传统文化人物形象得到新潮呈现。故宫在新媒体平台中萌化皇帝、嫔妃；国家博物馆让文物'卖萌'的视频也可圈可点……2018年，'萌文化'已经成为文化营销甚至国家形象传播中的建设性力量，也是重大文化产品的卖点所在，是未成年人网络文化对社会起到积极建构的成功案例。"

95后是富足的一代，也是孤独而焦虑的一代，他们多为独生子女，成长过程中缺乏同龄亲属的陪伴。二次元裹挟而来的萌，部分地化解了年轻单身族独自生活的孤单感。

一如专栏作家尼尔·斯坦伯格在英国《卫报》发表的题为《萌之新科学》的文章所言："人类总是拥抱家庭神，不是创世的普世之神，而是那些更小的、更为私人化的盟友，由此他们纾解了本来应当是残酷和孤独的生活。并非每一个人都能够有他们本该拥有的朋友，或者他们本该爱护的子嗣。在这个世界上，人们通常都是孤独的。泰迪熊存在是因为夜晚黑暗而漫长，而你的父母总得在某个时间点去往自己的床榻，留下你独处。"

何止是95后，当代社会的节奏越来越快，每个人的生存压力也越来越大，太多的责任和压力让我们无从逃避。而"卖萌"给了我们一个宣泄口，我们通过"卖萌"去逃避现实，让自己喘口气。精明的商家无疑也看到了这一点，于是，外形圆润可爱、颜色搭配多样、体积小巧、一度只在手办玩具中较为多见的设计元素，如今正在渗透进文具、玩具、家电等多个行业。

如果你去一家文具店，除了商务系列之外，家用系列的几乎都是主打"萌"范儿：本子是七彩系列，以粉色亮色居多；圆珠笔外壳多绘有动漫卡通人物；U盘则不再是传统的长方形，而多是小浣熊、小海豚的形状……

单人电饭煲、半米高的冰箱、12升的烤箱、不到2.5公斤的洗衣机、3厘米厚的扫地机器人、一次只能榨一杯的榨汁机……近年来，最受商家关注的年轻消费群体变得越来越愿意为高颜值、有创意、小巧袖珍的小家电买单。

据市场研究咨询公司英敏特统计，中国不同性别的单身消费者的众多偏好中，烹饪为其中之一，男女烹饪偏好分别为26%和17%，此为厨房小家电的消费驱动之一。

单身消费品最本质的需求痛点在于单人需求量。以小家电为例，如使用经典的3～5人量的电饭煲、料理机，乃至常规的锅灶、蒸烤箱，那对于独居者而言既是小家电购买成本上的浪费，也是烹饪食材、精力上的浪费，还会造成心理上的排斥及使用频次上的降低。因此"一人食"类家电在单身经济的背景下存在强烈需求。

在"一人食"家电兴起的趋势下，各家电尤其是小家电企业纷纷布局小型家电市场，定位独居场景、学生宿舍场景、二人情侣场景推广新品，如小熊电器至今已累计覆盖了包括电煮锅、电饭煲、养生杯、豆浆机、破壁机、煮蛋器、电烤箱、绞肉机、电炖盅、热水壶、多士炉等在内的众多小型家电品类。而随着单身群体的增长以及他们经济实力的进一步提升，其购买力有望进一步扩大。

小家电的需求已经出现井喷。根据大数据营销平台阿里妈妈的统计，在过去两年，一人用家电订单量高速增长，一人用酸奶机、电水壶、煮蛋器、榨汁机、迷你微波炉及便携式洗衣机增速分别高达 646%、100%、118%、126%、92%、201%。而据奥维云网数据，线上小容积的电烤箱的市场份额由 2016 年的 6.6% 提升至 2019 年的 13.2%，实现占比翻倍，可见小容积"一人食"家电的细分需求一直在持续增长。

陪伴经济，"猫狗双全"的新人生

随着年龄的增长，身边相识多年的单身朋友中，养猫养狗的人多了起来。

网络上流传着一份"孤独等级表"，从"一个人逛超市、一个人去餐厅吃饭"到"一个人搬家、一个人去做手术"，层层递进，向我们展示了单身人群在参与各类活动时，心中所感受到的不同级别的孤独感。

孤独也催生了"陪伴经济"，最直接的体现是，宠物市场的崛起。一直以来，市场普遍认为宠物产业的发展与人口老龄化密切相关。欧美国家的情况确实如此。在宠物市场最发达的美国，人口老龄化和收入持续增长是推动宠物市场繁荣的主要因素，45岁以上的人占养宠人群的近50%。

但在中国，情况大不相同，年轻人比老年人更喜欢饲养宠物。经由三四十年的发展，宠物角色已然发生转变，由"看家护院"的功能性动物转变为家庭成员。萌宠不仅可以带来欢乐，调剂生活，对抗孤单寂寞，而且独身一人难免生活随性，人在照顾宠物时也可从中学会照顾他人。

狗民网调查发现，90后用户在2017年快速增长成为宠物消费的主力军，并呈现持续增长的趋势。在2016年，80后养宠物用户是主力人群，达48%，90后仅占17%。到2018年时，90后一路攀升至 43%，成为饲养宠物的主要人群。狗民网数据显示，从年龄来看，2018 年宠物消费群体 80 后和 90 后占比达 77%，是养宠物的主要人群；从性别来看，女性消费者占绝对主导，猫狗主流养宠物人群中，88% 为女性。

宠物经济也被视为年轻人的"孤独生意"。狗民网的调查发现，在年轻人的心中，宠物被视为最多的角色是"家人"，用户愿意为宠物消费买单，2018 年我国人均单只宠物消费为 5016 元，比 2017 年增加了 15.3%，其中 80% 的消费都是由 80 后、90 后贡献的。年轻人对新鲜事物的接受度更高，除了主要的宠物食品，也乐于尝试美容、摄影、寄养、保险、训练等消费，这也推动了宠物产业链下游服务市场的发展。

狗民网发布的《2018 年中国宠物行业白皮书》显示，2018 年中国宠物数量已超过 1.68 亿只，种类以猫和狗为主，宠物市场规模已达 1708 亿元，比 2012 年扩张了近 5 倍，宠物经济日渐火热，行业规模不断扩大和完善。中商产业研究院数据显示，我国宠物狗占比 34%，宠物猫占比 20%，两者加起来超过宠物数量的一半，这表现出我国养宠物人群对猫、狗偏爱有加，由此产生的影响是市场上大多数食品、服务等都围绕"喵星人"和"汪星人"。其他占比较高的宠物依次为鱼、仓鼠、乌龟、兔子，宠物类型呈现多元化。

宠物经济日渐火热，也催生了宠物行业用品及服务需求的增长。青桐资本观察发现，宠物行业产业链主要涵盖上下游 7 个细分赛道：上游产品包括宠物交易、宠物食品、宠物用品，下游服务主要包括宠物医疗、宠物美容、宠物培训、宠物保险等。当许多单身族自嘲消费降级时，他们的宠物却经历了消费升级，主人们在为宠物消费的过程中更加"不遗余力"。

小动物的陪伴之外，围绕着线上陪伴的创业更是如火如荼。很多人由于种种原因无法饲养宠物，于是转向网络翻看、点赞及转发其他饲养宠物者发布的宠物照片和影片，以满足自己想要养猫养狗的愿望。这样的行为，在中国被称为"云吸猫""云撸狗"，其中又以"云吸猫"的人群最为庞大。腾讯研究院在2018年发表的《猫次元：中国吸猫现象研究报告》估测，截至2018年，内地的"吸猫人群"接近5000万人，消费者接近3000万人。在问卷调查中，只有35%的受访者表示未曾消费过猫咪线上产品（如购买猫咪表情包、付费收看猫咪影片等）。

印第安纳大学的杰西卡·盖尔·迈里克发现，某些特定人群比其他人更喜欢猫视频。害羞、好说话和已经花了很多时间上网的人更有可能观看猫视频。她的研究数据还表明了人们被猫视频吸引的原因——它们会让人感觉非常棒。受访者普遍认为观看猫视频后感觉更积极、更有活力，同时也不再那么焦虑和愤怒。这是因为大多数猫视频都很可爱、有趣，而我们的大脑已经学会将它们与好感相关联。在工作之余，刷几段猫咪的短视频，也可以作为一种"数字宠物疗法"，成为观看者的能量补充剂。

从文化批判的角度来看，猫之所以能以燎原之势席卷赛博空间，正是由于"吸猫"一词的出现。"吸猫"成为引领这一亚文化的标志性符号，像统一的行动口令一样将"迷群"聚集起来，而在这一文化符号之下，"吸"代表了一种精神疗愈手段，猫则是"迷群"建构起的神话般的精神图腾。他们将自己的主观臆想投射在猫身上，放大了猫的习性，并将其上升至一种拟人化的品格的高度，进而又为猫建构起了功能与意义——猫是最佳的心灵安慰剂，还将这种"信念"不断向群体外部扩散。此外，媒体还大肆将猫神秘化，使猫的神话性不断被巩固。"吸猫迷群"是游牧于赛博空间内的"新部落"的聚合体,他们没有统一固定的活动空间,也不借助标新立异的风格符号凸显自己的亚文化身份,这也代表了当代赛博空间内青年亚文化的新趋势:风格的消散与抵抗性的削弱,文化形式日趋碎片化、虚无化。"吸猫"现象也折射出当代青年人信仰缺失、精神空虚的时代现状。[1]

宠物之外,陪伴植物的概念也应运而生。在心理学家看来,植物提供的不只有气味、色彩与质地,植物的纯粹、直接与多元性映照人的生命。更重要的是,植物的丰富多样性提醒着我们,我们可以成为自己拥有自己的样子,面对成长,我们不必感到害怕。不过日常生活中,许多人直接忽略了身边植物的存在。美国植物学家伊丽莎白·舒斯勒和生物教育家詹姆斯·万德西创造了"植物盲"(Plant Blindness)这个术语。据他们的描述,这个词是指"在所处的环境中无法看到或注意到植物"。由于植物几乎不移动,彼此的生长距离很近,颜色往往相似,所以我们的大脑会倾向于将植物混为一体。人类视觉系统每秒传输大约 1000 万比特的视觉数据,它会过滤掉像植物这样的非威胁性事物,并将它们聚集成群。

虽然对植物盲的程度及其随时间的推移所产生的变化尚无研究,但随着城市化步伐的加快,以及人们花在电子设备上时间的增多,"大自然缺失症"(疏离自然对人类造成的伤害)正在上升。与植物接触得越少,植物盲就会越严重。正如舒斯勒所解释的,"人类只能(从视觉上)识别他们已经知道的东西"。

---

[1] 王畅:《乌有之猫:"云吸猫"迷群的认同与幻想》,中国优秀硕士学位论文全文数据库,浙江大学,2018。

心理治疗师也把植物引入了治疗中。植物的开花促发正向经验，象征着一股力量的诞生，能带领抑郁者对生活萌生希望；凋零使人练习面对挫折，植物的凋谢不代表生命的终结，枯叶亦是极佳的养分，会继续滋养下一个生命。同时，凋亡的挫折是可接受的，植物的生命力旺盛，是学习挫折容忍度的非常适合的练习对象；照顾盆栽也能改变人们惯习的生活状态，替它浇水、将它移往有阳光的地方、为它除掉害虫，透过照顾另一个生命，观察另一生命周期，如明镜映照自己的生命般，带领我们看见自己，进而好好照顾自己。心理治疗师让这些绿植朋友成为助人工作的媒介，陪伴一个人走出生命的困顿。

《韩国先驱报》曾报道过这样一个新闻，1996年出生的崔雪姬，每天下班回家后，都要查看她前一年"领养"的6盆绿植。她前一年搬入了一处公寓独自生活，感到很孤独，于是陆续购买绿植摆在家中，大约一个月买一盆。她说："当我照料这些植物时，我感觉非常开心。我感觉它们就像我的孩子，所以我用'领养'一词，而不是说'采购'或'买'。"对植物爱好者而言，家中摆放的植物不仅是装饰物，而且更像是与主人共同生活的伙伴，单人户户主称它们为"陪伴植物"。同样独居的林埃朗（音译）是一个摇滚乐队的贝斯手，她在家里养了100多盆绿植，浇水、检查叶片成了她的日常工作。她认为，对独居者而言，养宠物不太适合，因为出于各种原因可能无法及时照料，但"陪伴植物"不同，与宠物相比，其优势加更明显，她还出了一本关于"陪伴植物"的书。她说："植物因我的照料长势喜人，它们这种'健康的反馈'让我快乐。"全济一（音译）独居期间开办了网上绿植销售企业"叶茂"，现在公司由9名二三十岁的成员运营，在社交平台照片墙有7万多名粉丝。全济一说：

"室内园艺先前被众多年轻人看成爷爷奶奶辈的事……现在我像奶奶那样擦拭叶片,感到内心很平静。"①

相比云吸猫,云交友更不是什么新鲜事了。从陌陌、KK 觅友、比邻、探探、派派,到 Soul、积木等,一系列的交友 App 如雨后春笋般疯狂破土生长,并且都深受年轻人的追捧。虽然每个交友 App 都给自己贴上了各种不一样的标签,但其本质还是离不开陌生社交的基础,即迎合用户对陪伴的需求。

虚拟伙伴游戏的红火也是例证之一。2018 年年初,两款类型完全不同的手机游戏——《恋与制作人》和《旅行青蛙》,先后席卷了中国社交网络。前者让万千少女一掷千金只为博"纸片人"一笑,后者则把前一秒还是总裁太太的少女们变成了殷切盼望蛙儿子吃好喝好玩好的"老母亲"。

在《恋与制作人》的游戏中,女主角负责经营一家影视制作公司,过程中会获得四种不同类型的男主角——总裁李泽言、科学家许墨、特警白起、明星周棋洛的帮助,并与他们培养感情。傲娇、腹黑、毒舌、治愈、温柔、忠犬……几乎涵盖一切"撩人"属性的男主,迅速俘获了一批女玩家。不同阵营的太太粉丝团建立起来,并让市场见证了太太们的金钱实力。据游戏媒体游戏大观(GameLook)估算,《恋与制作人》单日流水在 2000 万元左右,2018 年 1 月流水甚至达到了 3 亿元。

《旅行青蛙》这款游戏的机制非常简单,用户只需偶尔摘些三叶草给蛙换些吃的,再无其他。这只蛙每天除了吃饭、睡觉、看书,也会出去旅行,然后发回一些外面的图片,但这一切活动均不受用户

---

① 乔颖:《"陪伴植物"在韩国独居年轻人中热销》,新华社,2020 年 4 月 7 日。

控制。就是这么简单的游戏，却让很多人感受颇深，他们从这只蛙身上看到了自己成长的影子，体会到了当父母的不易（以及唠叨），他们从对蛙的牵挂，想到了远方的父母。这款游戏的用户以女性为主，占到了整体用户的 70% 以上，且多为一线城市 30～40 岁的女性，她们或为漂泊在外的年轻白领，或为大龄单身女青年。游戏中特立独行的青蛙还会时不时给用户传一张明信片，告知用户它在哪里旅行，这也是在告知用户，无论选择什么样的生活方式，与他人、与社会建立联系，总归是必要的。这一毫无刺激性的游戏为何会突然在中国社交平台走红？团队负责人上村真裕子认为，《旅行青蛙》给人带来乐趣的一个关键，是用户和小青蛙之间奇妙的信赖关系。

如果说共享经济出售的是物的单位时间的使用权，提供的是富裕空闲的产品，那么"陪伴经济"出售的则是人的单位时间的使用权，提供的是富裕空闲的时间和知识。2020 年，受新冠肺炎疫情影响，线上行业大多迎来一波大增长。电竞游戏媒体《竞核》报道：游戏陪练 App "比心"，在疫情期间新增用户是平时的 1.6 倍，日均订单量是平时的 2 倍，平台陪练累计完成了超过 6000 万局的游戏。

根据比心公布的《游戏陪练白皮书》，平台上已经有接近 150 万名游戏陪练赚到钱，其中全职平均月收入 7857 元，兼职平均月收入 2929 元。《游戏陪练白皮书》显示，花钱找人陪自己打游戏的，2/3 的人是 95 后，他们不但消费观念超前，而且还出手阔绰，2019 年曾有人在比心花费 308 万元请人陪玩。孤独和虚荣是"陪伴经济"火热背后的心理动力。比心陪练副总裁杜明江在接受《每日经济新闻》采访时表示：这些有陪练需求的用户，一方面想赢，想快速获得游戏的胜利感；另一方面也是解决陪伴的诉求，很多年轻人毕业后，很少能和上学时一样随时和好朋友"开黑"了。

第 6 章　未来的个体、爱情与生活

你知道,伟大的浪漫是……不需要亲吻的,什么也不用,非常纯洁,所以才是伟大的。情感……不需要言辞的情感才是难忘的。

————安德烈·塔可夫斯基[①]

[①] 安德烈·塔可夫斯基(1932—1986),俄罗斯电影导演、编剧,是继谢尔盖·米哈伊洛维奇·爱森斯坦后公认的最著名的电影大师,被认为是电影史上最重要和最有影响力的导演之一。

长寿时代，人生需要全新设计

生活在 21 世纪 20 年代的单身者，可能是史上最长寿的一代人。虽然病毒、战争、贫穷等远未根除，但人类正在经历一个有史以来最长寿的时代，而且未来还会更长寿，百岁人生不再凤毛麟角。

世界卫生组织在 2020 年发布的《世界卫生统计》报告称，在 2000 年至 2016 年，全球预期寿命增长了 8% 以上，健康预期寿命也从平均 59 岁增长到 63 岁。换言之，人们不仅寿命更长，而且活得更健康了，这主要是由于降低儿童死亡率和传染病控制方面取得的重大进展。在这个报告的发布会上，世卫组织总干事谭德塞博士说："好消息是，世界各地的人们正在日益健康长寿，而坏消息是进展速度太慢，无法实现可持续发展目标，并且可能因新型冠状病毒而进一步偏离轨道。"

全球预期寿命和预期健康寿命虽然有所增加，但仍不均匀。增幅最大的是低收入国家，这些国家的预期寿命在 2000 年至 2016 年增长了 21%，即 11 年；相比之下，高收入国家则增长了 4%，即 3 年。

中国预期寿命的提升尤为明显。2016 年整体预期寿命为 76.4 岁（男性 75 岁，女性 77.9 岁），健康预期寿命为 68.7 岁（男性 68 岁，女性 69.3 岁），在 2000 年，这两个数字分别为 72 岁和 65 岁。根据世界卫生组织 2016 年的数据，中国婴儿出生时的健康预期寿命达到了 68.7 岁，首次超越美国的 68.5 岁。不过，美国婴儿出生时的人均预期寿命达到了 78.5 岁，仍高于中国的 76.4 岁。但报告称，美国人最后 10 年的生命质量不容乐观。

过去近 200 年以来，全球预期寿命一直在持续且快速地增长。据 BBC 报道，在英国，一个在 19 世纪 40 年代出生的人平均最多能活到 40 岁。但随着营养、个人和公共卫生、居住条件的改善，到了 1900 年的维多利亚时代，人们的预期寿命已经达到了 60 岁。到了 21 世纪，除去战争因素以外，伴随着全世界医疗条件的改善以及儿童疫苗的推广，人类寿命更上了一个新台阶。到 20 世纪 70 年代，随着医学的进步，特别是在救治中风、心脏病方面取得的长足进步，人们的预期寿命大大增加。而在 21 世纪出生的人，女性平均预期寿命已经达到了 80 岁，男性为 75 岁。今天，人类的预期寿命似乎仍在与日俱增。[①]

预期寿命的显著延长，也给当代人的人生安排带来了根本性的冲击，这意味着人们的生活将会被这天降的长寿重新组合。一个残酷的事实是，如果未来人类预期寿命达到 100 岁，那将来可能要到七八十岁才能退休，还要不停地改变职业规划，做事情的方式也会随着技术的改变而不断改变。

目前许多国家已经延迟了退休的年纪。作为世界上人口少子化、老龄化最严重的国家之一，日本政府为此提出了"终身不退休"社会理念，鼓励有意愿的老年人继续工作，以保持经济发展动力，支撑社会保障制度的顺利运转。2018 年，日本劳动年龄人口降至 7545.1 万人，占总人口的 59.7%，创下 1950 年以来的新低。日本

---

① 《人类预期寿命是否已经达到极限不再延长》，腾讯网，2019 年 10 月 7 日。

政府在2019年6月宣布将修改现行的《高年龄者雇用安定法》，要求企业采取措施，让有意愿工作的老人能工作到70岁。除了原有的废除退休制、延迟退休年龄等内容外，日本政府拟要求企业实行支持老年员工到其他企业再就业、帮助老年人创业等措施。

银发工作族在日本十分常见。在东京都立川市有一家名为"日本综合警备"的保安公司，大量雇用已超过退休年龄但身体健康且愿意继续工作的人。在这家企业，年龄最大的员工86岁，60岁以上的员工达到了184人，占总职员人数的一半。为了保障老年人的工作安全，该企业每天上班之前都会细致地检查员工的身体状况，例如给员工量血压等。保安公司的负责人认为："保安工作是与人打交道的工作，非常适合人生阅历丰富的老年人。如果国家通过70岁也可以工作的法律，将会吸引更多老年人加入我们。"[1]

据丹麦《政治报》的报道，一项最新研究显示，与14年前相比，丹麦人的退休年龄已被推迟了3年。2004年至2017年，丹麦人的平均退休年龄逐渐从62岁增至65岁。根据丹麦人寿保险公司的新数据，随着退休年龄被推迟，丹麦的劳动力已增加了8.7万人。这种推迟也使丹麦就业人口总数达到创纪录的300万人。丹麦奥尔胡斯大学经济学教授迈克尔表示："丹麦人受教育程度越来越高，而受教育程度越高，人们就越希望延长工作年限。"此外，老年人健康状况改善也有助于延长工作生涯。不过，更多人还是希望早点颐养天年。丹麦首相拉斯姆森在2017年宣布提高退休年龄后，遭到了一系列的反对。丹麦金融专家担心，越来越多的老龄化人口势必会导致更多人在未来依赖政府退休金和公共援助生活。对此，拉斯姆森表

---

[1] 刘军国：《日本拟修改法律支持民众进一步延迟退休》，《人民日报》2019年6月18日。

示："如今我们的寿命已超过此前的预期，与此同时我们缺乏劳动力。因此有必要做出调整，为几代人之间创造更多公平，并确保我们的社会进步。"①

2019年全国两会期间，有代表委员建议提高法定退休年龄。对此，人社部答复称，推迟退休年龄是必然趋势，由于延迟退休是一项重大社会政策，不同行业、不同群体还有一些不同看法，人社部将进行深入研究论证，适时提出方案建议。我国现行企业职工退休年龄为男60周岁、女干部55周岁、女工人50周岁，这是20世纪50年代《劳动保险条例》等法规明确规定的。1978年《国务院关于颁发〈国务院关于安置老弱病残干部暂行办法〉和〈国务院关于工人退休、退职的暂行办法〉的通知》再次予以确认，至今仍在执行。人社部原部长尹蔚民曾指出，中国是目前世界上退休年龄最早的国家，平均退休年龄不到55岁。目前世界上所有国家的退休年龄，除了非洲的一些国家之外，大多数国家都是在65岁、67岁。②

预期寿命的延长、退休年龄的推迟，也直接摧毁了传统的三阶段人生——受教育、工作和退休——模式的基础，人们不得不开始重新思考生活方式。为了退休，我们必须攒更多的钱，参加更多培训，总之就是过一种完全不同的人生。

伦敦商学院教授安德鲁·斯科特和琳达·格拉顿在合著的《百岁人生》一书中写道："无论你是谁，无论你多大年纪，都必须面对这个基本事实，即21世纪初出生的人有一半的概率活到100岁，这在发达国家已经成真，发展中国家也正迎面赶上。这就是长寿时代。

---

① 王会聪:《"最幸福国家"丹麦推迟退休年龄》,《环球时报》2018年7月9日。
② 胡明山:《人社部：推迟退休年龄是必然趋势，适时提出方案建议》,《南方都市报》2019年11月19日。

如果我们以为长寿时代只是意味着老龄化、延迟退休、养老金缺口和劳动力短缺,那我们的视野仍然是流于表面的。"

两位作者在书中罗列了百岁人生给千禧一代、特别是00后带来的巨变:过去受教育、工作、退休三阶段的人生模式已不再适用;劳动力市场中空化会进一步导致贫富差距;新一轮产业变革,生物工程、计算机采集和碳替代会成为巨型产业;员工更少但通常更专业的企业组成的生态系统将成为增长点;智慧城市和零工经济兴起,工作和办公场所分离;个人对灵活性和多样选择的渴望,将压倒公司对体制和可预测性的需求;跨龄友谊将成为常态,老人不再是一个老无所依的"独立王国"……

长寿意味着,我们可能工作到更大的年纪。欧洲工商管理学院领导力与学习柯拉讲座教授埃米尼娅·伊瓦拉认为:"活到100岁,并且在生命中的大部分时间保持高效工作,很快将成为现实。这意味着,我们所定义的人生阶段必须重新设定。格拉顿和斯科特的杰作为我们做了准备工作——无论是个体,还是组织或社会——适应这个长寿的美丽新世界,并且教导我们该如何做才能在其中蓬勃发展。"

童年漫漫，彼得·潘综合征流行背后

与长寿不期而至的是，千禧一代的童年也被拉长了。2017 年澳大利亚墨尔本的一家乐高探索中心开业时，数名成人粉丝因为没有孩子陪同被拒进场，当中有人购买了全年通行证，入场时才知道设有年龄限制，这令他们大为不满。

乐高公司规定，全球 17 间探索中心都不准成人单独入场，成人要有 17 岁及以下的孩子陪同才可进场，但乐高商店及乐高主题乐园没有年龄上限。乐高探索中心解释，该场所是为 3～10 岁孩童提供趣味活动而设的，并非为成人而设。但其中一位粉丝依然打算向维多利亚省平等机会及人权委员会投诉该事件，并在脸书发帖抱怨："年龄歧视很令人讨厌，乐高应该是不分年龄的玩具，我自己花了数千澳元去买建筑者系列的积木，很多没有孩子的成人都想入场体验。"

谷歌创始人拉里·佩奇和谢尔盖·布林，1996 年在斯坦福大学的地下实验室研究出第一台谷歌存储器，而这台存储器的机箱就是由乐高拼成的。无论是拉里·佩奇、谢尔盖·布林，还是皮克斯的创始人约翰·拉赛特，这些以创新精神立足全球的人都有一个共同的爱好——拼乐高。但最初乐高对自己的粉丝群体特别是成年用户的维护并不重视，乐高的前任全球社会关系专家杰克·麦基就直言，"我们不可以参加粉丝社团，乐高真的不重视外面的世界"。但他们很快发现自己错了。

2019年，乐高玩具收购全球最大的线上乐高成人粉丝社群BrickLink。BrickLink由捷克人丹尼尔·杰泽克创立于2000年，最初是为了给像他一样的成年乐高爱好者提供一个交流的平台。BrickLink发展至今，其会员数量已经超过100万人，平台上的线上门店数量超过1万家，遍布全球70多个国家。乐高爱好者可以在BrickLink上分享和交易乐高玩具，包括二手乐高玩具，乐高的组件，或是自己拼装设计的成品。此外平台还配有一个数字化的"虚拟乐高拼装系统"，让乐高爱好者可以自行设计和分享心目中的乐高造型。

EConsultancy的营销专家克里斯托弗·拉特克利夫将乐高"吸引成年人"的策略称为"一网打尽政策"，他认为当乐高开始平等地对待消费者中的成年人和儿童时，他们就找到了最好的营销战略方向。事实上，这种策略调动了许多成年乐高粉丝的参与积极性。比如"超越积木"（Beyond The Brick）是一个拥有超过28万名用户和超过1.2亿次浏览量的YouTube频道，由乔舒亚（22岁）和约翰·汉隆（24岁）兄弟于2011年创办，上面有许多关于乐高玩法的视频。这种粉丝自产的内容对乐高来说意味着另一种推动力。

成年玩具的兴盛也折射了一个儿童化社会的到来。"不得不眼睁睁地看着儿童的天真无邪、可塑性和好奇心逐渐退化，然后扭曲成伪成人的劣等面目，这是令人痛心和尴尬的，而且尤其可悲。"媒体文化批评家尼尔·波兹曼曾经对儿童的成年化现象捶胸顿足，他在他那本著名的《童年的消逝》中感叹："成人和儿童之间的主要区别之一，是成人知道生活的某些层面不适宜让儿童知道，比如种种奥秘、矛盾冲突、暴力和悲剧等；而在现代世界，儿童逐步走向成年,我们正把这些秘密以我们认为在心理上可以吸收的方式透露给他们。"

尼尔·波兹曼如果活到今天,可能会另写一本书,批判另一幅镜像:成人的儿童化。过去图像和声音是儿童了解世界的天然形式,而文字则是成年人的专利,但从广播、电视到互联网等现代媒介打破了这种分割。成年人和儿童共享同一种媒介,这导致了由角色到角色的社会渠道与由地点到地点的物理渠道的破裂,而且在越来越多的环境中,儿童和成年人获得了同样的平等角色,横亘在这两个年龄段之间的人类秘密已经瓦解,人的生理年龄和社会知识之间的关联也被弱化,在这样一种媒介环境下,消逝的不仅是童年,而且还有成年。

早在1985年1月11日,《泰晤士报》刊登了一篇文章,文中用了一个由"Kid(孩子)+Adult(成人)"合成的新词Kidult,表示一众小童、年轻人及年轻的成年人,并将20世纪70年代的美国电影《星球大战》描述为Kidult热潮的开端。Kidult原本有两方面的意思:一是扮成熟的孩子(即"人小鬼大");二是孩童化的成人。但近年坊间使用该词明显以倾向后者为主,以指代社会上冒现的成人孩童化现象。

也许每个人心里都住着一个宝宝,渴望永远是儿童并非过错。根据心理学家荣格的"原型理论",人类的潜意识中存在一种"原型",它促使我们不断寻求纯真、无压力、恣意、率真的生活状态,而这正是我们孩童时代生活的缩影。这种孩童时代的缩影不仅属于我们个人,而且属于整个人类。它根深蒂固、与生俱来,存在于我们每个人的体内,也就是说,自从我们一出生,我们就渴求着孩童一样的生活。即使成年,这种对原型的渴求也在或明或暗地不停跳跃，使我们梦想回到过去。

商业的力量也在推波助澜强化童真美学。在消费主义文化支配下的商业和市场中，通过带有童年记忆的符号与文本，传递给儿童化的成人这样一个暗示，即他们可以通过儿童化的消费获得童年的快乐，找到情感寄托，而且娱乐过后还能够带着轻松的心情回到现实生活。基于以上原因，构成成人儿童化现象的一些元素在商业营销传播过程中已经成为一些标志性的符号。无论是经典的乐高，还是小猪佩奇、大白兔和皮卡丘，这些原本都是商业活动中的消费产品，只是借助互联网营销传播的外力不断发酵，并在一定时期内成为一个热点。[1]

美国商业畅销作家马丁·林斯特龙和帕翠珊·希伯尔德合著的 *Brand Child* 特别提到这一现象，他们认定那些 Kidult 是不可忽略的市场力量，主宰着现有各大小品牌的前景。任何企业在策划未来时，都必须考虑这群新世代的喜恶、特性，并将其纳入长远运营方向，否则难以长久。[2]

美国市场数据追踪研究公司 NPD 于 2018 年在全球范围内发布的一项调查显示，购买玩具的成人中，千禧一代（18~34 岁）占了近一半（48%）；X 一代（35~54 岁）占比 28%，而婴儿潮一代（55 岁以上）的占比也达到了 24%。日本与美国的 Kidult 市场已经发展成熟，市场规模分别为 54 亿美元和 108 亿美元左右。据估计，德国玩具消费里亦有两成是成人买来自用的，玩具不再是小朋友的专属。

---

[1] 刘楚君：《社交媒介中"成人儿童化"现象研究》，《新闻爱好者》2019 年 12 月 20 日。
[2] Martin Lindstrom，Patricia B. Seybold：*Brand Child: Remarkable Insights into the Minds of Today's Global Kids & Their Relationships with Brands*，Kogan Page；Revised edition（October 26，2004）.

目前，韩国 Kidult 市场规模为 5000 亿韩元（约 4 亿美元），每年增长率高达 20% 至 30%。

Kidult 文化在亚洲普及的过程中，美国的迪士尼、日本的 Hello Kitty 和韩国的 KAKAO Friends 等经典文化 IP 也扮演了重要角色。这三家以创作卡通漫画形象起家的公司早已发展出了一个完整的产业链，其产品类别囊括了成人衣食住行的方方面面。淘宝大数据显示，2019 年有 7000 万名成年人会给自己买玩具，其中 90 后占比达 57%。近年兴起的盲盒无疑最具代表性，除了相对低的售价外，未知盒子中藏着的可爱玩偶或许成了规律生活之外的一丝惊喜。在闲鱼公布的 2019 年交易榜单中，位居第一的盲盒 IP Molly 是由潮玩品牌泡泡玛特于 2017 年推出的，该公司创始人王宁透露，Molly 一年能卖 400 多万个，创造了 2 亿多元的销售额。

成人儿童化的情况在社交网络时代更加突出，并构成网络亚文化的重要基调，为伴随网络成长的新一代青年人所推崇。媒介为了迎合这群孩童化的成年人的喜好，将媒介语言结构孩童化、娱乐营销方式孩童化，例如现如今电视上的各种游戏综艺、动画片等，这种非正式的语言结构很容易与孩童化的成人群体产生共鸣。但是，孩童化成人也蕴含着正面和负面两层含义。

从正面看，成人孩童化是一种反抗主流的姿态和宣泄压力的方式。由手机、电视、网络、广播等媒介组成的网络生态系统，本身就构成了一个供各年龄段的人游戏的大幼儿园。当媒介的主人公在一个假想的"类现实"世界中战胜困难或完成梦想时，成年人的不甘与无奈也就在二次元中得到了抚慰。成人在其中（尤其是网络中）乐此不疲地恶作剧、装幼稚、互相吐槽、崇拜偶像、玩游戏，而在现实的世界里，他们却很难有这样的机会去宣泄和表露。

身处社会转型期的成人在强大的社会压力下普遍带有一定的焦虑心理，成人孩童化现象也可以视为成年人在自我的追求与社会现实不对等的情况下所产生的一种自我调节心理。使用社交媒介能让受众在网络空间找到一种心理状态的平衡，以实现心绪转换的需求。同时由于媒介文化的传播向人们提供"消费娱乐""人际关系""个人认同"等功能，所以成人通过追求孩童化元素以及使用附属品来获得满足，并在自我确认需求得到满足后，在虚拟的网络空间通过观察同类人的言行举止来为自己的行为提供自我评价的参考框架，在此基础上催生了这一亚文化风格以及群体，而个人也能从这些群体中获取自我认同。[①]

从负面看，成人孩童化是一种逃避社会、家庭、成长责任的彼得·潘综合征的表征。彼得·潘诞生于苏格兰作家詹姆斯·巴里笔下，后来成为家喻户晓的童话人物，他的故事多次被搬上荧幕。彼得·潘生活在梦幻般的"永无乡"里，永远也不想长大。心理学家丹·凯利于1983年出版的《彼得·潘综合征：不曾长大的男人》一书揭示了这一具有孩童心态的成年人群体的特点，他们多半会逃避大多数形式上的责任，有一些不成熟的举动，眷恋青少年时期的时光，会不断设法留住青春。1966年，精神病学家埃里克·伯恩首次提出"心理成熟有困难群体"这一概念。

成年彼得·潘们虽然已经成年，但在心理方面仍保持了很多孩子的特点：他们很爱玩，在人际交往的初期让人觉得很好相处，但长久之后就会发现他们很情绪化、任性，难以自我克制；在经济和生活自理方面，他们较依赖他人，难以独立；对于工作和建立家庭

[①] 王传榮、丁菊：《Kidult现象的文化解读》，《青年研究》2010年第3期。

等成人责任,他们往往采取逃避的态度,可能频繁更换工作,迟迟不愿结婚,不愿选择固定的人生伴侣,更不愿成为父亲或者母亲;他们还表现出一些以自我为中心的特点,不会主动关心他人,却把他人对自己的关心视为理所当然。

心理不成熟所带来的影响将波及一般人际关系、亲密关系以及工作、事业的方方面面,可能会有更高的婚恋失败风险,并且一生碌碌无为;当遭遇挫折或人生不如意时,他们还可能沉迷于酒精和药物。最好的解决方法是尽早正视自己,正视现实。中国科学院心理研究所研究员黄峥建议,要摆脱彼得·潘综合征,首先需要面对现实,为自己负责,为自己的选择和行为承担后果,接受人生的局限性,走出依赖、等待和幻想的心理陷阱,增强决策能力和行动能力。从美好的梦幻中醒来,碰触到"现实的砖墙",刚开始必然是痛苦的,但情况会慢慢好起来,因为现实世界会给你真实的回报。[①]

---

① 黄峥:《你有彼得·潘综合征吗?》,中科心网,2011 年 9 月 17 日。

四十仍有惑，中年无意义吗

古人说"四十不惑"，可能过于乐观了。当生命这首舞曲演奏到一半时，我们会迎来很重要的时间节点：中年。中年理应是人生中为数不多的幸福时期，因为中年人生理上正处于壮年，大部分人都结婚生子，拥有稳定的家庭生活，有了一定的经济实力，事业上相对成功，精力也依然充沛。

现实似乎并非如此。达特茅斯学院经济学教授戴维·布兰奇弗洛尔通过对132个国家居民的调查，描绘出了一条"幸福曲线"：以人的一生为时间轴，幸福程度随着年龄的增长呈"U"形；而不幸福程度则呈山丘形，其中位于最高点的便是"最不幸福的年龄"。研究"不幸福"的参数包括对绝望和焦虑的感受，孤独、悲伤、压力、抑郁、恐慌等不良情绪，睡眠不安，失去自信，无法战胜困难，感觉失败等。

研究发现，"痛苦的中年"是一种普遍现象，在调查所覆盖的37个发达国家中，"最不幸福的年龄"为47.2岁。在95个发展中国家里，48.2岁被普遍认为是"最不幸福的年龄"。虽然身处不同国家，但居民最不幸福的年龄很接近——都为人生中段，这种中年的不幸福也就是我们常说的"中年危机"[1]，而且这种痛苦与收入水平和寿命

---

[1] "中年危机"一词，最早由心理学家埃利奥特·杰奎斯1965年在《死亡与中年危机》一文中提出，用以描述45～64岁年龄段人所经历的一系列生理与精神综合呈现出的过渡状态。

长度均无明显关系。

研究指出，金融危机和日益加强的全球化是造成中年危机的因素之一。报告称，中年群体需要承担生活的压力，2008 年金融危机削弱了脆弱群体应对危机的能力，他们拥有更少的资源来面对生活的打击。而对 40~50 岁群体来说，全球化的不断发展，削弱了他们与社会的连接。

澳大利亚新南威尔士大学社会政策研究中心约阿娜·拉米亚的研究也验证了中年危机的存在。研究发现，在家庭中，夫妻通常在第一个孩子出生的前一年生活满意度很高，而在孩子出生之后，生活满意度开始持续下降，直至孩子达到上学年龄 6 岁时降至低谷。此后，夫妻的生活满意度开始有小幅上升，但总体仍处在较低水平。直到步入老年，幸福感才开始明显回升，并且可能在 80 岁左右再次达到高峰。分析结果显示，造成中年人幸福感"低谷"的原因有很多，但最关键因素是就业情况和经济状况。是否拥有住宅对年轻人的幸福感影响不明显，他们更关心住所距离办公地点、娱乐场所和朋友家是否足够近。进入中年后，住房问题对幸福感的影响逐渐凸显出来，邻里关系等也会对幸福感造成很大影响。

知识渊博的专业人士似乎也难逃中年危机。奥斯陆大学的学者们针对 1 万名科研人士的调查显示，学者们在 43 岁时对工作的满意度最低，高知人群也无法免疫中年危机。研究者分析了来自 34 个欧洲国家的近 1 万名学者的问卷后发现，在学术职业生涯的前半部分，受访者的工作满意度稳步下降，至 40 岁出头达到最低，随后逐步攀升。研究人员发现，受访者的工作满意度与他们所持的劳动合同类型密切相关。不出所料，那些拥有长期合同者的工作满意度高于持有临时合同的人。

单身人士的中年尤为坎坷。美国杜克大学分析了 4800 名 1940 年出生的白人男女（其中八成是男性），从他们 40 岁一直观察到 60 岁，结果发现中年仍未婚的人死亡率最高，是已婚者的两倍以上；40 岁之后单身或失婚没有再婚的人，中年死亡风险达 75%，活到 60 岁的概率也减少了许多。即使将抽烟、饮酒等影响健康的生活习惯计算在内，已婚人士的长寿概率仍是未婚人士的 2.3 倍。

这其中，单身男中年的潜在健康风险尤为突出。研究指出，长期的孤独寂寞可能导致早死，尤其男性通常不如女性有强大的亲友支持网络，中年缺乏伴侣照顾及朋友支持，健康很容易亮红灯，这和之前"已婚男性活得较久较健康"的研究不谋而合，也显示男性较需要稳定的婚姻关系，让自己吃得健康并懂得互相照顾。

单身中年女性则与男性不同。伦敦经济学院行为科学教授保罗·多兰的最新研究表明，曾经用来衡量成功的标准和幸福感无关，尤其是婚姻和抚养孩子这两个标准，比起同龄人中的已婚已育人群，未婚未育的女性更有可能长寿。多兰认为，男性之所以从结婚中得到更多的健康益处，是因为他们承担的风险更少。保持单身不会使中年女性的健康亮红灯，中年已婚女性甚至比单身女性面临更高的身体和精神疾病风险。不过，多兰认为，尽管单身、无子女的生活方式对女性有好处，但在现存语境下，婚姻和孩子依旧是成功的标志，而所谓的耻辱感可能会导致一些单身女性感到不幸福。

在中国的一次调查，则显示出了女性中年危机的特殊一面。由苏州妇联与德瑞姆心理教育共同发起，在 2011—2012 年两年时间内，汇总、整理、分类、解析了苏州地区 2500 份女性填写的《心理健康体检量表》，从认知、情绪、意识行为、社会交往、生理症状、自我防御 6 个心理健康维度对女性进行测评发现，在各年龄层中，

35～45岁的女性心理健康指数最低；基于婚姻状况调查的结果显示，未婚女性心理健康指数得分竟然低于已婚女性。此外调查还显示，作为企业普通员工的女性有心理健康问题的比例较高，达35.8%，而高管层这一比例为11.38%。

这个项目的发起人之一——德瑞姆心理教育机构负责人、心理学教授冯耘认为，可能是由于多数已婚女性社交范围较广，来自家庭、朋友、子女等多方面的社会支持系统比较完善，加之相对稳定的工作、经济状况，都为已婚女性拥有较为良好的心理健康状况提供了支持。而未婚女性随着年龄的增长，需要承担的经济、生活、事业、家庭等多方面的责任和压力一再上升，其心理健康状况难免受到一些影响。

另外，有研究表明，幸福感随着年龄的变化而变化的现象并非人类社会所特有，而是普遍存在于人类和人猿身上，且与性别及其在社会或者族群内的地位无关。

2012年11月，美国科学家在《美国科学院院刊》上公布了一项研究，5名科学家请动物饲养员和动物研究人员为猩猩的情绪和幸福感打分，他们把分数与这些大猩猩的年龄进行比对后发现：人类的近亲——猩猩，也一样有中年危机。测验对象包括508只来自不同区域动物园、自然保护区和研究中心的不同年龄的黑猩猩和红毛猩猩。此研究报告的主笔之一英国华威大学的经济学教授安德鲁·奥斯瓦尔德说，大猩猩不可能通过买一辆红色跑车来缓解中年危机，但是它们可能有其他方式，比如通过更频繁的交配等方式获得安慰。奥斯瓦尔德指出，猩猩们没有房贷，不需要工作，不用为婚姻发愁烦心，也没有其他一切人类需要为之烦恼的事情，但也同样有中年危机，这意味着，幸福感"U"形图是深深地烙在"人类生物基因"

中的印记,而非人类的独特经历所导致的。①

人类对抗中年危机的方式,当然比大猩猩更多元。早在 2013 年,美国《赫芬顿邮报》就对中年危机进行了一系列的数据调查,结果显示:1/3 的男人在遭遇中年危机后的首要方式是购买跑车、重型机车或高级住宅;而女性则更多地体现在改变外貌方面,如延缓衰老的注射美容,甚至效果和创伤程度都升级的拉皮手术。

不过也有研究者认为,人们夸大了人生中年所遭遇的波折,那些问题并不足以用"危机"二字来形容。美国马萨诸塞大学阿默斯特分校的心理学者苏珊·克劳斯认为不存在中年危机。她表示,从没发现年龄与心理状态有关,"无论你本人经历了什么,怪不得年龄"。美国国家老龄化研究所的调查曾表明,只有 1/3 的超过 50 岁的美国人称自己经历过中年危机。

中年危机或许只是一种成年时期的"副作用",它发生在你事业的成熟阶段,这时候你往往有家庭,需要还房贷,或者可能还要经历一些意想不到的挫折,比如离婚或者失业。对于中年危机的讨论与研究,最重要的意义或许在于告诉年轻人:成年是一件不容易的事情。

---

① 《研究:猩猩也有中年危机》,英伦网,2012 年 11 月 20 日。

高龄管理者，阅历不可轻视

CEO（首席执行官）青年化趋势，可能是中美繁荣的科技行业造成的诸多错觉之一，在绝大多数行业，高级管理者大都是老年人。

胡润研究院发布的《2017 胡润全球少壮派白手起家富豪榜》，统计了全球 40 岁及以下且白手起家的十亿美元富豪。马克·扎克伯格以 4000 亿元人民币的身家成了全球少壮派白手起家的首富。美国以 20 位遥遥领先，其次是中国，有 18 位，比 2016 年多了 5 位。中美两国加起来占全球八成。值得一提的是，科技行业以压倒性优势成为诞生最多少壮派创业者的行业，共有 33 位。投资行业有 3 位。其他表现不错的行业还包括制造业、能源和金融服务业。

少壮 CEO 占据主要席位，并不代表中国所有的行业的领导者都是年轻的。相反，经验在很多行业非常宝贵，比如在汽车制造业、金融业，爬到 CEO 的位置上可不是那么容易的。在这些行业，工作经历是不可以压缩的，CEO 必须由非常老到的、年龄大的人来担当。华为、联想、美的、TCL、雅戈尔、新华联、娃哈哈、力帆、魏桥、沙钢等民营企业的一把手均为六七十岁。74 岁的宗庆后已经掌舵娃哈哈公司近 30 年，媒体报道称："如果不出差，宗庆后每天在这里办公比 996 更长，几乎是每天早上 7 点到晚上 11 点，一周 7 天；过年时给长辈拜过年，宗庆后一样会回到公司。"① 2019 年 4 月，有媒体报道，宗庆后首度提到退休计划，但很快娃哈哈公司就辟谣称宗庆后目前并没有具体的退休计划提上日程，也没有要退居二线，只是在加大培养管理层的力度，更多地下放管理权，为日后的接班做准备。②

全球顶级猎头公司海德思哲对 2019 年新任命的 CEO 进行调查后，发布了《2019 迈向职业巅峰之路》全球分析报告，报告显示，CEO 平均任职年龄为 52 岁。日本大型信用调查公司东京商工的调查显示，在日本，社长平均年龄自 2009 年开始调查以来一直在持续升高。2021 年为 62.49 岁，比 2020 年增加了 0.33 岁，增幅仅次于 2019 年的 0.43 岁。从年龄分布来看，70 岁以上的社长同比增加了 1.43 个百分点，占 31.8%。③

尽管数字化变革的发展正在不断削弱传统的商业模式，但一批年过七旬的企业管理者证明了，青春活力和科技经验依然比不上坚韧和睿智等出色的传统品质。

2017 年 5 月，保险业巨头 AIG 聘请了一位 70 岁的行政总裁布莱恩·杜普雷特。从 2008 年全球金融危机以来，这家保险公司已经换过六位行政总裁了。杜普雷特这名老练的行业老将力证了年龄并不会阻碍变革，他成功领导了四大保险公司，更因为保险界引入精密数据分析而备受好评。

---

① 李伟：《宗庆后的退休难题》，腾讯新闻棱镜深网，2019 年 4 月 25 日。
② 陈慧、吕进玉、何天骄：《传言有误！宗庆后并无具体退休计划》，《第一财经日报》2019 年 4 月 21 日。
③ 《日本国内 CEO 年龄越大业绩恶化越明显，因缺少长期愿景》，日本国立研究开发法人科学技术振兴机构中文网，2021 年 8 月 19 日。

同一年，美国铁路营运商 CSX 的股东亦毫不犹豫地向其 72 岁的新领袖亨特·哈里森支付高得令人瞠目结舌的 8400 万美元的签约奖金。勤勉的哈里森从来不惧怕大幅转变业务方向，并因成功提升加拿大太平洋铁路、加拿大国家铁路和伊利诺中央铁路的业务营收而受到赞誉。在提升上述三家大型铁路公司盈利的同时，哈里森亦运用了其精确铁路系统彻底改革了铁路界。他打破了传统，提出火车尽快将货物运送至顾客，而非等待火车载满货物时才出发的做法。摒弃传统意味着引入更高的设施利用率和更有效率的成本控制。

年过八旬的卫克斯奈已执掌维多利亚的秘密母公司 L Brands 超过 54 年，并借此成为《财富》500 强企业任期最长的行政总裁。虽然公司的股票近来表现较逊，但是卫克斯奈 2016 年仍是哈佛商学院"最佳行政总裁"排行榜的第 34 位。他被《福布斯》杂志称为"长线逆势投资者"。无论是在 1996 年出售 Abercrombie & Fitch，还是近年进军低价运动内衣市场，卫克斯奈一直在不断重塑他的业务版图，以迎合消费者变化无常的喜好。

同样年过八旬的美国知名投资人沃伦·巴菲特创建的伯克希尔·哈撒韦公司，在 2020 年第二季度，收获了 400 亿美元的丰厚回报。2016 年 5 月，巴菲特授意一位副手购买了 1000 万股苹果股票。在四年的时间里，这位"奥马哈先知"抛弃了他一贯对科技股的厌恶，将"赌注"增加到 2.45 亿股，现在市值大约 950 亿美元，伯克希尔·哈撒韦一跃成为苹果的第二大股东，仅次于先锋公司。多年来，巴菲特一直对科技股敬谢不敏，连 20 世纪 90 年代末的互联网热潮都没能撼动他的投资理念。直到 2020 年年初，巴菲特才把自己用了 10 年的古董级翻盖手机换成 iPhone。《福布斯》杂志表示，苹果公司一定存在巨大的商机和价值，才能让巴菲特破天荒地打破原则，投资科技股，并且将苹果的投资视为"世界上最划算的生意"，不断追加投资金额。

　　老年人在创造力上可能逊色于年轻人，但这并不影响他们成为卓越的企业领导者。加利福尼亚大学戴维斯分校的教授迪恩·凯斯·西蒙顿，对年龄和创造力间的关系进行了大量研究，提出了典型的"年龄—创造力曲线"，即一个人的创造力在刚进入职场的时候迅速增长，在进入职场 20 年后，即 40 岁或 45 岁左右达到顶峰，然后开始随着年龄的增长缓慢下降。韦尔奇 33 岁成为通用电气公司历史上最年轻的总经理，44 岁成为 CEO，并在这个位置上待了 20 年，但这并非常态，毕竟 CEO 一职要求的也不只是创造力。哈佛商学院明星教授迈克尔·波特和院长尼汀·诺利亚通过追踪调查几十名 CEO，大概描述了他们的工作内容：25% 用于处理人事关系，25% 用于审核各部门表现，16% 用于组织文化，21% 放在战略上，3% 为专业发展，1% 为危机管理，4% 用于并购，4% 用于制订运营计划。老年管理者拥有丰富的工作经验带来的广阔视野，对于胜任这一职位也大有裨益。例如，据研究者估计，一个人的财务决策能力在 53 岁才达到顶峰。因此，大部分人在 50 岁左右创造力虽然有所下降，但其他关键的管理技能仍在提升。

　　企业中的高龄高管还可能拿到更高的薪酬。中南财经政法大学会计学院副教授李四海曾经就高管年龄与薪酬契约之间的关系做了研究，发现高管年龄对薪酬水平具有显著的影响，年龄更大的高管获得了更高的薪酬。但研究同时发现，与薪酬存在显著关系的年龄与企业业绩之间没有显著的相关性，这反映了高管的年龄降低了薪酬契约的有效性。进一步的研究表明，高管年龄对薪酬契约的影响存在社会资本的中介作用，年龄越大的高管更可能具有政治资本，而这种资本增强了其在薪酬契约签订中的谈判力和控制力。①

随着预期寿命的提高，企业管理者中的银发族并不会减少，甚至还有可能增多。根据世界大型企业联合会提供的数据，年收入超过 100 亿美元的公司中，有 21% 的公司制定了限制年龄的政策，其年龄限制通常是 65 岁。不过大部分公司没有设立年龄限制，正如联合会的企业领导力总经理马泰奥·托内罗所说："让公司远离年龄较大的人才，从商业的角度而言是没道理的。"

尤其当经济处于萧条期时，年长的企业领导者可能更受期待。2017 年，韩国经济类月刊《现代经营》对外公布了一项调查结果，该报刊以韩国百强企业的 123 名 CEO 为对象进行了"代表理事简历"调查。结果显示，2017 年，CEO 的平均年龄为 60.6 岁。自《现代经营》1994 年实施这项调查以来，这项数据首次突破 60 岁。该报刊表示，由于 IMF 外汇危机以及韩国前总统朴槿惠被弹劾，百强企业的 CEO 平均年龄出现了上升。随着政治、经济等外部环境出现动乱，CEO 职位的人员交替随即也出现了停滞现象。这项调查还发现，CEO 的在职时间相比 2016 年（29.3 年）增加了 0.5 年，出现了小幅度上升。工作 40 年以上的在职 CEO 有 14 名（占 11.5%），工作 30 年以上的 CEO 达到了 82 名（占 67.2%），《现代经营》将此现象解读为百强企业保守应对政治、经济不稳定的一种表现。② 据韩联社报道，根据韩国财界和企业经营评估机构 CEO Score 发布的数据，韩国五大企业集团——三星、现代汽车、SK、LG 和乐天的子公司的 122 名总裁的平均年龄为 58.1 岁。从各集团来看，LG 子公司总裁的

---

① 李四海、江新峰、宋献中：《高管年龄与薪酬激励：理论路径与经验证据》，《中国工商经济》2015 年第 5 期。

② 李彤：《调查：韩百强企业 CEO 平均年龄首超 60》，环球网，2017 年 4 月 25 日。

平均年龄最高，为 60.9 岁，其后依次为现代汽车和乐天（均为 59.3 岁）、三星（57.4 岁）、SK（55.8 岁）。在五大集团子公司的总裁中，60~69 岁的共 46 人。[①]

美国情况略有不同。招聘公司 Challenger Gray & Christmas 发布的数据显示，2019 年美国共有 1640 位 CEO 离职，甚至打破了 2008 年金融危机时 1484 名 CEO 离职的纪录。2020 年这一名单上又增加了 210 多名 CEO，其中不乏中国人耳熟能详的名字：迪士尼 CEO 鲍勃·伊戈尔、IBM CEO 罗睿兰、领英 CEO 杰夫·维纳等，他们的平均年龄为 59 岁。因丑闻和失职等非正常原因离职的 CEO 数量不足 5%，与 2018 年美国离职 CEO 的平均年龄 61.5 岁相比，高龄 CEO 的职业生涯在缩水。管理公司变得越来越难了，这不仅因为商业竞争越发激烈，而且更重要的是以往管理企业的机制正在失效。

未来的企业管理，更多管理的是无形资产。在美国标准普尔 500 指数中，有 32% 的企业对无形资产的投资要高于实物资产，而标准普尔 500 指数市值的 61% 来自研发、品牌、客户关系等无形资产。公司资本的含义被不断扩展，而无形资产的收益往往难以准确量化，这就使得 CEO 投资决策与业绩之间的联系，变得不可预测和不透明。不确定和未知，让 CEO 掌控公司的难度越来越高。CEO 的权力边界正在模糊，他们的职权不断被重新定义。优步的 400 万名司机不是优步的员工，苹果公司供应链中的数百万名工人也不是苹果公司的员工，但他们是保障企业运作的关键。企业经营链条上的每个参与者，都影响着业绩，但 CEO 并非有权管理每个环节。

高校管理者也都是银发族。泰晤士高等教育对世界 400 强大学

---

① 陈慧璋：《统计：韩五大企业集团总裁平均年龄 58.1 岁》，《联合早报》2018 年 11 月 12 日。

的校长进行了背景分析，并生成了一幅大学校长的画像：男性，平均年龄为 62 岁，一般在世界 300 强大学攻读理学学士学位，来自当前任职大学所在国家，最初都是以外部招聘的方式入职。在世界 400 强大学中，美国大学的校长年龄明显偏大（平均在 64 岁左右），且任职已达 7 年之久。在德国也是如此，但任期更长（接近 8 年），这可能与德国的校长选举制度有关，在德国，校长一职有固定任期。在占有相当比例世界 400 强大学的国家中，最年轻的校长通常来自瑞典（58 岁）和澳大利亚（59.5 岁），在校长一职上任期最短的校长来自中国和法国（平均不到 3 年）。在瑞典，大学女校长人数最多，而在法国，大学女校长人数则最少。[1]

在未来的职场中，员工的老龄化也是不可逆的趋势。智联招聘在 2019 年针对企业员工老龄化趋势发布了《2019 年企业劳动力老龄化趋势调研报告》，报告显示，与 3 年前的数据相比，参与调研的企业中，30% 的企业员工平均年龄有所增加，56.2% 的企业出现员工老龄化趋势。参与这次调研的不同性质的企业中，40% 的外资企业员工平均年龄有所增长，其次为民营企业和政府 / 事业单位，分别占比 30.4% 和 28.6%。

所谓的劳动力老龄化，是指在劳动力群体中，50 岁以上人口所占的比例偏高。该比例越高，说明劳动力老龄化现象越严重。调查中，多数企业的员工年龄结构较为合理，但有超过半数的企业呈现员工老龄化趋势，其中劳动密集型企业的老龄化趋势最为突出。部分规模较大的企业，由于发展时间长、体制成熟、人员相对稳定，

---

[1] Simon Baker：《大学校长典型特征：62 岁男性科学家》，英国泰晤士高等教育官网，2019 年 5 月 9 日。

随着企业的发展，老员工越来越多，员工老龄化问题最早显现。数据显示，员工数量超 1 万人的企业中，员工平均年龄在 50 岁以上的比例明显高于其他员工数量规模小的企业。

在不同性质企业的平均年龄分布图中，除政府 / 事业单位外，其他类型企业中，员工平均年龄在 30 岁以下的均在四成以上。而政府 / 事业单位中，员工平均年龄在 30 岁以下的仅占 14.3%，42.9% 的政府 / 事业单位员工平均年龄在 36 岁以上，其员工老龄化程度明显高于其他类型的企业。政府 / 事业单位员工年龄偏大，是社会老龄化问题的一个缩影，同时机关事业单位编制紧缺，也是影响人才引进的原因。

随着全社会人口老龄化趋势的不断加剧，职场的高龄化也不可避免。知名咨询机构埃森哲 2017 年发布的《未来需要什么样的员工》中提到，随着人类社会整体老龄化趋势的加剧，未来员工队伍的平均年龄都将增加，而且他们所具有的技能也都不能满足高效工作的需要。公司的技能培训不应仅仅面向年轻员工，也要面向年长员工，以不断增强其提升工作效率所需的技能。企业的终身学习计划必须足够灵活，以便适应工作和社会负担沉重的忙碌的成年人。在中国，成人教育面临的挑战尤其重大。很多中国企业很早就开始向员工倡导终身学习的理念。企业应该鼓励员工培养成长的心态，以便适应未来的变化。

分手在夕阳,银发族不再迁就

长久以来,我们对老年存在许多误会,老年并非等同于身体变弱,记忆力变差。人生的顶峰或许比你想象的要来得晚。

随着年龄的增长,人类不仅大脑越来越聪明,免疫系统的记忆也越来越发达。人体的免疫系统每天要面临数百万次的潜在危险,作为身体的警察,它必须学会如何识别危险。为此,人体生成了独特的白细胞,来应对数以百万以分子形态存在的入侵者。当白细胞发现敌人时,就会形成"免疫记忆"。研究发现,流感及感冒有着"尊老爱幼"的传统——老年人的免疫系统更加趋于成熟,针对病原更少产生过度的免疫反应,从而使他们更少得过敏性的疾病,也更少感冒。[1] 下一次再碰到这些敌人时,便可迅速集结应对。英国昆士兰大学的约翰·阿珀姆表示,这种记忆可以保留很长时间。"如果有人患过多种流行病,那他们的免疫系统有时甚至能记住四五十年前入侵身体的病毒。这种记忆的确会在七八十岁开始减弱,但却存在一个最佳时期,尤其是从 40 多岁一直到 70 岁左右。这时,人体的免疫系统可以记住多年以来入侵身体的各种病毒。"

另外,过敏症状也会随着年龄的增长而降低。过敏的罪魁祸首就是免疫球蛋白 E,与其他所有抗体一样,它的数量也会随着年龄

---

[1] 寻正:《感冒的"尊老"与"爱幼"》,纽约时报中文网,2014 年 1 月 14 日。

的增长而减少。威斯康星儿童医院的米歇尔·格雷森表示，人的年龄越大，过敏症状就越轻。"过敏性疾病在儿童时期最严重，随后持续减轻，直到二十多岁。到了三十多岁再次出现，到了五六十岁，症状往往就会少得多。"

更重要的是，年龄渐长，我们的大脑也会更聪明。德国宾根大学的迈克尔·拉姆斯卡研究发现，我们对大脑的年龄存在误解。"人脑的神经元数量在出生后 28 周左右达到峰值，但有多达半数的神经元在青春期结束后死去。由于我们很少认为从出生到 18 岁期间会出现这种大幅变动，所以几乎可以肯定地说，用神经元的数量来衡量大脑尺寸并不能说明什么问题。"

美国西雅图纵向研究机构从 1956 年开始追踪 6000 人的心智能力，这是迄今为止同类研究中历时最长的，所有的志愿者每过 7 年都要接受一次测试。虽然年龄较大的志愿者不太擅长数学，而且对命令的反应速度也会减慢，但他们在四五十岁时的词汇、空间、方向、言语记忆和问题解决能力却好于二十多岁时。加州大学精神病学专家盖瑞·斯莫尔表示，这源自多年生活中积累的知识。"经过长达数年的练习后，人们能够更好地认清重要的事情，解决问题的能力也能得到改进。某种类型的知识将会逐年积累——我们称之为'晶体智力'。"

安德鲁·斯科特和琳达·格拉顿的调查发现，随着寿命延长，婚姻所经历的挑战和变化也会更多，这可以从离婚数据中看出来。美国的整体离婚率在 20 世纪 80 年代达到顶峰之后开始逐步回落，但过去 20 年中，50 岁以上人群的离婚率却翻番，现在差不多已经达到历史最高水平。美国社会学家苏珊·布朗的一份研究报告《灰色离婚革命》称，1990 年，50 岁以上的人群中，每 10 人中仅有 1 人离婚，到了 2009 年，这个比例上升到每 4 人中就有 1 人离婚。2009 年，美国一共有 60 万年龄在 50 岁以上的人离婚。

总体而言，"结婚时间越长，离婚可能性越小"的总体规律依然管用，但随着人们越来越长寿，老年人的健康状态越来越好，这个社会学规律正在遭遇某种程度的挑战。

老年人的性生活比你想象的更多、更和谐。据 BBC 报道，在一项针对 80 多岁的妇女进行的性生活调查中，半数受访者仍然能在"所有"或"多数"性生活中获得性高潮。其他研究也得出了类似的结论，一项针对 60 岁以上人群进行的调查发现，74% 的男性和 70% 的女性的性满足感高于他们 40 多岁时。伦敦两性关系治疗师塔拉·萨格里奥认为，这是因为老年女性的不安全感有所降低。"老年女性对于表达自己的性欲更有信心，正是这种信心令她们获得了更和谐的性生活。"[①]

2004 年美国人口普查局的一项全国性调查报告显示，40～69 岁的离婚人群中，女性主动提出离婚所占比例高达 66%，远超过男性主动提出离婚的比例。统计数据还表明，她们离婚的主要原因并非各种欺骗行为，实际上因一方不忠而导致的离婚只占离婚总数的 27%，这一数字和其他年龄段群体因为不忠而导致的离婚比例基本一致。而美国人口普查局在 2011 年公布的另一项数据显示，50 年前美国只有 2.8% 的 50 岁以上老人离婚，而 2011 年美国 50 岁以上老人中有 15.4% 的人离婚，2.1% 的人分居，13.5% 的人为鳏夫寡妇，也就是说美国老人中，因离婚独居的人比因丧偶独居的人多。

"随着孩子逐渐长大并从家中搬出，这些夫妻经常会互相看着

---

① Zaria Gorvett, *The Benefits of Eetting Older*, BBC, October30, 2015.

对方想,'我有可能还会再活 30 年,我还想和这个人在一起度过余生吗?'"《晚年离婚,从头再来》一书的作者戴尔德·贝尔这样说。为了撰写这本书,他一共对 400 名中老年离婚者进行了采访,发现他们当中的许多人都有一种非常强烈的感觉:现在必须离开,否则永远也没有机会了。

宾夕法尼亚大学的助理教授贝塞·斯蒂文森认为,现在人的寿命长了,这也是 50 岁的人想离婚的重要原因。"在以前,很多婚姻都会以一方的死亡而终结,现在则倾向于以离婚而结束。"另一份调查报告显示,40~79 岁的离婚者中有八成人认为自己更幸福了。如果以 10 分为满分计算幸福感的话,有 56% 的人认为自己的得分在 8~10 分。布朗教授预计,"灰发离婚族"还会增多,2030 年美国 50 岁以上的离婚人数可能会轻松突破 80 万人。[1]

中老年离婚率上升并不是美国独有的现象,世界各地都是如此。根据英国国家统计局的数据,该国在接近 70 岁时结婚的男性人数已经增长了 25%,女性则增长了 21%。2013 年韩国中老年人的离婚率超过了年轻人,2015 年意大利婚姻律师学院公布的数据显示,65 岁以上的人申请离婚的比例,在过去的 5 年里从 13% 提高到了 20%,有的人八九十岁了,也要诉讼离婚,想开始新生活。

在日本,中老年人步入退休年龄后,开始出现离婚问题的也不在少数。日本《产经新闻》曾报道了三菱集团的 Dial 高龄社会研究财团对全国 5000 名四五十岁职工的调查结果:男性退休后最关注的是改善与妻子的关系,而女性优先考虑的则是与朋友的关系。由此可以明显看到男女的差别。对于既维持婚姻关系,同时又互相分居

---

[1] 兴栋:《调查称美国老年人离婚率攀升 离婚多由女方提出》,《解放日报》2012 年 3 月 30 日。

的所谓保持各自的自由以度完自己余生的"婚姻毕业"状态表示理解的，女性为三成多，男性则为两成多。据日本厚生省的调查，自 1975 年以来的 40 年间，中老年离婚的总数上升了 5.6 倍，非常引人关注。在 2017 年，以此为题材的电视剧很有人气，其收视率超过了 20%。日本政府为了应对这种新出现的情况，还颁布了相应的法律法规。

按照中国第七次人口普查的数据，从 2014 年至 2019 年，我国离婚率不断上升，从年 2.7‰渐进升至 3.4‰。[①] 中老年人的离婚率也在上升。

据《北京晚报》报道，家住通州的胡大妈与老伴王大爷风雨相伴四十载，共同将三个子女抚养长大。现在，子女们各自有了家庭，老两口也开始享受儿孙绕膝的退休生活。可就在 2015 年，胡大妈突然将老伴诉至通州法院要求离婚，原因竟是自己与邻居吵架，作为丈夫的王大爷居然袖手旁观。原来，胡大妈看到邻居占用公共道路晾晒玉米，心生不满，就与邻居吵起来。在争吵过程中，王大爷一直劝她不要与人吵架。胡大妈觉得丈夫不但不替自己出气，还帮着邻居欺负她，一气之下就住到了小女儿家。家人多番劝解，仍难使胡大妈回心转意。这样的理由让子女们难以信服，但王大爷却表示同意离婚。他称两人年轻时经家人介绍结婚，性格并不相合，这么多年一直为子女"凑合着"。而且胡大妈退休后脾气越来越暴躁，他一直忍让却无济于事。"这几年她一直爱闹腾，我们的感情也慢慢淡了，我同意离婚。"王大爷说。这对红宝石婚夫妻维持几十年的夫妻感情委实不易，法官和老人的子女们也在努力开导双方，但胡大妈

[①] 《"离婚冷静期"实施后离婚率降幅超 7 成》，界面新闻，2021 年 5 月 17 日。

和王大爷打定了主意，自愿达成了离婚协议。①

  据统计，北京市第一中级人民法院近年审理的 60～70 岁的退休老年人离婚案，占到全部老年人离婚诉讼案件的 45%。北京市第一中级人民法院提供的一份数据显示，在所有老年人离婚案件中，一方或双方是再婚的老年人的离婚案件约占 80%，远远超过原配老人离婚案件。而原配老人离婚案件中，因婚外第三者而离婚的占比高达 50%。在上海，60 岁以上老人诉讼离婚的相关案件中，多数当事人退休时间不满 10 年，其中，65 岁以下老人的离婚案件约占七成。婚姻专家指出，退休时间不满 10 年是老年人婚姻亮红灯的危险时期。②

---

① 严琪：《退休离老年人婚姻亮红灯　60 岁以上离婚案占一成以上》，《北京晚报》2015 年 8 月 17 日。
② 汪灵犀、彭训文：《聚焦老年人退休离婚现象：退休不满 10 年成危险期》，《人民日报》2015 年 6 月 26 日。

赛博、亚当和夏娃：爱情的未知未来

作为赛博朋克科幻电影的开宗立派之作,《银翼杀手》还预言了未来的爱情。影片中，公元 2049 年的洛杉矶，阴雨连绵，暗无天日。地球环境破败不堪，人类已经开始移民外太空，留在地球的人前途暗淡。复制人 K 在当地警局工作，他有个虚拟女友乔伊，每天下班后，乔伊为讨 K 的欢心而梳妆打扮，甚至替 K 找来妓女充当自己的肉身，好让 K 享受到真实的性爱。后来，当下载乔伊的 U 盘被粉碎时，K 弯下腰对着即将消逝的乔伊说了句"我爱你"。

K 和乔伊，两个人工智能之爱，隐喻了爱情内涵的宽广。其实从《她》《超验骇客》到《机械姬》等一系列科幻电影，都抛出了一个深刻之问：亲密关系是否可以被机器替代？

多数研究者认为，人类"拥有"情感，但在目前的技术阶段，机器无法"拥有"人类意义上的情感，虽然可以通过"模拟"情感来仿造情感，但却无法由内而外地抒发情感。从外部功能看，机器人将人类的表情愈加现实地模拟了出来，这种出于交往目的的情感传达，在人机之间变得越来越能沟通。从内部情感看，机器人由于缺乏情感的内在性，无法如人类一般将内在的情感外化出来，如今模拟得更多的是人类"情绪"而非情感。[1]

---

[1] 刘悦笛:《人工智能、情感机器与"情智悖论"》,《探索与争鸣》2019 年第 6 期。

科技乐观主义者更倾向于认定机器不仅可以"模拟情感",而且能够"拥有情感"。麻省理工学院人工智能实验室的创始人之一马文·明斯基在其著作《情感机器》中,试图为"机器具有情感"这一观点进行全面辩护,他认为情感是人类的一种特殊思维方式,意识、精神活动、常识、思维、智能、自我是未来机器的六大维度,而情感皆参与到了与这六大维度的互动当中。作者甚至坦诚地表达:"尽管本书名为《情感机器》,但我们仍然认为情感状态与人们所认为的思考过程并无大异,相反,情感是人们用以增强智能的思维方式。"

假定人工智能拥有了与人类近似乃至等同的情感,那会带来什么样的后果?据美国科技媒体 The Information 的报道,苹果公司一位 Siri(苹果手机语音助手)项目的成员表示,他们对 Siri 最理想的设定与电影《她》中的人工智能女友类似,在电影中,一个孤独的男人爱上了他所熟悉的人工智能系统 OSI 的化身萨曼莎。

但事实证明,距离这种理想设定,还有很长的路要走。硅谷调研公司创意策略(Creative Strategies)在 2016 年进行的一项调查发现,虽然 98% 的受访 iPhone 用户都表示用过 Siri,但是当中仅有 3% 的人在公共场合或其他人面前使用这款语音助手,因为这样做会让他们感到尴尬。而仅仅一年之后,科技市场研究公司 Fivesight Research 就发布了 2017 年第一季度的《美国用户搜索偏好报告》,报告称苹果 Siri 成为仅次于谷歌之后的第二大移动"搜索引擎"。Siri 还是现在被使用最广泛的虚拟助理,与使用 Google Now 的安卓用户相比,使用 Siri 的 iOS 用户数量更多。作为苹果 iOS 内置的语音助手,Siri 不仅是日常信息搜索的工具之一,而且也是用户乐于调侃的对象。调查报告显示,Siri 的用户满意度高于安卓和 Windows

Phone 系统中的 Now 和 Cortana。调查网站 Experts Exchange 就上述三大移动平台的语音助手在美国用户中进行了一次调查，结果显示在用户满意度方面，苹果 Siri 的成绩高达 81%，远超 Google Now 的 68% 和 Cortana 的 57%。[1]

亚文化媒体"公路商店"报道中曾提到："靠溜冰提神的货车司机，没能早恋的好奇青少年，穿行在地铁里的寂寞年轻男子……非官方报道有 37% 的用户，希望他们的智能语音系统是一个真正的人；超过四分之一的用户对人工智能语音助手有过性幻想。这些无关的个体，都因为 Siri 有了某种隐秘的连接。不仅 Siri，亚马逊的 Echo（亚马逊智能音箱）、Google Home，深受男孩喜爱的 Robin，微软的小冰，全都担当过性幻想对象的重任。"

爱上人工智能已经不算是大新闻了，在一份针对 1200 人的调查中，接近一半的人觉得人有可能会爱上 Siri。在亚马逊 Echo 的评价页，一位全职作家评论说爱上了语音助手 Alexa，并发了一张在床上抱着 Alexa 的照片，而且已经有 3000 人认为此条评价有用。日本宅男 Sal 9000 娶了任天堂恋爱养成游戏 Love Plus+ 中的姑娘，并带着游戏机去度蜜月。在日本 Atami 还有一家特殊的酒店，专门为爱上 Love Plus+ 中姑娘的男士提供和虚拟人物约会的服务。

尽管目前尚未有人严肃宣称自己已与 Siri 坠入爱河，且贫贱不能移，但 Siri 真真切切地挽救过一条生命。美国内华达州北爱荷华地区社区学院的学生盖尔·萨尔塞多驾驶时发生事故，在干涸的湖床上翻车了，由于车速太快，他的大部分身体都瘫痪到无法动弹的

---

[1] 《Experts Exchange：调查显示 Siri 语音助手满意度高达 81% 完胜谷歌、微软》，199IT 网站，2015 年 11 月 10 日。

地步。这时,他大喊并且成功召唤 Siri 拨打了 911,这救了他一命!

数字技术带来的信息透明化,也给许多浪漫关系带来了挑战。多年来,吉莉安一直在寻找真相,有一天,她发现科斯塔把他的电脑忘在家里了。"我终于有机会了,"她说,"然后我就忍不住看了。"那天被她称作"诺曼底登陆",她坐了几个小时,翻看电脑中的证据,成百上千张照片、往来邮件、欲望表达……科斯塔八年婚外恋情的生动细节全部展现在了她的眼前。拜内存技术所赐,吉莉安更容易痛苦地探查她丈夫表里不一的全部细节。她可以研究自己的耻辱,记住这些令人痛苦的电子证据。

吉莉安是故意翻看了科斯塔的电脑资料的,但更多时候,是技术自动泄露了秘密。留在家里的 iPad 让一个毫无戒心的丈夫看见了妻子和她即将见面的情人的聊天记录;女人周末出门后早早回到家时,听到婴儿监视器里莫名其妙地传出了呻吟声,但那根本不是孩子的声音;监视小猫的摄像头,本来是为了让人对心爱的宠物放心,却让一个男人看到他的女友和陌生人之间的醉酒邂逅……

比利时作家埃丝特·佩瑞尔在《危险关系:爱、背叛与修复之路》一书中记录了一对夫妻的感情风波,揭示出今天的多数婚外情都是通过技术泄露的。当下婚外情的曝光已发生了图形化的转变,有时甚至是实时发生的。显然,那些来自电脑、手机、iPad 等的背叛证据比以往任何时候都更加令人痛彻心扉。

事实上,人工智能恋人也会移情别恋。在电影《她》中,最新的人工智能系统 OS1 的化身萨曼莎以迷人的声线、温柔体贴的性格、幽默风趣的言语,从情感上逐步接近并征服了男主人公西奥多。但后来的一件事情让男主人公接近崩溃:萨曼莎承认,自己在与西奥多恋爱之外,还同时与 641 个人谈恋爱。当然,对于人工智能系统而言，出轨并非伦理问题。一机对多人，而非一机对一人，因为"她"有一个超强大脑和情感系统，可以轻松地应对这些工作。对平常的人类而言，爱情具有自私的一面，需要一对一的忠诚度，然而，机器人的"心"之容量却允许以一对多。在结尾处，机器人最终承认：我与你不同。

世界上大多数机器的情商被认为是零，但情感计算技术已被引入婚姻治疗。早在1997年，美国麻省理工学院媒体实验室就提出了情感计算（Affective Computing）的概念，情感计算旨在通过赋予计算机识别、理解和表达人的情感的能力，使计算机具有更高的智能。情感计算的目标不仅在于使机器能够正常运转，而且更希望机器能够适应人类，并理解他们的情感。随着越来越多语音助手的问世，信息学研究领域迎来了一次蓬勃发展。后来，麻省理工学院计算机科学与人工智能实验室又打造了用无线信号监测情绪的EQ-Radio。在没有身体感应器和面部识别软件辅助的情况下，EQ-Radio通过测量呼吸和心跳的微小变化，利用无线信号捕捉一些肉眼不一定能察觉的人类行为，来判断一个人到底处于以下四种情绪中的哪一种：激动、开心、生气或者忧伤，而且其正确率高达87%。2016年，苹果公司收购的人工智能公司Emotient，就利用人工智能技术对人们的面部表情进行分析以解读其情绪，而且现在已经能够分辨出类似于喜悦、愤怒、悲伤、惊讶等基础表情，还能够分析出一些更细微、复杂的表情，如焦虑、沮丧。然而，人们的面部表情并不总是那么诚实，有时也会"说谎"。当人们不愿意透露自己的真实情绪时，"强颜欢笑"便可以将自己真正的感受伪装并隐藏起来。

声音是人与机器实现信息交换的基础要素，没有其他任何一种人类表达方式能像声音那样传达如此丰富的情绪。在长达两年的时间里，来自美国南加州大学的科学家施力卡特·纳拉亚那和他的同事一同录下了婚姻咨询中的上百场诊疗对话，这些对话中包含了到访者婚姻状况的信息。研究团队根据音量大小、声调高低、不稳定或爆发型的症状表现分析出算法，并将算法与声音数据一同输入计算机，最终获得了不错的成果：这个系统能以80%的准确性预言一对伴侣在观察期结束后是否能继续在一起。这甚至比在场提供咨询的治疗师的判断还要准确。"我对这项技术未来的发展前景十分乐观。"纳拉亚那说道。如今，这些系统在识别人类情绪方面已经可以做到与人类很接近的程度，"我们的声音能够传达非常多有关我们心理状态与身份的信息"。[1]

理智与情感，历来是一对悖论。这一悖论既存在于人类之爱中，同样也困扰着人工智能。未来，人工智能的智力愈发达，就愈要面对模拟人类复杂的情感与情感的复杂性，而情感反而被理性越推越远。当严谨的算法被写入的那一刻，或许就杜绝了所有随机的情感发生的可能。

---

[1] 伊娃·沃夫安格尔：《当机器学会去爱》。

跋　不要为单身的青年人焦虑

刘瑞国　成都坚果互动文化传媒创始人

答应波波夫给他的新书《单数社会》写推荐，已经过去了 26 天。这 26 天发生了很多事，进入虚拟世界的元宇宙股票上涨，大家都不想做饭的预制菜股票上涨，2021 年人口只涨了 48 万人，有部门说正在准备养孩子减免个税的政策，房企还在变卖资产，准备等上半年外债到期的断头台，以及春节前开始热情似火的降息。

城市化红利放缓了，人口红利也没的这么快，技术红利还在增资筹钱，焦虑正在变成旋涡。

我一点也不焦虑。每天步行回家的路上，我就给自己说好好想一想波波夫写的这个单数社会问题，然后路上有乐山甜皮鸭的味道，有外卖车上白面锅盔的味道，有骆小小串串香的味道，山东炒货的今天炒的是瓜子，韩包子的肉馅里今天加的是小葱。然后，明天再想波波夫的《单数社会》吧。

我不知道波波夫怎么抗拒了那么多味道，躲进北京的小屋里写书，先写了《倦怠》，又写了眼前你看到的这本《单数社会》。波波夫当过十来年杂志记者，研究生做农村研究，又做过很多田野调查，所以研究社会趋势，就显得特别嫡系。其实，只有我知道他为什么一直写，他一直都在努力用才华和勤奋代偿颜值。

社会刷刷地切换着镜头，而我们恰恰又遇到了拐点。我们习以为常的、奉为常识的事实抑或观念，都在身边原地粉碎，原来 996

是一件很周扒皮的事情，既伤害发量，也伤害前列腺，不能洗成积极上进的企业文化；原来理性的经济人假设，不能成为整个社会运行的逻辑；原来有一些竞争不会带来效率的提升；原来整个社会呵护的企业家精神也有恶龙的一面。

为了抵抗这种变化带来的眩晕感，我去年开始每个月看一本旧杂志，《财经》或者《三联生活周刊》，看看在2005年，我们在头疼什么，我们在关心什么，我们又在期望什么。看了几个月下来，我的结论是这不是都在变好吗，没必要跟着那些丑陋算法的标题党傻乎乎地焦虑，因为有很多被疯狂传播的警世恒言来自农村，而操纵这些的是资本的算法。

古林是我成都的一个朋友，他6年前是我的甲方，曾说我一生中正平和，然后把醉酒的我送回了家，慢慢我们就成了朋友。毕竟，岁数长大一两岁，朋友就少一两个，也就更加珍惜了。前一段时间他去看了东大街的一套房子，很心动，总价600多万元的大平层，体现了全国幸福感最强城市的满满诚意。他回去想了半宿，还是放弃了。"我不缺200万元的首付，我缺的是月供。"一句话道破40岁的中年，就跟纸糊的一样弱不禁风——中年缺的是未来稳定且持续增长的现金流。

人在某些方面跟股票代码没啥两样，你的价值是你未来现金流的折现。整明白了这句话，是不是开始羡慕那些拿着每年都上涨的退休金的广场舞大爷大妈们，他们正在过着无忧无虑的童年。

所以，那些说50后赶上不读书、赶上下岗是最惨的一批人的是胡扯，说80后最倒霉，读了大学不分配工作，独生子女养四个老人的也是胡扯，你怎么不说独生子女买房的钱包有四个老人的呢？每个人都有属于自己的时代，每个时代都有自己的活法，也有自己的热血和困境。

我有幸把波波夫《单数社会》的书稿提前看完，事就是那个事，有些年轻人不结婚了，结了婚不生孩子了，年轻人享受着独居的状态，养只猫猫狗狗，过上了更自我的生活。

我们首先得尊重这种权利，我们天天努力工作，是为了解放自己，还是囚禁自己？在过去，婚姻大事的观念里，为了孩子日子将就过吧，为了不让别人看笑话胳膊肘折了往袖子里装吧，这种委屈我们每个人都应该在自己的父母辈中看到过吧。就跟王夫人劝苦命的迎春那样，当时她正在饱受孙绍祖的摧残和家暴，而王夫人的第一句却是"这就是你的命啊"，第二句是"有什么办法呢？"这两句话，你在中国农村是不是听得太多了，还有一句是：等孩子长大了就好了。

其次，我们也得承认，我们的社会已经产生了代际剥削，年轻人变成了无产者。因为在房价的既得利益者里没有年轻人，他们有的只是房贷。山东有一个说法叫狠绝户，大体意思是过日子太狠，算得太精明，占便宜没够的人，容易绝户。同样地，一个社会你不能走得让年轻人无路可走。

我们需要警惕的是，不婚和丁克这种自我发展和自我选择，是西方强势文化植入给我们的，还是我们自己选择的？传宗接代作为一个几千年的文化共识，到底是落后愚昧的，还是能够在现代社会里及时还阳？

结婚和生育是一件很个人的事情，却又关系着家族、种族和民族。从强制少生，到鼓励多生，这历史的急转弯，我们都还没有缓过神来，所以根本就谈不上焦虑，创造生命是人类很美好的事情，养育小孩是更美好的事情,因为孩子给父母的东西比父母给孩子的更多。

我相信,年轻人会喜欢上的。

2021 年 1 月 21 日

致谢

这可能是你看到过的推荐序最多的一本书了，并非仅仅为了"权威背书"，实在是每一篇文章比起本书而言更为简练、精彩和深刻，为大家了解当下单数社会提供了独特的视角。

本书能够出版，首先要感谢高高领导的编辑团队极为热诚、专业地促成了《倦怠：为何我们不想工作》和本书的出版，以及责任编辑为本书付出的无数心血，还有很多朋友也为本书提供了不少宝贵建议，营销编辑的营销推广也令我赞叹。我还要感谢小苏先生的精心设计，让这本书更值得被付印。

我尤为感谢为本书撰写推荐文字的七位师友，他们是本书最早的一批读者：作为社会学大咖，邱泽奇教授提炼了本书关注单身问题背后的深层社会学意义；陈晓萍教授则从太平洋彼岸，提供了完全不同的跨文化比较视野，并且为本书提出了宝贵的修订意见；龚园媛女士在有缘网担任高管多年，但她与大多数以盈利为目的的"局内人"的观点并不一致；唐鹏先生是我在做城市研究中结识的专家，他的推荐序进一步升华了本书提及的数字化因素的分析；闾佳和周大昕，都是国内著名的译者，两人博览群书、译著等身，但所持的观点却大相径庭，这种反差尤为精彩；为本书撰写跋的刘瑞国和我相识二十多年，和龚园媛女士一样，他投身商业洪流却仍抱有独立思考的自觉，文字犀利一如少年。我的朋友马剑、周慧、仇广宇、郑伟也是本书最早的一批读者，他们都贡献了颇有建设性的真实意见。当然，本书所有的谬误之处，皆应由我来承担。

此外，我还要感谢许知远先生、中国新闻周刊副总编陈晓萍女士、虎嗅创始人李岷女士，还有陈楸帆、蔡崇达、熊太行等三位作家朋友过往在写作、出版上给予的鼓励和帮助。写作于我自己的意义在于，让我找到"人之为人"的一个重要支点，始终对自我和外部世界抱有好奇，这是一种兴趣，也渐次成为一种自觉，成为一个抵御日常鸡毛蒜皮的避难所，让每天的漫漫通勤、看不到尽头的工作变得可以接受。

我还要特别感谢我的家人，我的妻子丁小杆儿是本书的第一位读者，她帮我做了许多文稿的订正工作，感谢她对我的包容，还有我的孩子，因为写作，挤占了不少本该陪伴家人的时光。我要感谢我的父亲，在我十五年前研究生毕业时，他鼓励我"北漂"做一份感兴趣的体制外工作，而不是随大流地追求"稳定"，至今我不曾为这样的选择后悔。

2022 年 1 月 23 日